新时期自贸试验区企业发展的策略研究

张木子 吴楠楠 王亚飞 著

哈尔滨出版社

图书在版编目（CIP）数据

新时期自贸试验区企业发展的策略研究 / 张木子，吴楠楠，王亚飞著. -- 哈尔滨：哈尔滨出版社，2023.3
ISBN 978-7-5484-7145-5

Ⅰ.①新… Ⅱ.①张… ②吴… ③王… Ⅲ.①自由贸易区 – 企业发展 – 研究 – 中国 Ⅳ.①F752

中国国家版本馆CIP数据核字(2023)第051047号

书　　名：新时期自贸试验区企业发展的策略研究
XINSHIQI ZIMAO SHIYANQU QIYE FAZHAN DE CELÜE YANJIU

作　　者：张木子　吴楠楠　王亚飞　著
责任编辑：韩金华
封面设计：舒小波

出版发行：哈尔滨出版社（Harbin Publishing House）
社　　址：哈尔滨市香坊区泰山路82-9号　　邮编：150090
经　　销：全国新华书店
印　　刷：北京宝莲鸿图科技有限公司
网　　址：www.hrbcbs.com
E-mail：hrbcbs@yeah.net
编辑版权热线：（0451）87900271　87900272
销售热线：（0451）87900201　87900203

开　　本：787mm×1092mm　1/16　印张：10.25　字数：240千字
版　　次：2023年3月第1版
印　　次：2023年3月第1次印刷
书　　号：ISBN 978-7-5484-7145-5
定　　价：68.00元

凡购本社图书发现印装错误，请与本社印制部联系调换。
服务热线：（0451）87900279

前言 / PREFACE

自由贸易试验区是我国新时代改革开放的"新高地",对服务国家经济改革、转型和升级的战略决策及推动形成全面开放新格局具有重大意义,其目标是要推动区域经济发展,并探索可在全国范围推广复制的发展经验。自贸区的设立推动了要素市场开放,有助于资源的有效配置和经济增长,提高全要素生产率,推进经济的高质量发展。

新经济地理学认为,区域经济政策会对经济活动空间分布尤其是企业的行为产生深刻影响,企业的发展是区域经济增长的重要引擎。从企业层面来说,对企业全要素生产率的分析可以反映出宏观经济政策是否有效及资源配置效率是否在改善。那么,自贸区的设立是否能在微观层面对企业产生积极影响,并促进企业全要素生产率(TFP)的提高,进而推动经济高质量发展?对这些相关问题的研究将有利于考察自贸区相关政策的有效性,为更好地执行自贸区政策提供参考,具有重要的理论和现实意义。

自贸试验区的设立并非旨在谋求局部发展,而是通过先行先试,把自贸试验区的试点经验逐步由区域推向全国,由沿海推向内陆。从目前我国批准设立的三批自贸试验区看,第一批和第二批自贸试验区(上海、天津、福建和广东)位于东南沿海;第三批自贸试验区(辽宁、浙江、河南、湖北、重庆、四川和陕西)主要位于我国的内陆省份。未来,自贸试验区的试点经验将推广至全国多地,带动我国更多地区实现更高水平和更深层次的改革开放。基于此,《新时期自贸试验区企业发展的策略研究》分7个章节,通过对自贸试验区的发展概况的梳理,从理论角度定性地分析自贸试验区贸易发展方式、政府职能转变及投资领域开放等方面的制度创新对产业结构演变的影响,总结了新时期自贸试验区"园区+开放"的企业发展促进机制为企业提供的良好条件。未来,自贸试验区企业一是可以利用区内产业集群优势,进一步优化同业之间的竞合关系;二是可以利用区内金融服务优势,拓展与民营资本和国有金融机构的合作;三是可以利用区内经济一体化优势,从多方面提高产品的国际化水平。最后,立足于典型案例展示了三个自贸试验区的不同方面的内容,形成了各具特色的营商环境。

目录 / CONTENTS

第一章 导论 ... 1
   第一节 研究背景 ... 1
   第二节 研究综述 ... 2

第二章 新时期自贸试验区的基本概念 ... 11
   第一节 自贸试验区的概念界定 ... 11
   第二节 自贸试验区的类型划分 ... 20
   第三节 自贸试验区的经济发展成效 ... 24

第三章 新时期自贸试验区对产业结构演变的影响 ... 34
   第一节 贸易发展方式创新的影响 ... 34
   第二节 政府职能转变的影响 ... 45
   第三节 投资领域开放的影响 ... 55

第四章 新时期企业创新与国际贸易发展 ... 64
   第一节 新时期国际贸易形式分析 ... 64
   第二节 依靠创新驱动提高企业竞争力 ... 70
   第三节 新时期企业国际贸易的创新方法 ... 76

第五章 新时期自贸试验区促进企业发展的机制 ... 85
   第一节 园区经济具有产业集聚的发展优势 ... 85
   第二节 开放经济提高了产品和要素的自由流动 ... 94
   第三节 "园区+开放"双轮驱动区内企业发展 ... 101

第六章　新时期自贸试验区企业发展的策略 ………………………… 103

第一节　构建产业集群内的竞合关系 ………………………… 103
第二节　加强和改进金融结构的合作 ………………………… 109
第三节　推动区域经济一体化的国际经验 …………………… 115

第七章　自由贸易试验区建设典型案例 ………………………………… 128

第一节　上海自贸试验区 ……………………………………… 128
第二节　天津自贸试验区 ……………………………………… 132
第三节　福建自贸试验区 ……………………………………… 143

参考文献 …………………………………………………………………… 151
附　录 ……………………………………………………………………… 154

第一章 导论

第一节 研究背景

全球经济一体化与贸易自由化是当今世界经济发展的两大重要趋势，随着全球经济一体化的不断推进，建立自由贸易园区已经成为融入世界经济的重要途径。自贸试验区的建设也是我国新一轮对外开放的重要内容，已成为我国开展战略竞争与合作的重要手段与途径。

一、建设发展自贸试验区的时代背景

（一）经济发展处于转型升级关键期

经过40多年改革开放，我国已经成为世界第二大经济体和最大的新兴市场经济体。随着经济发展进入新常态，我国经济正处于转型升级、换挡变速的关键期。供给侧结构不合理、创新驱动不足、产能过剩、环境污染、劳动力成本提高等经济发展瓶颈亟待突破，全面深化改革成为进一步推动经济可持续发展的根本动力。中央决策层决定试验一种符合经济发展新常态的增长模式，改变对过度追求经济增速、需求拉动和投资驱动的依赖，这是我国启动自贸试验区的重要原因。

（二）政府职能处于深刻转变关键期

当前我国政府职能仍然存在着一定的经济管理权力过于集中、行政审批事项过多、审批程序过于复杂的情况，影响市场要素资源的有效配置。中央决策层在四个自贸试验区建设的总体方案中都将"转变政府职能"排在首位，自贸试验区内的简政放权和负面清单等制度设计都体现了决策层对于在自贸试验区中实现政府职能转变的期望。

（三）经贸规则处于深远变革关键期

目前，跨太平洋伙伴关系协定（TPP）及其他多边贸易组织正在加速发展，世界贸易组织（WTO）已经出现被边缘化的趋势，国际经贸领域新一轮高标准规则正在形成。从发达国家经贸新规则来看，我国政府的透明度、环境保护、劳工保护都尚未达标，加入或者应对TPP的难度较大。

中央决策层需要通过试验方式来验证我国政府和企业能否适应国际经贸领域的新规则，为我国培育、参与和引领国际经贸新规则积累经验。为此，中央决策层决定建立中国自由贸易试验区，以这种方式验证我国是否能在上述方面进行回应。这也决定了中国自由贸易试验区肩负着"开放的试验田"和"改革的新高地"的双重使命，以开放促改革，在改革过程中以开放打

破既得利益，寻找改革的新规则。以改革开放促发展、促创新，真正激发大众创业、万众创新的热情和活力，赢得经济发展和国际竞争的主动。

二、研究意义

（一）有利于自贸试验区与区域经济联动发展

自贸试验区不仅是区域发展的增长极，它还是连接其他经济区域发展的关键连接点，从区域层面看，例如，上海和湖北自贸试验区、广东自贸试验区、天津和辽宁自贸试验区、福建自贸试验区，分别属于长三角经济区、珠三角经济区、环渤海经济区、辽东半岛经济区及闽南三角洲经济区；从产业基础层面上看，各个自贸试验区所侧重发展的产业与所在区域的基础产业有很大的联系，例如辽宁自贸试验区，立足东北地区雄厚的重工业基础，大力发展装备制造产业，而上海自贸试验区则依靠上海做为我国金融中心的地位，大力发展金融产业。探索自贸试验区与区域内的产业的联系，更大程度地发挥自贸试验区的辐射带动作用，有利于我国对外开放的进一步提升，有利于促进自贸试验区与区域经济之间的协同发展，使我国更深层次融入全球经济。

（二）有利于探索我国自贸试验区的科学布局

为了进一步扩大对外开放和区域开发，国家相继提出了京津冀协同发展及长江经济带等发展战略。从国家发展战略上看，以自贸试验区为重要节点，加快推进落实自贸试验区与京津冀协同发展及长江经济带战略有效对接，然后通过自贸试验区在全国范围内推广与复制，加快我国区域经济的快速发展，从而形成全面对外开放的新格局，探索我国自贸试验区的科学布局，从而逐渐推进我国自贸试验区网络格局的形成。从我国区域发展的角度来看，自贸试验区的科学布局和建设对提升我国国际贸易竞争力和推动区域经济发展起着重要作用。

第二节　研究综述

一、自贸试验区的研究进展

自贸试验区建设做为中国对外贸易制度改革的新航程，承载了国家以开放促改革的重要使命（袁波和李光辉，2015），自贸试验区的研究引起了学术界的关注。审视既有文献发现，有关自贸试验区的探讨，主要是关注自贸试验区的研究、自贸试验区对经济高质量发展的影响及评估三方面。

（一）关于自贸区的研究

通过对相关文献研究发现，国外学者对自贸试验区的研究较少，对自贸区的研究普遍集中在广义的自贸区即FTA，大多侧重从产业发展、经济增长和国家福利等方面分析设立自贸区的优劣。虽然自贸试验区与自由贸易区（FTA）存在本质上的区别，但二者也存在一定的相似性，国外自贸区建设的有益经验也能够成为国内建设自由贸易试验区的重要借鉴资源。对自贸区的设立持有支持态度的学者们认为，自贸区的设立可以打破贸易壁垒，降低贸易成本，扩大贸易范围，推动贸易便利化，有利于促进世界经济一体化发展。如 Chauffour and Maur（2011）认为，自贸区的功能已不只是打破市场准入的限制，还包括打破生产要素、商品及服务的流动障碍等。Krugman（1993）和 Venables（2003）提出，自贸区的设立可以降低贸易成本，扩大贸易范围，推动区域产业贸易。Kouparitas（1997），Feils and Rahman（2008）以北美自贸区为研究对象，认为自贸区的设立可以有效提高区域内企业的全要素生产率，能够吸引更多外国直接投资流入该区域，具有贸易创造效应，可以使各成员国的福利得到增加。Machado and Sa（2012）和 Castilho et al.（2015）采用微观分解和"反事实"模拟方法，对巴西玛瑙斯自贸区设立的经济效应进行研究，发现自贸区的设立能够增加地区经济福利，改善居民生活条件。而对自贸区的设立持有反对观点的学者认为，自贸区的设立会阻碍资源流通，最终导致地区发展的不平衡，增加社会的不稳定性。Polaski（2006）通过对北美自贸区设立的经济效应进行研究认为，北美自贸区的设立会拉大美国国民的工资差距，加剧贫富差距问题；Jenkins and Kuo（2013）通过对多米尼加共和国设立自贸区的经济效应进行研究发现，自贸区内减免企业所得税的行为会加重低收入人群的负担，实际上产生了"劫贫济富"的作用；Siroen and Yucer（2014）从宏观层面对设立自贸区的贸易绩效进行研究，认为自贸区的设立存在扭曲成本。

自中国设立自由贸易试验区以来，国内学者对自贸试验区的研究热情居高不下，研究的内容主要包括中国自贸试验区发展的现状、经济效应、面对的挑战、国际经验借鉴和政策建议五个方面。

在中国自贸试验区发展的现状方面，王方宏（2020）认为，自贸试验区自设立以来，覆盖的地区范围和涉及的领域不断扩大，开放水平进一步提高，制度创新取得显著效果，形成了各自贸试验区各具特色的差异化发展布局，为我国经济高质量发展提供了试点经验。孙英杰、林春等（2020）以年度省级面板数据为样本，运用双重差分法研究发现，自贸试验区的设立对促进投资和出口水平的提高有显著的影响，提升了我国的开放水平，为新时代背景下我国经济高质量发展提供了良好的平台。高颖欣（2020）从企业发展和进出口贸易等方面阐述了广东自贸试验区的发展情况，认为广东自贸试验区的建设对促进产业转型升级、提升创新能力有重要作用，但仍存在基础设施不够完善、资源利用不足等问题。张小燕（2020）认为，自贸试验区的建设可以通过制度创新进一步提升我国的开放水平，推动技术创新，从而实现我国产业的转型升级和经济的高质量发展。陈耀东、刘子睿（2020）认为，天津自贸试验区在行政领域、外贸与海关领域及金融领域都推出了一系列制度创新的成果，但在税收减免、金融领域的安全与效率的协调方面仍需进一步深化改革。

在自贸试验区的经济效应方面，国内学者研究的侧重点各有不同，但大部分学者都认为自贸试验区的设立对于进出口贸易和经济增长都有显著的正向影响。王丽丽（2019）使用双重差分法，以微观层面企业进出口贸易方面的数据为样本，从企业的视角对上海自贸试验区设立的贸易效应进行分析，提出上海自贸试验区的设立显示出较强的贸易促进效应，区内进出口企业数目增多、贸易额增多，贸易方式优化，贸易技术结构得到改善。谭娜、周先波等（2015）采用合成控制的反事实方法，基于2012年—2018年27个省份的面板数据，分析了第三批自贸试验区的设立对所在省份工业增长的经济效应，认为自贸试验区驱动的工业增长效应存在显著异质性，但大都对实施省份的工业增长产生了显著的正向效应。叶修群（2018）认为自贸试验区的设立显著提高了地区GDP增长率，但存在地区异质性。王利辉、刘志红（2017）认为自贸试验区的设立对实际人均GDP、固定资产投资及进出口额都有正效应。杨艳红、胡加琪（2018）认为自贸试验区的设立能够促进周边地区进出口贸易的增长，发挥了示范作用和辐射带动作用。

在自贸试验区面对的挑战方面，胡晨光、厉英珍（2019）在对相关指标进行分析后提出自贸试验区建设对当地区域经济的带动作用逐渐减弱，自贸试验区建设与国家战略的对接有待进一步深化，政府评估机制有待完善。裴长洪、刘斌、李越（2019）认为自贸试验区的贸易便利化程度仍需提高，服务贸易壁垒依然较高，区内外尚未实现高效联动。王琳（2019）认为中国自贸试验区建设的优惠政策还略显零散未成体系，投资准入开放度还不够，自贸试验区的产业链接孵化能力还十分有限，贸易的便利化程度还需加强。

在中国自贸试验区发展的国际经验借鉴方面，陈嵘（2019）认为可以借鉴新加坡发展自贸区的经验，构建良好的产业生态，保障对贸易有利的金融环境，提供现代化的商业服务和物流体系，实施税收优惠政策，重视人才引进和培养，构建国际化的法律、监制体制。赵淼磊等（2019）认为可以借鉴美国自贸区发展的经验，完善自贸试验区货物进出口预裁定制度，充分发掘自身优势和特色，实现错位化发展，提供多种形式的与税收、物流等相关的辅助服务以吸引投资。

在自贸试验区发展的政策建议方面，孙久文（2019）提出要进一步优化自贸试验区的投资管理制度和园区经济制度，并逐渐减少政府干预，在未来自贸试验区的选址策略上更多地向中西部倾斜，积极匹配自贸试验区建立的要求。彭支伟（2019）认为各自贸试验区要坚持紧密结合地方特色，追求错位互补发展，避免同质化竞争，同时，牢牢把握各自贸试验区的根本使命和共性，用市场引导和调节资源配置，政府则致力于为市场主体提供一个稳定透明、可预期、法治化的环境。冯洁（2018）认为要在战略视角下发展自贸试验区，发展区域经济，改革行政管理制度，加快自贸试验区发展建设。李越（2019）认为要继续加大各项具体领域改革的力度，更加重视系统集成，增强制度创新的系统性、完整性和协同性，加强部门间协同，充分发挥各项改革措施的作用。

（二）自贸试验区对经济高质量发展的影响

考虑到我国的自贸试验区的起步时间相对较晚，2013年的上海自贸试验区是我国首个自贸试验区，截至2020年，虽然我国有一半以上的省（直辖市）成立了自贸试验区，但目前学术界更多关注自贸试验区对经济增长的影响，而关于自贸试验区对经济高质量发展的研究相对较少。

考虑到各省份设立自贸试验区的时间存在差异，且设立自贸试验区的省份（直辖市）并未完全遵循东部地区优先的特征，因此自贸试验区的设立为准确识别自贸试验区对经济高质量发展的影响提供了一个良好的自然实验条件。基于此，魏蓉蓉（2020）采用双重差分模型分析了自贸试验区对经济高质量发展的影响。研究表明在自贸试验区设立以后，地区的经济发展质量明显增强。在进行机制检验分析后发现，贸易开放、创新能力和资源配置效率是自贸试验区促进经济高质量发展的作用机制。此外，自贸试验区对经济高质量发展的影响存在明显的区域差异化特征。

由于自贸试验区的研究样本相对受限，部分学者从贸易自由化视角对自贸试验区的经济效果进行分析，该逻辑是自贸试验区的实施会进一步提高国家或地区的贸易自由化，因此以贸易自由化做为代理变量，可以在一定程度上评估自贸试验区的经济效果。Coe and Helpman（1995）基于技术进步纳入经济增长理论框架，结合跨国数据分析发现贸易开放能够实现明显的技术溢出效应，进而驱动周边地区的生产效率提高，最终实现经济高质量发展。Pamukcu（2003）则进一步从微观视角揭示了自贸区对经济高质量发展的影响渠道。通过以贸易自由化为切入点，研究发现贸易自由化显著提高了一国的经济发展质量，进一步揭示了技术传递是贸易自由化影响区域发展质量的主要作用机制。Vanetal（2011）通过对简易异质性企业贸易互惠倾销模型分析发现，贸易自由化有效降低了企业的研发成本，间接推动了企业生产效率的提高。因此，积极地开展自贸区建设有助于提高企业创新能力和生产效率。Yao and Whalley（2016）则结合中国自贸区建立的原因和特点进行展开分析，并从资本开放和金融资源的配置效率两方面对自贸区的经济效果进行评析，研究发现自贸区的建立显著提高了地区的资本和金融开放程度，有助于经济高质量发展。Atkin et al.（2017）则从企业出口视角进行了拓展分析，研究发现出口企业可以通过学习提高企业的生产效率和企业的产品质量，因此通过积极地扩大企业出口贸易可以获取部分贸易自由化的经济福利。已有文献仅关注单方面的贸易自由化冲击，而企业的实体经济可能遭受多种贸易冲击的影响，因此准确评估自贸试验区政策所体现的贸易自由化经济效果变得更为困难。为了弥补已有研究可能的不足，Shu 和 Steinwender（2019）则从进口竞争、出口、中间品贸易和对外投资四方面揭示了贸易自由化对企业生产活动和创新的影响。研究指出出口贸易和中间品贸易会提高企业的创新和生产效率，但进口竞争对于企业的影响难以准确判断，对外投资也是如此。

韩先锋等（2015）则从关税减免视角分析了贸易自由化对企业创新效率的影响，在结合中国工业企业数据后分析指出，中国的工业企业创新效率整体呈上升趋势，但在不同行业和不同阶段中创新效率存在明显的差异。在结合贸易自由化的政策冲击后发现，关税减免显著提高了企业的创新效率，但该影响存在基于关税的门槛值特征，即只有关税减免到一定水平时，其对创新效率的影响才显著。李平和姜丽（2015）则进一步从资源配置视角分析了贸易自由化的相关影响，研究发现实施贸易自由化有助于降低企业的生产成本，进而推动企业的创新能力，其对贸易自由化影响企业创新的机制进行了补充分析。刘秉镰和王钺（2018）则从宏观和微观视角对自贸试验区的经济效果进行了翔实的分析，在运用合成控制法的基础上，构建出了一个合成的上海市并假设其未受到政策冲击的影响。研究发现相比未设立自贸试验区的上海市即合成的上海市而言，设立自贸试验区的上海市创新能力明显更强。黎文靖和郑曼妮（2018）则认为关税削减所带来的贸易自由化会导致企业逃避竞争，为贸易自由化影响企业创新提供了新的视角。

考虑到我国的自贸试验区的设立通常是一年中的某一月份，且不同省市成立自贸试验区的月份存在明显的差异，因此采用年度数据分析自贸试验区的经济效果可能会低估自贸试验区的影响。为此，张颖和逯宇铎（2019）基于全国29个省（自治区、直辖市）的季度数据分析了自贸试验区的经济效果，研究发现自贸试验区设立显著提高了企业创新能力和企业进入意愿，且营商环境的优化是自贸试验区影响创新和企业进入的主要机制。高增安和李肖萌（2019）在采用双重差分模型后分析得出了相似的结论，且进一步从人力资本和外商直接投资视角对自贸试验区的经济效果进行了补充分析。

（三）自贸试验区绩效评估的研究动态

自贸试验区建设是中国深化改革开放的"试验田"，是中国着眼于当前的国际形势和国内发展趋势所做出的重大决策，自贸试验区建设的目标不仅是寻求新的经济增长路径，推动经济结构转型，更是探索一套主动适应国际贸易新规则的制度创新经验，以期在全国范围内推广，促进全国范围内的改革开放。基于此，量化评估中国自贸试验区创新的政策所带来的制度红利和经济绩效也是值得关注的重点。

在研究内容上，大多学者评估自贸试验区建设对增加地区经济总量、吸引国外投资、增加贸易流量及转变贸易方式等方面的宏观经济效应。研究所选用的指标多为地区GDP、地区人均GDP、固定资产投资及进出口额等宏观经济指标。在研究对象上，多数研究主要是以成立自贸试验区最早的上海做为研究对象。王利辉和刘志红（2017）以上海自贸试验区为例，通过构造上海没有建设自贸试验区的反事实经济值，并与真实经济值相对比，评估自贸试验区的建设对地区经济的影响效应。叶修群（2018）以上海自贸试验区为例，研究发现设立自贸试验区显著提高了地区GDP增长率。黄启才（2018）同样将上海自贸试验区设立做为一个准自然实验，实证研究了自贸试验区政策试点对地区吸引外商直接投资的动态影响效应。殷华和高维和（2017）以上海自贸试验区为例，利用地区间经济发展的相关性估计上海自贸试验区显著促进了上海地区GDP、投资、进口和出口的增长。此外，刘秉镰和王钺（2018）发现上海自由贸易试验区的设立能够显著促进上海市创新水平的提升。

在评估方法上，学者们多采用双重差分法、合成控制法及回归控制法等政策评估方法。叶修群（2018）利用双重差分法实证检验了自贸试验区对地区经济增长的影响。然而，利用双重差分法评估政策效果时要求实验组和控制组的选择是随机的，这一点在现实中很难满足（陈林和伍海军，2015）。同时，刘秉镰和吕程（2018）认为采用双重差分来评估中国自贸试验区的经济效果时，可能存在遗漏变量和内生性问题，不满足使用双重差分法的前提假定，因此运用合成控制法分别从货物进出口贸易、经济增长、固定资产投资等方面对上海、天津、广东、福建四个自贸试验区成立的经济影响进行评估。而Hsiao等（2012）提出的回归控制法评估政策效果时不要求实验组和控制组选择的随机性，也不需要设定计量模型（谭娜，2015），因此，回归控制法是一种实用而又较为准确的政策效果评估工具。谭娜等（2015）等采用回归控制法，基于我国31个省份的工业增加值增长率和进出口总额增长率的月度数据，对上海自贸试验区成立的经济增长效应进行了评估。王鹏和郑靖宇（2017）基于回归控制法分别测算了自贸试验区的设立对加工贸易和一般贸易的处理效应，并分析其产生异质性的原因和机制。

二、理论基础

（一）区位理论

区位理论是经济地理学中解释人类经济活动空间分布的核心理论，是研究人类活动的空间选择及空间内人类活动的重要理论，是探索人类活动的一般空间法则。

1. 杜能农业区位理论

杜能在1826年出版的《孤立国同农业和国民经济之关系》一书中，首次系统阐述了农业区位理论的思想，从而奠定了区位理论的基础，其中所演绎的经济活动区位思想和距离衰减原理对经济地理学的研究具有深远意义。

2. 韦伯工业区位理论

等到二十世纪，西方国家开始进入工业化时代，一些经济学者受到杜能农业区位理论的启发，开始对工业进行区位研究，出现了以韦伯为代表的工业区位理论。韦伯在《工业区位论》中首次提出了工业区位理论，他认为工资和运输成本是影响工业区位的核心因素，其中韦伯还提到了关于区位理论的三条法则，即劳动区位法则、运输费用区位法则和聚集或分散法则，用来研究工业布局的最佳区位选择，从而奠定了工业区位理论的基础。

3. 勒施的市场区位理论

德国经济学家勒施从市场需求出发建立了市场区位理论，他提出把利润最大化的原则应用到区位理论的研究当中去，勒施的市场区位理论的核心观点是认为工业区位的选择是为了获得更大的利润，这样才能激发工厂的生产积极性，从而创造更多的社会价值，勒施在《经济空间秩序》中提出区位决策的最终目标是寻求利润最大化。

（二）增长极理论

增长极理论是由经济学家弗朗索瓦·佩鲁（Fransois Perroux）提出来的，他认为一个国家经济如果要实现均衡发展，是几乎不可能的事情，经济增长一般会从一个或数个增长点向周围地区扩散。在佩鲁的理论基础上，美国赫希曼（A.O.Hischman）、弗里德曼（J.R.Freedman）、法国经济学家布代维尔（J.B.Boudeville）、瑞典缪尔达尔（Gunnar Myrdal）分别在不同程度丰富和延伸了这一理论。增长极理论做为解释区域经济发展的经典理论之一，其核心观点是它的极化效应和扩散效应。极化效应是指一些部门或产业通过其强大的吸引力逐渐形成"增长极"，并且不断地吸引周围其他经济要素向"增长极"周围靠拢的经济活动。扩散效应是指"增长极"不断地向周围地区进行一系列的经济扩散，从而带动其周围欠发达的地区快速发展，进一步缩小地区之间经济差异的经济活动。

自贸试验区凭借政策和制度优势，使得原有的经济产业在区域内形成"增长极"，从而吸引周边的经济要素都逐渐向"增长极"周围聚集，使得"增长极"地区得到快速发展，在"增长极"得到快速发展的同时也在不断向周围其他地区进行扩散效应从而带动周边地区经济的快速发展。

（三）点轴系统理论

"点轴系统理论"是陆大道先生在对我国区域发展的宏观战略研究的基础上提出来的，是增长极理论的一个延伸。他认为在国家和区域的发展中，大部分经济要素首先要在"点"上聚集。随着社会经济的不断发展，"点"的数量越来越多，然后再通过线状的基础设施联系在一起，从而形成"轴"。这里的"点"实质是人口和经济要素相对集中的区域，包括各级中心城市或居民点，也可以看作是区域空间内的一个"增长极"；"轴"是指由通讯网络、交通干线、水源通道等方式把各级"点"连接起来的"基础设施束"。"轴"线上的各种经济要素通过技术、信息、人员、交通等方式，不断地向周围的地区进行经济扩散，然后在距离中心城市不远的位置逐渐形成新的聚集点，这种扩散作用被称为点轴渐进式扩散。

"点轴系统理论"是研究区域空间发展的基础性理论之一，它不仅是经济空间发展客观规律的直接反映，还是我国进行国土开发及区域发展最有效的空间开发模式，通过"点轴系统理论"中的开发模式可以实现以点带线、以线促面的自贸试验区空间布局格网的快速形成，对我国自贸试验区的空间布局具有重要意义。

（四）产业集群理论

产业集群理论对区域经济的发展和产业体系在空间上的布局具有科学的解释。各类企业通过共同使用园区内的公共基础设施等途径，可以实现园区内的企业运营成本最小化，再加上园区内的税收优惠政策等其他便利政策及科学合理的管理模式，企业的生产效率得到有效的提高，而且生产和交易成本也大幅度地降低，这使得自由贸易区成为各个国家进行投资和贸易的新高地。

1. 产业结构演变趋势的研究动态

许多经济学家对产业结构的演变做了大量的研究并提出了产业结构演变的一般趋势。配第－克拉克对三大产业之间劳动力分布结构的演变和趋势进行了深入分析。克拉克认为，劳动力的分布结构会随着社会经济的发展和人们收入的提高而发生演变，演变的趋势一般为先从第一产业转向为第二产业，进而向第三产业演变。各产业之间的劳动分布是第一产业将减少，第二、第三产业将增加。并且，劳动力分布结构在三大产业间演变的主要原因在于各产业间收入的差异，人们总倾向于在能获得更多收入的产业（行业）中工作。

库兹涅茨结合自己所擅长的国民经济统计理论，进一步探讨了产业结构的演变。他将人们所从事的行业分为"农业部门""工业部门""服务部门"，库兹涅茨通过研究发现，农业部门创造的国民收入占国民总收入的比例（国民收入的相对比例）和农业劳动力在总劳动力中所占的比例（劳动力的相对比例）会随着社会经济的发展不断下降，而工业部门创造的国民收入相对比例和工业劳动力在总劳动力中所占的比例不断上升。在几乎所有国家中，服务部门中劳动力的相对比例都在增加，但是在某些国家，国民收入的相对比例并未与劳动力的相对比例同步上升，两者合计，通常保持不变或略有增加。

2. 产业结构演变动因的研究动态

纵观世界各国产业结构发展的历程，产业结构的演变主要受需求的拉动（芮明杰，2012）。然而随着国际化进程的加快，除了受到需求扩大、技术进步等内在因素的影响，产业结构的演变还会受到贸易结构（李荣林和姜茜，2010；卜伟等，2019）和国际投资（黄日福和陈晓红，2007；贾妮莎等，2014）等外在因素的推动。

（1）产业结构演变的内在动因

需求拉动。随着经济的发展，需求结构由生理性需求阶段、追求便利和技能的需求阶段向追求时尚和个性的需求结构演变（芮明杰，2012），从而带动社会依赖性强的行业逐渐从食品业转向制造业再转向服务业和高新技术产业，推动产业不断向附加值高的产业发展（颜色等，2018）。

技术进步。从工业化进程来看，由劳动密集型产业向资本密集型产业进而向技术密集型产业转变的过程，技术进步有着举足轻重的作用，技术的进步促进生产效率的提高，从而带动产业结构的优化升级。

（2）产业结构演变的外在动因

贸易结构。所谓贸易结构指的是在国际贸易过程中进出口商品的附加值与贸易平衡情况（Hischman，1943）。当出口贸易由低附加值商品向高附加值商品转变时，即为贸易结构向高级化发展（关志雄，2002）。在现实经济中，世界各国不同的贸易规则和不同的贸易需求影响着国际的贸易结构，而贸易结构的不同将影响一国的资源优化和技术引进，进而通过一国的产业链分工推动产业结构的演变。

国际直接投资。外商直接投资和跨国公司投资不仅仅是一个资本流动的过程，而且可以产生管理经验和人力资本的外溢（Kojima，1978），从而通过更高的组织运作效率和刺激本土企业的竞争推动国内不完善市场结构的合理化（张帆和郑京平，1999），促进生产资料受更具有决定性的市场的影响进行再配置，产业结构会随着生产资料在不同地区之间的流动进行演变（周梅兰，2010）。

3.产业结构演变指标的研究动态

从产业结构演变的动态角度来看，一个地区的产业结构主要有产业结构高级化和产业结构合理化两个衡量指标（干春晖，2011；彭冲等，2013）。产业结构高级化主要表示产业结构由较低级形式向较高级形式的转换过程。主要表现为三个方面：第一，产业结构中以农业和传统服务业为主的初级产品部门在整个结构中的占比逐渐下降，以高附加值的产业为主的高级产品部分在整个结构中的占比逐渐上升；第二，生产效率低的生产部门逐渐到生产效率高的生产部门演变的过程；第三，产业链背后所蕴藏的价值内容由资本密集向技术密集转移的过程（韩红丽等，2012）。

产业结构高级化程度的高低并不是合理化程度高低的充分条件，但是合理的产业结构是产业向高级化发展的充分保证（车明好等，2019）。产业结构合理化是一个不同产业占比不断优化和产业间关联作用程度逐渐增强的过程，主要表现为生产资料合理再分配所引起的产业结构演变能够适应相应的需求结构，能够获得较高的结构效益，实现人口、资源和环境的可持续发展，是充分考虑生态系统、社会系统和经济系统的内在联系和协调发展的资源节约型和综合利用性的产业结构（何平等，2014）。

（五）自贸区理论

在分析自贸试验区理论时，首先需要关注区域间的关税，即关税和自贸试验区理论密不可分，其中最为著名的是关税同盟理论。在关税同盟理论的框架下，成员国之间将达成一致的关税协议，对于非成员国地区的进口贸易实施相同的关税政策，对于成员国内的进口贸易实施更为优惠的贸易政策，通过这种协定关税实现成员国之间的利益最大化，并降低非成员国对自身的贸易福利的获取。由于该政策可以维持关税同盟国之间的共同利益，其对于关税同盟国以外的国家将实施统一税率，该政策得到了部分国家的青睐。维纳认为，关税同盟关系的建立会对经济增长产生影响，具体来看包含静态和动态两个方面，从静态来看，关税同盟关系的建立促进了关税同盟国之间的贸易交易，有利于改善各国的贸易福利，实现共同富裕。从动态角度来看，关税同盟所带来的贸易溢出效应会推动各国的产业结构和资源配置效率的优化，且会产生技术溢出效应，因此关税同盟关系的建立有助于各国经济可持续发展。

继关税同盟理论之后，罗布森等人进一步提出了自贸区经济增长理论，由于该理论的研究假设过于理想，其在现实中的应用相对较少。该理论的核心观点认为自贸区之间的资源配置应当优先考虑在成员国内进行分配，在满足成员国之间的相互需求之后再进行和非成员国的交易。成员国对外的贸易政策相对统一，进而形成成员国之间的共同利益，但成员国内部之间的劳动生产率和资源禀赋通常存在较大差异，因此成员国内部对成员国外的贸易机会和贸易成本存在差异，采取相同的贸易策略无疑会降低部分处于相对优势成员国的贸易福利。因此，罗布森强调，在实现贸易福利最大化的目标下，成员国内部之间的贸易采取共同制定的标准，并对各成员国的商品生产和销售等进行约束，而成员国内部对成员国外部的贸易活动则相对较为自由，并不会按照统一的贸易政策执行。且自贸区对某一成员国的经济效应的大小取决于成员国内部的资源配置优化和成员国外部的贸易转移效应之和。

部分学者指出，虽然关税同盟或自贸区的建立有助于提高成员国之间的资源配置效率，促进技术创新进而提升成员国的贸易福利，但关税同盟或自贸区的建立可能会对整体的经济运行产生负面效应，如关税成员国之间可以协定同一个标准，进而对非成员国产生挤出效应，这容易造成资源垄断，不利于技术进步，因此，从整体的宏观经济来看，关税同盟理论还存在些许不足，且后续的自贸试验区经济理论也未能充分弥补这一不足。

第二章　新时期自贸试验区的基本概念

第一节　自贸试验区的概念界定

一、自由贸易区的概念

在国际贸易的规则中，对自由贸易区有两种不同的概念，分别叫作自由贸易园区（FTZ）和自由贸易区（FTA）。两者都是以扩大对外开放，减少市场交易壁垒，促进生产要素流通，形成区域经济一体化，带动全球经济发展为宗旨而设立的。

为了顺利贯彻和实施国家有关自由贸易区战略的决定，防止混淆自由贸易区和自由贸易园区的概念，在2008年5月9日商务部联合海关总署发布了《商务部海关总署关于规范"自由贸易区"表述的函》，建议在以后的工作和学习中将FTZ统一翻译为"自由贸易园区"，将FTA译为"自由贸易区"。

（一）自由贸易园区（Free Trade Zone 简称FTZ）

自由贸易园区（FTZ）是指根据一个国家或地区的法律法规在国家或地区范围内设立的享有一定的优惠政策和具有一定的自由度的区域性特殊经济区，属于一国"境内关外"的特殊自由贸易经济区。

在1974年5月，国际海关合作理事会在日本京都通过了《关于简化和协调海关业务制度的国际公约》（又称《京都公约》），将自由贸易园区（FTZ）定义为：指在一个国家的部分领土范围内，在这部分领土范围内进入的任何货物或者商品，以及各种经济要素能够自由流通，且享受减免关税的特殊政策，被认为在一国的关境以外，而且受海关监管较少的特殊经济区。我国于1988年5月29日交存加入书，并在同年8月正式生效。这表明我国对自由贸易园区的认同，认为建立自由贸易园区可以促进国家经济的增长、提高开放度，是我国融入全球经济一体化进程的重要途径。目前我国设立的自贸试验区都属于自由贸易园区（FTZ）的范畴。

（二）自由贸易区（Free Trade Area 简称FTA）

自由贸易区（FTA）是指两个以上的国家之间通过签订自由贸易协定，相互之间减少贸易壁垒、开放投资、降低市场准入限制和关税，从而促进国家之间的资本、人员、技术、信息等生产要素的自由流通，实现优势互补，促进共同发展。

根据世界贸易组织（WTO）的有关解释，自由贸易区（FTA）所覆盖的范围不是其中一个国家或者多个国家的一部分领土，而是所有签署自由贸易协定成员国的全部关税领土。

如中日韩自由贸易区、东盟自由贸易区（包括东盟十国，简称AFTA）、美洲自由贸易区

（简称FTAA）等都属于自由贸易区（FTA）。

（三）自贸试验区（Pilot Free Trade Zone 简称 PFTZ）

自贸试验区（PFTZ）是属于我国主权内的制度调试，是我国以国际通行的自由贸易园区（FTZ）为基点，并以制度创新法治化、管理方式国际化、投资贸易便利化等措施为主，以发展离岸业务为辅的新型的，具有中国特色的特殊经济区域。自贸试验区（PFTZ）是在我国加快实施自由贸易区（FTA）战略大背景下并结合了自由贸易园区（FTZ）的一些特点而设立的，自贸试验区（PFTZ）的建立是顺应国内经济结构转型升级的发展方向和新一轮的对外开放政策，率先在一定区域范围内试行国际高标准投资、贸易规则的试验区，是我新一轮对外开放的窗口，自贸试验区（PFTZ）的建立极大地改变了我国现行的贸易规则和外资投资体制，使我国在以后的对外贸易中占据交易主动权，以便获得更高的贸易利润、减少贸易摩擦，可以吸引更多的国外资本来中国投资，在试验可行的基础上，再通过由点到线、由线到面的渐进式开发路径，逐步在全国其他区域进行推广和复制，把自贸试验区的试验成果和成功经验惠及全国各地，从而引领全方位的对外扩大开放。

表2-1 "自由贸易区"相关概念的联系与区别

	比较项	自由贸易区（FTA）	自由贸易园（FTZ）	自由贸易试验区（PFTZ）
区别	惯例依据	WTO	WCO	WCO
	设立主体	涉及多个主权国家	单一主权国家	单一主权国家
	覆盖范围	包括所涉及主权国家的全部领土范围	仅限于一个主权国家部分领土，属于"境内关外"	属于一国"境内关外"海关特殊监管区域特殊经济试验区
	功能定位	通过贸易协定，减少国家间贸易壁垒	通过实施特殊的优惠政策来减少关税限制	国家投资新规则的试验区；贸易投资便利化的先行区；离岸功能创新的引领区；政府职能转变的示范区
	法律依据	国家间的贸易协定	国内立法	国内立法
联系	都是为了扩大开放区域，增加贸易往来，减少贸易壁垒，促进各生产要素的流通，从而推动统一市场形成			

二、我国自贸试验区的发展历程

（一）对外开放格局的梯度推进

自从实行改革开放的政策以来，我国从未停止过对外开放步伐，为了更好地服务于国内经济建设，我国逐渐扩大对外开放的区域，对外贸易体制也不断地进行深化和改革，贸易规则也逐渐与国际接轨，形成由浅及深的对外开放格局。

1980年，我国首先在广东和福建两个沿海省份实行开放政策，国家把深圳、珠海、汕头和厦门设为经济特区，它们成为我国对外开放的排头兵，这四个城市实行特殊的经济政策，通过开放思想、吸引外资、转变经济发展模式来带动区域经济的发展，这几个城市主要以劳动力密集型产业和出口加工的外向型经济为主，经济特区的设立使我国初步形成了对外开放的格局。

到了1984年，我国又继续加快对外开放的脚步，相继开放了大连、秦皇岛和天津等14个沿海城市，这些城市被国务院列为第一批对外开放城市，开放沿海城市使我国的开放范围进一步扩大，实现了由"点"的开放逐渐到"线"的开放，这些沿海开放城市又逐渐形成了新的经济"增长极"，从而带动了其所在区域经济的发展。

从1985年到1988年，国家又进一步扩大对外开放的范围，又把长江三角洲地区、珠江三角洲地区及闽南三角区纳入对外开放的格局中，形成沿海经济开放区，这使得我国对外开放实现了由"线"到"面"的发展过程，使得开放范围变得越来越大。从20世纪90年代开始，我国又持续推进对外开放，以开放上海浦东为代表，进一步开放了长江沿线及内陆省会城市，对外开放的范围又进一步扩大，这使得我国的开放范围由东部地区逐渐向内陆地区扩大，"面"的范围又进一步扩大。由此，我国构建了由沿海到内陆，由沿边到沿江的全面联动的对外开放新格局。到二十世纪初期，我国经济进入发展新常态，国家又继续提高对外开放的水平，提出了建设自贸试验区的伟大战略，对外开放格局不断完善。

与此同时，随着我国对外开放的不断深入，我国对外贸易体制也在不断地改变和完善，我国的对外贸易体制经历了从外贸经营权的让渡，再到引入对外贸易市场调节机制及到2001年中国加入世界贸易组织逐渐与国际接轨，再到现在建立自贸试验区进行全方位对外开放。

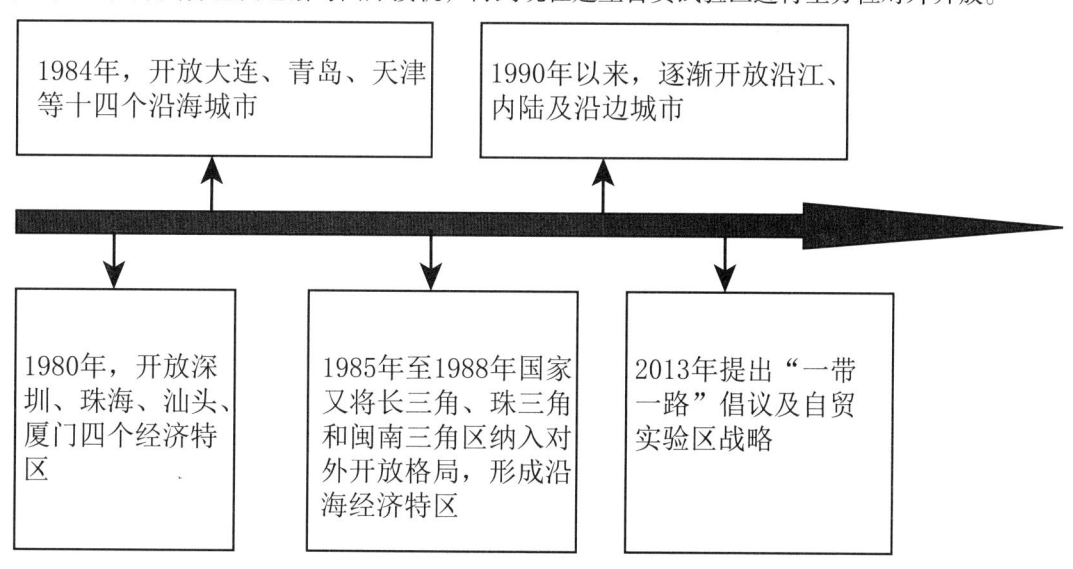

图 2-1 我国对外开放格局的梯度推进表

（二）从保税区到自贸试验区的快速发展

1.探索起步阶段：保税区的建立

我国保税区（Bonded Area）的建立是为了加快我国对外开放的脚步而建立的具有保税仓储、国际贸易、出口加工等功能的海关特殊监管区。1990年，我国设立了第一个国家级保税区——上海外高桥保税区，这标志着我国保税区建设历程的开始。在1990年到1996年，我国在上海、天津、大连、深圳、广州、福州及厦门等城市陆续成立了15个国家级保税区，这15

个保税区全都分布在我国东部沿海港口城市,这与我国沿海开放格局保持一致。

在这一时期,我国保税区建设处于初期阶段,保税区的建设都主要集中在规章制度、相关政策和基础设施的建设上面。在1996年,我国实施了第一个保税区专属政策,即《保税区外汇管理办法》,在这之后又出台了《保税区海关监管办法》,这使得海关对保税区的管理更加规范化。与此同时,保税区也在不断地完善区内的基础设施,提高管理服务水平,优化投资环境,探索更加便利的通关措施。

2.深化阶段:出口加工区、保税物流园区、保税港区及综合保税区的快速发展

进入21世纪之后,我国就不再批复建立新的保税区,取而代之的是各类出口加工区(Export Processing Zone)在国内的兴起。与保税区类似,出口加工区也属于海关特殊监管区,但是与保税区不同的是,出口加工区的功能比较单一,主要以保税加工功能为主,还有与之配套的仓储和物流运输等服务,除此之外,再无其他功能。我国最早的一批出口加工区除了建在一些沿海城市之外,还分布在一些内陆城市,例如,吉林省的珲春市,湖北省的武汉市及西南地区的成都市。

在此之后,保税区经过不断的深入发展,并在原有的功能基础之上,又扩展了其他功能,例如,从2003年开始,以上海外高桥保税区为开端,进行了"区港联动"的试点,并在距离保税区较近的港口地区建立保税物流园区(Bonded Logistics Park)。保税物流园区综合了保税区和出口加工区优惠政策优势及港口的独特区位优势,形成"区港联动"模式。在不断的对外开放过程中,保税区的功能又得到进一步扩展,在保税区、出口加工区及保税物流园区的基础上,又成立了保税港区(Bonded Port)。保税港区的设立充分整合了我国其他海关特殊监管区的政策及功能优势,进一步提高了我国对外开放的水平,极大地促进了区域经济的发展,加快实现了区域内贸易、物流、出口加工及航运事业的规范化与便利化。为了更好地与国际贸易接轨,以及应对全球产业的转型调整,我国开始对现有的各类保税园区及出口加工区在功能上进行整合升级,从而建立了综合保税区(Integrated Free Trade Zone),在2006年,我国第一个综合保税区——苏州工业园综合保税区获得批准建立,之后在2010年,国务院又批准建立了内陆地区第一个综合保税区——郑州新郑综合保税区。我国保税园区的建立也从东部沿海地区进一步扩大到内陆地区,到目前为止我国已经批准建立的综合保税区有46个,已遍布在全国29个省份和直辖市。由此看来,从保税区到出口加工区、保税物流园区再到保税港区和综合保税区的阶段发展,基本实现了我国由点到线,由线到面,由沿海到内陆,由东部到西部的开放路径。而且保税港区和综合保税区的设立,为我国实施自由贸试验区战略奠定了坚实的基础。

表2-2 2015年我国海关特殊监管区进出口总额(单位:亿元)

类型	总额(亿元)	占比(%)
保税区	2321.0	33.3
出口加工区	1358.3	19.6
保税物流园区	159.4	2.3
保税港区	911.8	13.1

续表

类型	总额（亿元）	占比（%）
综合保税区	2208.3	31.7
总计	6958.3	100

3. 转型阶段：自贸试验区的试点与推广

改革开放以来，我国取得了举世瞩目的经济发展成就，各类保税园区经过二十多年的发展积累了丰富的经验，与此同时，我国对建立更加开放、更高标准的自由贸易园区的研究探索也从未停止。在国内经济新常态和国际贸易格局面临重新调整的背景下我国正式启动了自贸试验区的试点与推广，于2013年9月29日，成立了我国第一个自贸试验区——中国（上海）自贸试验区，上海自贸试验区的成立标志着我国对外扩大开放迈上了一个崭新的台阶。随后我国又批复了广东、天津、福建、辽宁等十个省份设立自贸试验区的总体方案。各个自贸试验区都有自己的定位和功能，立足于区域，服务于全国，肩负着我国对外开放和经济建设的伟大使命。

4. 未来发展趋势：建设成为自由贸易港

自由贸易港是指设在一国或地区境内关外，资金、人员及货物能够不受限制地自由进出，而且大多数过往商品免征关税的特定区域。我国自贸试验区的发展还处于初级探索阶段，与国外先进的自由贸易园区相比较还具有很大的差距，对此在党的十九大报告中我国就提到了自贸试验区的未来发展方向，在报告中指出，自贸试验区的发展要形成陆海内外联动、东西双向互济的全方位开放新格局，要赋予自贸试验区更多、更大的改革自主权，要向香港、迪拜、新加坡等成熟的自由贸易港学习，探索建设具有中国特色的自由贸易港。上海、浙江、广东等地都启动了相关的调研工作。

（三）从保税区到自贸试验区的功能演变

我国自由贸易园区的建设经历了保税区到出口加工区、保税物流园区、保税港区、综合保税区再到现在的自贸试验区的发展过程，以及未来对自由贸易港的规划设想，这一系列的功能演变满足了我国承接全球产业转移、优化资源配置和扩大对外贸易的发展要求，也给予了我国发挥劳动力和资源的优势，快速发展经济的机会。在此期间我国各类园区通过功能上的扩展及演变，推动了国内生产力的发展，促进了区域经济的增长，也与全球经济一体化的发展趋势相适应（如图2-2所示）。

我国目前的十一个自贸试验区都有自己独特的功能地位，从国家战略定位的角度出发，都要立足于国家总体战略方针，服务于全国，发挥自身的优势条件，为西部大开发战略、振兴东北老工业基地战略、粤港澳大融合、长江经济带发展及两岸经济发展等探索新途径，谋划新发展。

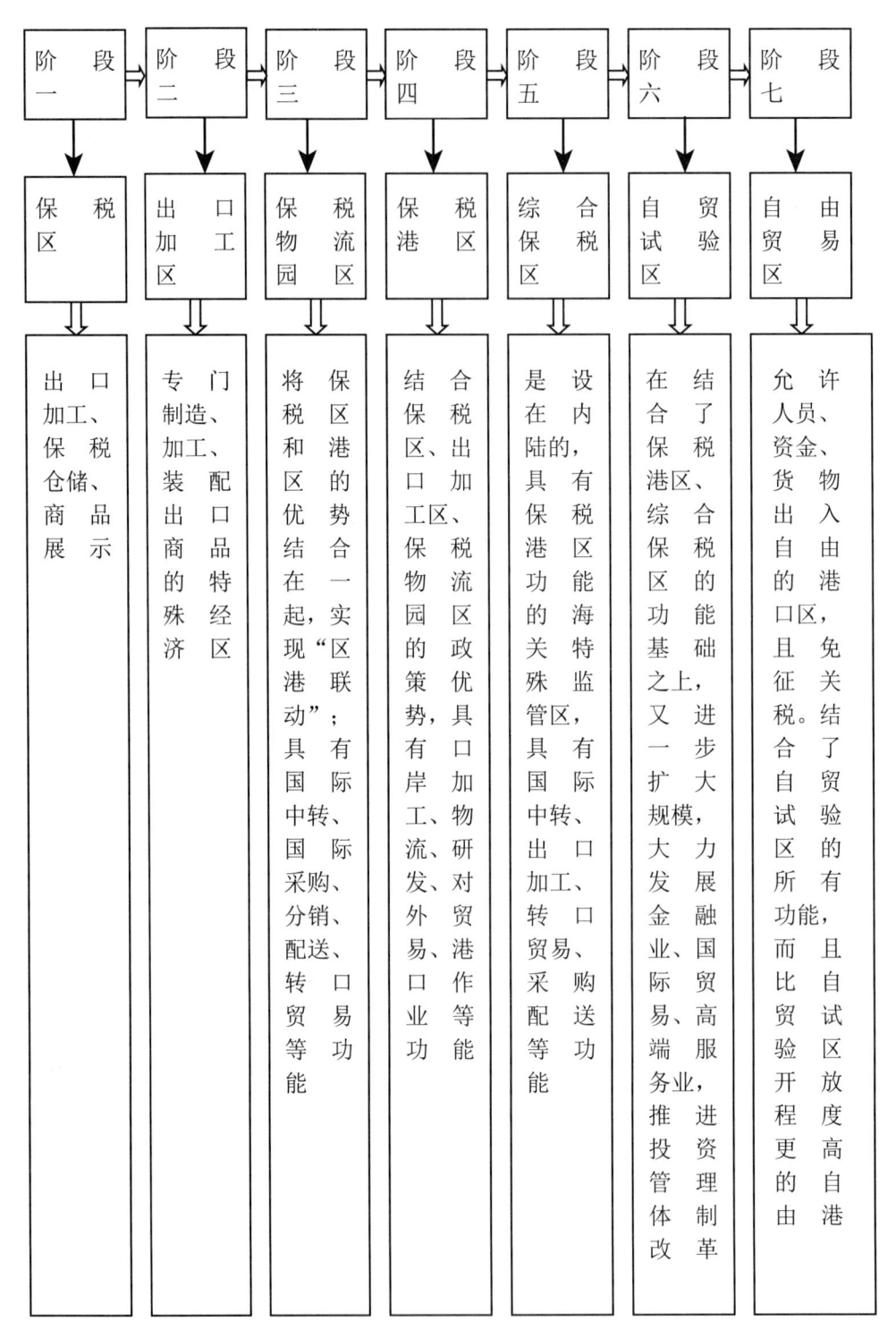

阶段一	阶段二	阶段三	阶段四	阶段五	阶段六	阶段七
保税区	出口加工区	保税物流园区	保税港区	综合保税区	自贸试验区	自由贸易港
出口加工、保税仓储、商品展示	专门制造、加工、装配出口商品的特殊经济区	将保税区和港区的优势结合在一起，实现"区港联动"；具有国际中转、国际采购、分销、配送、转口贸易等功能	结合保税区、出口加工区、保税物流园区的政策优势，具有口岸加工、物流研发对外贸易港口业功能	是设在内陆的，具有保税港功能的海关特殊监管区，具有国际中转、出口加工、转口贸易、采购配送等功能	在结合了保税港区、综合保税区的功能基础之上，又进一步扩大规模，大力发展金融业、国际贸易、高端服务业，推进投资管理体制改革	允许人员、资金、货物出入自由的港口区，且免征关税。结合了自贸试验区的所有功能，而且比自贸试验区开放程度更高的自由港

图2-2　我国保税区向自贸区的功能扩展及演变

表 2-3　我国十一个自贸试验区的功能定位

名称	成立时间	功能定位
上海自贸试验区	2013.09	加快转变政府职能、积极推进服务业扩大开放；加快推进金融服务业扩大开放
天津自贸试验区	2015.04	不仅承担着国家改革开放试验田的责任，还承担着京津冀协同发展的重要任务；国际航运物流和高端制造业并重发展
福建自贸试验区	2015.04	充分发挥对台优势，加快推进对台贸易投资自由化进程；把福建建设成为21世纪海上丝绸之路的战略核心
广东自贸试验区	2015.04	强调粤港澳一体化概念，依托港澳地区，服务内地，大力促进港澳地区与内地经济的快速融合
辽宁自贸试验区	2017.03	努力建成振兴东北老工业基地新引擎；加快市场化改革，形成与国际贸易相衔接的体系；重点发展港航物流、装备制造业
河南自贸试验区	2017.03	建设成贯通南北、连接东西的现代立体交通枢纽中心；建设成服务"一带一路"的内陆开放型经济示范区；重点发展智能终端、汽车制造、现代物流、文化等行业
陕西自贸试验区	2017.03	努力建设成为内陆改革开放的新前沿阵地，成为"一带一路"人文交流和经济合作的新节点；打造现代农业国际合作中心；重点发展文化、旅游、金融、高端制造等行业
湖北自贸试验区	2017.03	努力成为中部地区承接产业转移的示范区和高新产业的聚集区，成为内陆开放的新高地
重庆自贸试验区	2017.03	发挥重庆地区西部大开发的战略支点作用，努力把重庆建设成为长江经济带和"一带一路"互联互通的重要枢纽中心
四川自贸试验区	2017.03	将四川自贸试验区打造成西部门户城市对外开放的引领区，内陆与沿江沿海系统发展示范区；努力建设成区域性交通枢纽中心
浙江自贸试验区	2017.03	浙江自贸试验区建成东部沿海地区对外开放新门户；打造国际大宗商品和资源配置基地；重点发展油品等大宗商品储存、水产贸易、航空制造等产业

（四）自贸试验区与保税区的区别

在2013年中国首个自贸试验区上海自由贸易试验区成立之前，保税区是中国境内开放程度最高、政策最优惠、运作机制最便捷的区域之一（王孝松等，2014）。保税区，也称保税仓库区，是指由一国海关设置的或经过海关批准而设立的、受海关特殊监管、可以较长时间存储商品的特殊经济区域，具有保税仓储、出口加工和转口贸易三大功能。

表 2-4　自贸试验区与保税区的区别

/	自贸试验区	保税区
监管理念	企业管理	商品管理
监管力度	海关辖区以外、无贸易限制	在海关的特殊监管范围内，货物入区前须在海关登记，货物进出区内、境外或区内流动有不同的税收限制
管理方式	门岗管理，运作手续更为简化，交易成本更低	货物"暂不征税"，账册管理
储存时限	存储有时限	存储不受限
功能作用	物流集散中心，加工贸易发达，辐射作用强	中转存放，功能相对单一，经济带动作用有限
范围大小	范围较大，可能包含多个保税区和非保税区	范围较小

如上表2-4所示，自贸试验区与保税区在监管理念、监管力度、管理方式、储存时限、功能作用和范围大小等方面均存在不同。保税区内实行特殊的税收和外汇管理等政策及"境内关内"的运作方式，境外货物进入保税区无须缴纳进口关税，可以在境外和保税区之间自由进出，还可以在区内进行加工、装配之后自由出口，只有在进入关境时才需缴纳进口关税，但货物一旦进入保税区就会受到海关的监管。而自贸试验区实行"境内关外"的运作方式，对于进入自贸试验区的货物海关一般不会加以干预，货物可以在自贸试验区内自由进行存储和买卖，不需要向海关进行报备，当货物进入内地非自贸试验区时才需进行报关、缴税等。另外，在保税区具有的货物进出自由和货物存储自由的基础上，自贸试验区享有的政策优惠更加开放，包括贸易自由、人员进出自由和货币流通自由等方面。可以说，自贸试验区在政策方面是保税区的"升级版"，层次更高、内涵更丰富、意义更深远。

三、我国自贸试验区建设的任务和使命

我国自贸试验区建设战略是基于新一轮国际贸易规则、扩大对外开放和深化改革要求设立的一种单边对外开放战略。做为开放型经济新体制的试验田，它不同于一般的经济特区和产业园区，而是具有特殊的功能和使命，应进一步围绕国际贸易投资规则进行试验、创新，积累经验，提供借鉴。

（一）我国自贸试验区的性质

迄今为止，世界上的"自由贸易区"可以大致分为两类：一类是基于国际协定的跨国自由贸易区（FTA，Free Trade Area）；一类是基于一国之内对外开放的自由贸易区（FTZ，Free Trade Zone）。

FTA，源自WTO有关"自由贸易区"的规定，最早出现在1947年《关税与贸易总协定》中，是由两个或多个主权国家（或经济体）通过签署协定、彼此取消关税和其他贸易限制形成的贸易和投资自由化的特定区域，该区域涵盖了所有协定国家或经济体的全部关税领土，而非其中的某一部分，是一种双边或多边的对外开放协议。目前，世界上这类区域有欧盟、北美自由贸易区、中国—东盟自由贸易区。根据中国—巴基斯坦、中国—智利、中国—新西兰、中国—韩国、中国—澳大利亚等自由贸易协定建立的"自由贸易区"，也均属此类。

FTZ，源自1973年5月18日通过的《关于简化和协调海关业务制度的国际公约》（简称《京都公约》），它规定了进入缔约方境内一部分的任何货物，就进口税费而言，通常被视为在关境之外，免于实施通常的海关监管措施，是一种单边的对外开放制度。目前我国所设立的上海、广东、天津、福建四个自贸试验区，均属此类。

然而，我国的自由贸易区，又不是一般的FTZ，而是自由贸易试验区，即自由贸易规则和制度的试验区，应特别注意"试验"两个字。而且，我国自由贸易试验区，做为一个特殊区域，也不同于我国现有的其他经济特区。从功能来讲，经济特区可以分为两类：一类是体制性的，即以实行某种特殊体制或制度为基本特征的区域；一类是功能性的，即以发挥某种特殊功能或作用为基本目的的区域。在我国，前者主要有中国香港特别行政区和中国澳门特别行政区，以及中国各民族自治区；后者的典型例子很多，除了深圳、珠海、汕头、厦门等最早的一批经济特区以外，现在的四大自贸试验区也均在此列。这表明我国自贸试验区有其特殊的功

能、使命和任务，它既不同于一般的自贸区，又不同于一般的经济特区，虽然涉及产业的发展，但它与产业园区大不相同。

（二）我国自贸试验区的功能和使命

基于我国自贸试验区设立的背景和初衷，以及我国自贸试验区的特殊性质，我国自贸试验区的功能和使命应侧重于以下几个方面：

1. 探索、试验、创新

这是我国自贸试验区最重要和最基本的功能、使命和任务。如果没有试验、探索和创新，自贸试验区也就失去了使命，没有了存在的必要。中央强调，自贸试验区要以制度创新为核心。各自贸试验区，应紧紧围绕"制度创新"这一核心，在推行外资进入负面清单管理模式、扩大服务业对外开放，营造国际化、市场化、法治化营商环境，推进政府职能转变和管理模式创新等方面发挥"试验田"作用，为构建我国开放型经济新体制提供经验借鉴。

在试验内容方面，中央所明确的主要是方向和原则，不可能细化到具体做法、细节，各地在贯彻实施过程中，需要细化、具体化。这一方面增大了自贸试验区建设的难度，即有些方面不一定知道如何去做，另一方面也给建设者留下了巨大的想象空间、发挥空间和政策灵活性，考验着建设者们的智慧。

还应该指出，有些体制、机制、规则的创新，与理念、思路创新密切相关，理念和思路决定着体制、机制、规则、做法。因此，推进自贸试验区体制、机制和规则的创新，首先要注重理念和思路创新。"宽进严管"的思路创新，就带来了政府工商管理上的一系列改革创新。例如，企业创办管理制度的改革（审批制改为备案制，登记注册资本金实缴制改为认缴制，以及先证后照改为先照后证），"三证合一"改革（即营业执照证、组织机构代码证、税务登记证统一为"社会信誉码"）等。

2. 提供经验

这是自贸试验区的一个派生功能。自贸试验区建设应发挥好这一功能。各自贸试验区应该通过试验，在以下方面给出结论和答案：哪些体制、机制、规则和做法是科学、可行、有效的，可以采用并在全国推广；哪些体制、机制、规则和做法是不科学、不可行的，不能采用和推广；一些可行、有效的体制、机制、规则和做法，还需要哪些配套措施和改革；一些体制、机制、规则和做法的推行，需要注意哪些问题；等等。

经验不只是正面的，反面的也同样重要。就上海自贸试验区而言，从2013年启动，积累了不少成功经验，并在全国得以推广，但是，一些值得注意、克服、避免的问题，或者值得改进的方面，也需要总结。相对于成功经验来讲，这些需要避免的问题和改进措施对于其他自贸试验区具有同样的重要意义。

3. 开放平台

自贸试验区所进行的试验、探索、创新，重点就是对外开放领域，因此自贸试验区本身就是一个重要的对外开放平台。各自贸试验区应利用好这一平台，扩大对外开放的领域和范围，提升对外开放的程度和水平，探索创新对外开放的思路和模式、在构建"开放型经济新体制"方面发挥重要作用。

总之，自贸试验区要通过发挥"先行先试"的探索创新功能，当好"改革开放排头兵、创新发展先行者"。

第二节 自贸试验区的类型划分

自由贸易区的产生是自由贸易理论的一个具体实践和贸易自由化演进过程中的阶段性表现。当前，经济全球化向纵深发展，生产要素超越国界在全球范围内的自由流动，使世界各国相互依赖增强。自由贸易区战略顺应了经济全球化和贸易自由化的大趋势，是一个国家对外开放战略的重要组成部分，也是拓展对外开放广度和深度、提高开放型经济水平、深层次参与经济全球化进程的重要举措。

一、自由贸易区的类型

在自由贸易区不断发展的过程中，其功能也在逐渐地由单一化转向综合化，并衍生出新功能，根据自由贸易区的功能，可以将其划分为四大类，分别为自由港、综合型自由贸易区、贸易型自由贸易区及工业贸易结合型自由贸易区（如表2-5）。

（一）按功能划分

表2-5 自由贸易区的类型（按功能划分）

类型	内涵	自由贸易区
自由港	一个国家或地区的"境内关外"，港口内，对外货物可免税自由进出口，并可开展各种商业活动	新加坡、哥本哈根、香港等
综合型自由贸易区	一个国家或地区内部，集贸易、出口加工、金融、旅游等多种功能于一体的自由贸易区	韩国釜山、仁川自由贸易区
贸易型自由贸易区	主要以国际贸易为发展产业，从而促进该地区整体经济发展的自由贸易区	智利伊基克自由贸易区
工业贸易结合型自由贸易区	功能主要为出口加工、外贸、仓储和运输的自由贸易区	阿联酋自由贸易区

（二）按性质划分

按照性质，自由贸易区可分为两类，即商业自由区和工业自由区，商业自由区禁止拆包、零售、加工和制造商品，工业自由区允许免税进口原材料、零部件和辅助材料及在指定加工区域内进行加工和制造；但是各国产业发展条件、经济发展水平、合作对象、地理区位等不尽相同，因此自由贸易区从产业功能、覆盖区域、专业领域层面可以划分为多种类型的发展模式（如表2-6）。

表 2-6　自由贸易区的类型（按发展模式划分）

划分方式	发展模式	内涵	自由贸易区
以产业功能区分	物流配送或转口集散模式	利用其自身地理位置和航运条件，将港口定位为贸易枢纽，通过港口优势对货物进行集散转运和仓储	以欧洲自由贸易区为代表，如德国汉堡港、不莱梅
	出口加工兼容物流集散模式	以国际贸易、出口加工为主，以仓储物流服务为辅	以亚洲和非洲国家的自由贸易区为代表，如菲律宾马里莱斯
	保税仓储模式	主要是保税，免办国外货物进出口手续，长期处于保税状态	荷兰阿姆斯特丹港自由贸易区
	贸工结合、以贸为主模式	主要从事进出口贸易，辅以简单的加工和装配制造，但区内严禁零售	以美国的自由贸易区为主
	商业批发零售型模式	内部有专门的商品展示和零售商业区	以智利伊基克自由贸易区为代表
	综合发展模式	以上各种产业发展模式的综合	中国香港、新加坡
以专业领域区分	单个领域专业集聚模式	根据产业发展需要，为需要发展的产业划定不同的区域，并建立各个产业的自由贸易区	尼日利亚自由贸易园区
	多元化的产业领域聚集模式	不局限于某一特定产业的发展，而是凭借自身的比较优势，形成多元化的产业集聚模式	中国香港、新加坡
以覆盖区域区分	港城融合发展模式	所有港口所在城市都被划为自由贸易区	主要分布在亚太地区，如香港、新加坡
	港城分离发展模式	港口所在城市的一部分被划为自由贸易区	汉堡、哥本哈根、吉布提港等
	跨境园区发展模式	在形成合作和法律约束的条件下，彼此毗邻的国家或地区应共同划定毗邻土地的相应区域，并建立经济监督区	美墨边境马魁拉多工业园区
	主副园区发展模式	根据空间和产业布局的需要，划分主、副园区	美国部分自贸园区中特殊企业的对外贸易的专用区

（三）按空间角度划分

从空间角度出发，综合分析不同自由贸易区的空间规模、空间形式、与城市的空间关系三大要素，将自由贸易区分为园区型、城市型、集群型三大类型（如表2-7）。

表 2-7　自由贸易区的类型（按空间角度划分）

类型	内涵及特征	自由贸易区
园区型自由贸易区	空间规模都相对较小，以独立园区形式存在，一般依托港口、机场等区域性的交通枢纽，毗邻城市片区，或直接散布于城市中。这种类型的自由贸易区在建设实践中是最早也是最丰富的	爱尔兰香农自由贸易区、新加坡樟宜机场自由贸易区、中国台湾自由贸易港区、巴拿马科隆自由贸易区、美国49号自由贸易区
城市型自由贸易区	出现于21世纪以后，现有的建设实践主要集中在韩国，与传统的园区型自贸区相比，呈现出规模更大、功能更综合的特征	韩国仁川机场自由贸易区、韩国釜山·镇海自由贸易区、中国海南自由贸易区

续表

类型	内涵及特征	自由贸易区
集群型自由贸易区	针对"离岸金融"这一特殊功能提出，通过市场自发形成，目前国际上主要有3种类型	以伦敦和中国香港为代表的内外一体型；以纽约和东京为代表的内外分离型；以维尔京群岛、开曼群岛为代表的簿记型

（四）按主导功能和产业划分

除此之外，根据自由贸易区内部主导功能与发展产业之间的差异，根据不同的功能定位可以将自由贸易区分为五大类，分别为金融贸易型、高端制造型、枢纽服务型、新兴科技型、文化服务型，目前我国的自由贸易试验区主要以金融贸易型、高端制造型和枢纽服务类型为主。目前，在我国的自由贸易区中枢纽服务型自由贸易区共22个，高端制造型自由贸易区13个，金融贸易型自由贸易区有12个，新兴科技型自由贸易区有6个，文化服务型自由贸易区有3个（如表2-8）。

表2-8 我国自由贸易区的类型（按主导功能和产业划分）

类型	数量	片区名称
金融贸易型	12个	外高桥保税区、陆家嘴金融片区、广州南沙新区片区、深圳前海蛇口片区、天津滨海新区中心商务片区、厦门片区、成都青白江铁路港片区、西安国际港务区片区、曹妃甸片区、济南片区、南京片区、南宁片区
高端制造型	13个	金桥开发片区、天津机场片区、福州片区、沈阳片区、舟山岛南部片区、武汉片区、襄阳片区、两江片区、西永片区、成都天府新区片、西安中心片区、正定片区、烟台片区
枢纽服务型	22个	外高桥保税物流园区、浦东机场综合保税区、洋山保税港区、天津港片区、大连片区、营口片区、舟山岛片区、舟山岛北部片区、川南临港片区、郑州片区、果园港片区、大兴机场片区、黑龙江片区、黑河片区、绥芬河片区、青岛片区、连云港片区、钦州港片区、崇左片区、昆明片区、红河片区、德宏片区
新兴科技型	6个	张江高科技片区、洛阳片区、宜昌片区、杨凌示范区片区、雄安片区、苏州片区
文化服务型	3个	珠海横琴新区片区、平潭片区、开封片区

二、中国自由贸易试验区战略

（一）中国自由贸易试验区的战略出发点

建设自由贸易试验区，是我国在改革开放新的历史条件下，立足国家战略需要、顺应全球经贸发展新趋势，更加积极主动开放的重大举措。其战略出发点体现在3个方面：

1. 主动顺应全球经济治理新趋势新格局

当前，新的全球经济治理格局正在形成，发达国家积极推进"再工业化"和"制造业回归"，新兴经济体加快崛起，在全球经贸发展中的话语权不断提升。同时，新的国际投资体系、多边贸易体系加速重构。中国自贸试验区战略就是主动顺应全球化经济治理新趋势，实施更加积极主动的开放战略，打造我国新时期面向世界、深耕亚太的战略载体。

2. 主动对接国际投资贸易新规则新要求

近年来，国际投资贸易规则面临深刻重构，推行更高标准贸易和投资自由化，实行"准入前国民待遇＋负面清单"模式，从传统的边界措施拓展到边界内措施。中国自贸试验区战略就是要先行试验国际投资贸易新规则，为我国参与国际经贸规则的制定提供有力支撑。

3. 主动塑造我国以开放促改革促发展新优势

随着我国改革开放进入新阶段，以开放促改革势在必行。一方面要扩大开放领域，提升开放能级，打造对外开放新高地；另一方面要全方位接轨国际惯例，完善开放型经济新体制。中国的自贸试验区战略就是要通过局部地区的先行试点，在接轨国际的制度规则、政府服务、运作模式等方面率先实践，打造新一轮改革开放的领跑者。

（二）中国自由贸易试验区进展情况

在上述战略背景下，中国自由贸易试验区应运而生。具体来说，中国自贸试验区经历了一个开启、发展和深化的过程。2013年9月，中国（上海）自由贸易试验区挂牌成立，成为全国最早的一家自贸试验区，可称为1.0版本。2015年4月，上海自贸试验区扩区，广东、天津、福建自贸试验区正式挂牌，形成了"1＋3"的格局，可称为中国自贸试验区的2.0版本。2016年8月，在上海、广东、天津、福建自贸试验区建设取得成效的基础上，我国宣布在辽宁省、浙江省、河南省、湖北省、重庆市、四川省、陕西省新设立7个自贸试验区，形成了"1＋3＋7"的格局，可称为中国自贸试验区的3.0版。中国自贸试验区网络的不断拓展，充分表明了中央对自贸试验区制度创新成效的肯定，也对新形势下深入推进自贸试验区建设提出了更高要求。

总体上看，经过几年来的不断推进，中国自贸试验区建设在不少方面取得有力进展，可归纳为3个方面：

1. 深入推进一系列重点领域制度创新

在政府职能转变方面，上海以自贸试验区管委会和浦东新区政府合署办公为契机，积极探索一级地方政府管理新模式，开展"证照分离"试点，建立事中事后监管体系；广东省级部门向3个片区下放了第一批60项省一级管理权限；天津3个片区全部建立了集中统一的行政审批机构，承接了241项市级审批和服务事项；福建将253项省级行政许可权限下放到自贸试验区。在投资管理体制改革方面，"准入前国民待遇加负面清单"的外商投资管理模式已在自贸试验区初步建立，对负面清单之外领域按照内外资一致原则，外商投资项目和企业设立、变更实行备案制（国务院规定对国内投资项目保留核准的除外），自贸试验区实行以备案制为主的境外投资管理方式，建设企业和个人对外投资"一站式"服务平台。在贸易监管模式创新方面，自贸试验区实行"统一申报、集中查验、分批核放"模式，推进"一线放开""二线安全高效管住"的贸易便利化改革，初步建立了国际贸易"单一窗口"监管和服务体系，推行货物状态分类监管等改革试点，有效缩短了通关时间。在金融开放创新方面，上海自贸试验区建立了自由贸易账户分账核算体系，一批面向国际的金融交易平台加快形成，外汇资金集中运营，外汇资本金意愿结汇等外汇管理制度改革经验已在全国推广；广东自贸试验区围绕粤港澳金融合作，探索依托香港地区推进人民币国际化和金融对港澳地区开放。天津自贸试验区率先推进融资租赁业制度创新。

2. 积极开展各具特色的改革创新试验

4个自贸试验区立足于国家战略，积极发挥本地优势，探索差别化的创新模式。上海自贸试验区以"建设开放度最高的园区"为目标，加强与上海"四个中心"和长江经济带建设的衔接，努力打造面向全球的国际竞争综合优势。广东自贸试验区立足深化内地与港澳经济合作的战略需要，依托 CEPA 框架安排，实施面向港澳地区的深度开放。天津自贸试验区依托口岸协作和区域通关一体化等制度创新，打造京津冀协同发展新引擎和高水平对外开放新平台。福建自贸试验区立足于深化两岸经济合作大局，探索闽台产业对接与合作新模式，扩大对台服务贸易开放。

3. 推动试点经验和创新举措的复制推广

首先，积极推进成功经验向全国复制推广。例如，海关总署已将两批共 25 项贸易监管创新举措向全国复制推广。国内许多地区主动按照自贸试验区的试点举措和经验推进改革开放，取得了丰富成果。

其次，将成功经验向其他自贸试验区或海关特殊监管区域复制推广，如上海自贸试验区率先试行外资准入负面清单管理模式，在总结试点经验的基础上，全国统一的外商投资负面清单管理制度已于 2016 年 10 月起全面实施。

第三节 自贸试验区的经济发展成效

一、自贸试验区引领数字经济发展的时代要求和历史使命

自贸试验区做为我国改革开放的高地，是体制机制创新改革的最前沿，各种资源要素的流通聚合十分活跃，往往孕育着新经济新业态新模式。自贸试验区也是我国数字经济的先行区和集聚区，既有产业优势，也有改革使命，责无旁贷承担起引领数字经济规则变革和业态创新的使命。

（一）数字经济国际规则之争，需要自贸试验区压力测试

当前，数字经济成为世界经济复苏的新动力，受到许多国家的高度重视。一些国家不仅制定了本国数字经济发展的战略规划，而且在国际贸易中谋求建立符合自身利益的数字经济国际规则。

我国在数字经济国际规则上强调跨境数据流动采取循序渐进方式，对电子传输免税进行定期延长等，并借助相关平台在国际上争取数字规则话语权，防止出现欧美在数字经济国际规则上独揽话语权的情况。

从全球范围看，数字经济发展竞争日趋激烈，各方诉求也越来越清晰，并渗透到各自相关的区域合作中，但各国数字经济国际规则领域的方案存在的差距较大，要达成全球统一的数字经济规则还有很长的路要走。

自贸试验区的重要使命就是做好改革开放的压力测试，试点外商投资准入前国民待遇加负面清单管理模式中，上海自贸试验区制定实施了我国第一个外商投资准入负面清单，为我国参与 RCEP 等国际贸易协定谈判提供实践经验。当前，在数字经济国际规则制定中同样需要自贸试验区发挥压力测试的作用，为我国在数字经济国际规则博弈中争取话语权、主动权提供实践

参考。

(二) 数字经济底层生态之争，需要自贸试验区创新突破

数字经济的底层逻辑是信息技术，包括核心软硬件系统。国际数字经济的话语权归根结底要靠数字核心科技的支撑。

近年来随着"核高基"重大专项的实施，在芯片和操作系统等领域我国实现了快速发展，国产替代脚步不断加快，信息技术生态体系初步成型，并且部分关键领域的重要信息系统实现了国产化。总体上看，我国在信息技术产业生态上仍面临严峻挑战，CPU 和操作系统受制于人的状况尚未改变。

从总体上看，我国计算机芯片、底层操作系统、工业设计基础软件等相关领域的基础依然薄弱，工业机器人、智能传感器等相关智能制造企业缺乏，相关技术和产品与我国数字经济发展需求还存在较大差距。要改变我国数字经济领域比较薄弱的底层生态系统，就必须推进数字核心技术的科技创新，探索尽快实现替代赶超的科技创新体制机制。自贸试验区成立之初往往依托国家级高新区、开发区，科技创新要素和科技企业集聚，比如上海、武汉、西安、沈阳等自贸区均涵盖国家高新技术产业开发区、国家自主创新示范区等，有条件有优势在科技创新领域开展体制机制探索，破解我国数字经济问题。

(三) 数字经济平台垄断之争，需要自贸试验区贡献方案

数字经济进一步加速了生产要素的流动效率，充分释放了生产和贸易的活力。平台经济就是在这样的背景下产生的。这类企业以互联网为载体，以数据信息为主要要素，将众多的市场主体集合到同一数字服务平台，形成了互联网商业生态系统，并借助这一生态系统为中小企业发展提供流量、支付、物流等一系列规模化服务，降低企业经营成本，改变中小企业向数字经济转型中单枪匹马的困境，有效促进了企业发展。在此过程中，平台企业成为资源要素流通交换的枢纽，有利于群众便捷选购更丰富的商品和服务，促进我国市场经济繁荣，畅通以国内大循环为主、国内国际双循环的发展格局。

随着资源向平台企业的高度集中而形成垄断，平台企业拥有着其他企业所不具有的规模优势和流量优势，平台上的中小企业和消费者相对于平台而言，往往处于弱势地位。由于缺乏约束，平台企业往往滥用市场支配地位做出损害中小企业和消费者利益的行为。比如，平台企业强行商家实施"二选一"活动，既损害了中小企业自由选择商业平台进行自主经营的权利，也破坏了公平有序的市场经济环境。同时，平台企业往往借助自由的大量私域流量，以及商业模式、定价模式、算法体系等形成市场进入壁垒，在互联网上形成"自留地"，避免与其他平台的互联互通，并借助流量入口限制，提高平台商家运营费用，挤压商家利润空间。我国对平台经济出现的这些问题高度重视，对涉嫌垄断的相关平台企业进行了一系列反垄断调查，有效震慑了相关企业滥用市场支配地位。但是，也要看到，我国数字经济发展迅速，新的数字经济平台不断涌现，保障平台经济健康发展的体制机制尚不健全。

自贸试验区做为数字经济集聚区，拥有很多数字经济平台企业，在探索平台经济和中小企业共同健康发展方面有着产业优势、实践优势和制度创新优势，可以为平台经济的健康发展提出更多制度性经验。

二、我国自贸试验区的总体格局

中国自贸试验区的建设始于2013年的上海。2013年9月27日,上海自贸试验区成立,这也是我国第一个自贸试验区。2015年4月20日,第二批自贸试验区广东、天津、福建自由贸易试验区正式成立。2017年3月31日,经党中央、国务院决定,第三批自贸试验区辽宁、浙江、河南、湖北、重庆、四川、陕西七个自贸试验区正式成立。2018年10月16日,中国(海南)自由贸易试验区成立。2019年8月2日,第五批自贸试验区山东、江苏、广西、河北、云南、黑龙江自贸试验区正式成立,这也是自贸试验区首次在沿边省份设立。2020年9月21日,新设北京、湖南和安徽三个自贸试验区。至此,经过七年共六轮的建设,中国自贸试验区的建设由2013年的初期试点阶段进入了全面推进阶段,自贸试验区的数量达到21个,形成"1+3+7+1+6+3"的"雁阵"格局,覆盖沿海及内陆至边境,形成了全方位、有梯度的开放格局。

表2-9 中国21个自贸试验区一览

时间	批次	省份
2013年(1个)	第一批	上海自贸试验区
2015年(3个)	第二批	广东、天津、福建自贸试验区
2017年(7个)	第三批	辽宁、浙江、河南、湖北、重庆、四川、陕西自贸试验区
2018年(1个)	第四批	海南自贸试验区
2019年(6个)	第五批	山东、江苏、广西、河北、云南、黑龙江自贸试验区
2020年(3个)	第六批	北京、湖南、安徽自贸试验区

从地理位置上看,我国21个自贸试验区包括10个沿海自贸试验区、8个内陆自贸试验区和3个沿边自贸试验区。沿海的自贸试验区(如上海、广东、浙江、山东、江苏等自贸试验区)主要依托于其所拥有的港口片区进行对外开放,大力发展海洋经济、高端产业和现代服务业。基于当地优良的经济发展基础,沿海自贸试验区的发展目标不仅要带动其所属省份的经济发展,也要辐射其所属经济区域的连片发展。内陆自贸试验区(如河南、湖北、重庆、陕西、安徽等自贸试验区)不具备沿海地区所拥有的港口优势,其发展的重点是战略性新兴产业和高端制造业,目标是实现产业的转型升级,承担中国经济内循环的重要节点功能。而沿边的自贸试验区(广西、云南、黑龙江自贸试验区)由于特殊的地理位置及相对不够发达的经济基础,在发展过程中一般会根据当地的要素禀赋优势因地制宜地选择重点产业进行发展并形成特色产业,实现产业结构的转型升级。同时,这些自贸试验区会利用沿边的特殊地理位置加强与周边国家的跨境经贸合作,成为我国对外开放的重要窗口和枢纽。

三、我国贸易试验区产业布局综述

在产业布局方面,各自贸试验区充分利用自身要素禀赋优势,立足国家发展战略,积极发展高附加值、低能耗、科技含量高的产业,为高质量发展探索新路径、积累新经验,力求实现更高层次、多方位的发展。上海自贸试验区选择重点发展金融、航运、商贸、专业服务和文化服务等产业，进一步推动服务业的开放和发展。其中，上海做为国际金融中心，金融业的开放和发展备受关注。

上海自贸试验区在金融相关领域降低或取消对投资者的资质要求、占股比例、经营范围限制等准入限制，竭力为所有投资者营造平等有利的市场环境。自贸试验区成立一年内，就有87家有金融牌照的金融机构入驻，到自贸试验区成立三周年时，自贸试验区内银行业金融机构数量达464家。另外，为提升自身在国际贸易价值链中的地位，培育国际贸易新业态，上海自贸试验区积极发挥外高桥港、洋山深水港和浦东空港的联动作用，发展国际船舶运输和管理、航运金融、航运经济等产业，进一步增强中转集拼枢纽功能，提升高端服务能级，助力上海建设成为国际航运中心和全球航运枢纽。

广东是经济大省和制造业大省，广东自贸试验区在产业布局上优先选择发展的是高端制造业和现代服务业。首先，广东自贸试验区选择发展高端制造业以推动珠三角地区加工贸易的转型升级，实现制造业的科技化、国际化和特色化，提升制造业的国际竞争力。珠江横琴片区依托原有的制造业基础优势，积极引入高新技术，发展高端制造业，促进珠三角地区的制造业实现从劳动密集型到技术密集型的转型升级。广东自贸试验区重点发展的另一项产业是现代服务业。其中，南沙片区重点布局高端服务业，自挂牌成立以来，已相继落户国内第一家专门服务商品金融的广州商品清算中心股份有限公司、华南地区唯一拥有船舶交易服务资质的广州航运交易所、广州第一家合规的金融租赁公司及近十年来广东省（除深圳外）唯一经中国证监会批准设立的公募基金公司。前海蛇口片区重点发展金融业，挂牌成立后的半年内，新增金融企业数量超过七千家。除了银行、证券、保险、基金等传统金融业态外，前海片区还聚集了大量股权投资、融资租赁、要素交易市场等新型金融业态，初步形成了以金融业为主体的多元、高端的产业布局。

天津自贸试验区在产业方面重点发展的是制造业和商业物流。天津港做为京津冀地区最大的综合性贸易港口，利用临港优势发展现代化的航运、物流和仓储服务。在先进制造业方面，天津自贸试验区已形成航空航天业（空中客车、中航直升机）、装备制造业（阿尔斯通、卡特匹勒）和电子信息产业（中兴通讯、东软）三大综合性先进制造产业集群（盛斌，2015）。金融领域，天津自贸试验区重点培育了融资租赁、航运金融、国际保理等新型金融业态，形成了多层次、多元化的资本体系，为实体经济发展提供服务。特别是在融资租赁领域，天津自贸试验区走在了全国的前列。

福建自贸试验区的发展定位是促进闽台产业融合，为两岸经贸合作拓展更大的空间。福建和中国台湾地区都将服务业做为战略发展重点，双方在产业方面有很大的互补和协同发展的空间。另外，台湾地区高新技术产业发展迅速，福建自贸试验区可承接台湾地区高新技术产业的转移，促进当地的高技术产业向资本、技术和知识密集型产业转型。当前，两岸合作趋势向好，但闽台双方区域潜力还未得到完全挖掘和发挥，尤其是福建在对台贸易中存在较大逆差，闽台联动互促效应还未得到充分发挥（陈蓉等，2020）。

表 2-10 中国 21 个自贸试验区的产业布局情况

自贸试验区	产业布局
上海自贸试验区	金融、航运、商贸、专业服务、集成电路、人工智能、生物医药、总部经济等
广东自贸试验区	金融、现代物流、信息服务、科技服务等战略性新兴服务业及航运物流、国际商贸、高端制造、高新技术等产业
天津自贸试验区	航运物流、国际贸易、融资租赁等现代服务业，航空航天、装备制造、新一代信息技术等高端制造业和研发设计、航空物流等生产性服务业
福建自贸试验区	商贸服务、航运服务、现代物流、金融服务、新兴服务、旅游服务、高端制造等
辽宁自贸试验区	港航物流、金融商贸、先进装备制造、高新技术、循环经济、航运服务等产业
浙江自贸试验区	油品等大宗商品储存、中转、贸易产业，保税燃料油供应、仓储、制造等产业，航运、信息咨询、高新技术等产业
河南自贸试验区	智能终端、高端装备及汽车制造、生物医药、新材料等先进制造业及现代物流、国际商贸、现代金融服务、服务外包、创意设计、商务会展、动漫游戏等现代服务业
湖北自贸试验区	新一代信息技术、生命健康、智能制造等战略性新兴产业，现代物流、研发设计、信息服务、专业服务等现代服务业
重庆自贸试验区	高端装备、电子核心部件、云计算、生物医药等新兴产业及总部贸易、服务贸易、电子商务、展示交易、仓储分拨、专业服务、融资租赁、研发设计等现代服务业
四川自贸试验区	高新技术、高端装备、医疗健康、物流供应链、新零售、智能制造、环保新能源、绿色金融等
陕西自贸试验区	航空航天、商贸物流、文化旅游、能源金融四大产业
海南自贸试验区	旅游业、现代服务业、高新技术产业
山东自贸试验区	人工智能、金融、文化产业、现代海洋、国际贸易、航运物流、先进制造等产业，高端装备制造、新材料、新一代信息技术、节能环保、生物医药和生产性服务业
江苏自贸试验区	高科技产业、高端制造业、现代服务业
广西自贸试验区	现代金融、智慧物流、数字经济、文化传媒等现代服务业，港航物流、国际贸易、绿色化工、新能源汽车关键零部件、电子信息、生物医药等产业
河北自贸试验区	新一代信息技术、现代生命科学和生物技术、高端现代服务业、高端装备制造等产业，国际大宗商品贸易、港航服务、能源储配、航空物流、航空科技、融资租赁等产业
云南自贸试验区	高端制造、航空物流、数字经济产业，加工及贸易、大健康服务、跨境旅游、跨境电商等产业
黑龙江自贸试验区	高端装备、生物医药等战略性新兴产业，寒地冰雪经济产业，跨境商贸等产业
北京自贸试验区	高科技产业、现代服务业、数字经济
湖南自贸试验区	智能装备制造、新一代信息技术、汽车及零部件等先进制造业、总部经济、临空经济、会展经济等高端现代服务业，国际投资贸易、跨境电商等产业
安徽自贸试验区	高端制造业、量子计算与量子通信、生物制造、先进核能等战略性新兴产业

上表 2-10 中是我国现有 21 个自贸试验区的产业布局情况。从表中可以看出，各大自贸试验区在产业布局方面都瞄准了高附加值、高层次、科技含量高的先进制造业和现代服务业，但在发展方向上基于自身优势各有侧重。各自贸试验区的各个片区也都有各自的基本定位和战略功能，以实现产业的相互支撑和功能的互补。

四、我国贸易试验区基础设施建设情况

基础设施建设对于经济的发展具有重要的支撑和先导作用，是实现人流、物流、资金流、信息流顺畅流动的重要保证。自贸试验区的基础设施建设主要包括传统基础设施建设及新型基础设施建设两类。随着经济社会和科学技术的不断进步，基础设施的形式日益多样，但其对经济发展和社会进步的基础性作用始终未变。在信息时代的背景下，实现自贸试验区高质量发展需要统筹推进传统基建和新基建，补齐基础设施建设的短板，加强传统基础设施改造升级，加

快新一代信息基础设施建设，以基础设施先行抢占未来发展的制高点。

（一）传统基础设施建设情况

传统的基础设施建设主要是指铁路、公路、港口等的建设。在传统基础设施建设方面，各自贸试验区已相对比较完善，需进一步补齐公共服务设施建设短板，加强传统基础设施的改造升级。在交通基础设施建设方面，上海自贸试验区致力于建设独立、完善的综合交通体系，现今已经初步建成海陆空立体交通网络，交通基础设施不断完善，对外交通联系功能不断增强，智慧公交等智慧交通领域的示范效果显著。下一步，上海自贸试验区将进一步提升公共交通服务水平，加强自贸试验区尤其是新片区与中心城区的紧密联结，切实构建起高效畅达的对外交通体系和便捷绿色的对内交通网络。广东自贸试验区自建立以来便加快基础设施建设，完善海陆空铁多式联运网络，已形成连通大湾区、辐射珠三角的大通关体系。天津自贸试验区在码头建设方面表现突出，已建成5.6平方公里的码头作业区和4.4平方公里的物流加工区，可以保证大批量的作业集卡能够有序地进出港区。福建自贸试验区于2020年签约一批基础设施建设项目，聚焦加强传统基础设施和新型基础设施投资，自贸试验区基础设施建设水平还有待进一步提高。

（二）新型基础设施建设情况

根据国家发展和改革委员会明确的概念界定，新型基础设施是以信息网络为基础，以技术创新为驱动，提供数字转型、智能升级、融合创新等服务，符合高质量发展要求的基础设施体系。

新型基础设施主要包括三类：一种是信息基础设施，是指基于新一代信息技术演化而成的通信网络基础设施（如5G、工业互联网、物联网等）、新技术基础设施（如人工智能、云计算等）、算力基础设施（如数据中心等）；一种是融合基础设施，是指应用人工智能、互联网、大数据等技术，实现传统基础设施的转型升级，从而形成的新型基础设施，如智能交通基础设施等；另一种是创新基础设施，是指具有公益性质的用于支撑科学研究、技术和产品研发的基础设施，如重大科技基础设施等（马荣等，2019）。新型基础设施是数字时代的新结构性力量。现今，在面向新一代信息技术革命和即将进入"智能时代"的背景下，新型基础设施建设能够有力推动数字化、网络化、智能化发展，对自贸试验区的高质量发展具有重要意义。

1. 在信息基础设施建设方面

上海自贸试验区和广东自贸试验区先行一步。上海自贸试验区外高桥片区在园区内投资建设并运营了10座高等级数据中心，形成了数据中心产业集群，现今已为逾百家互联网公司、金融机构等国内外公司提供数据服务，助力产业升级。广东自贸试验区的前海蛇口片区成为全国首个实现5G全覆盖的自贸试验区，截至2020年7月，前海片区已建成375个5G基站，其密度在全市最大。2020年，全国首个5G全场景应用智慧港口落地福建自贸试验区厦门片区，借助于5G网络技术，港口作业实现数字化、智能化，变得更加高效。此外，上海自贸试验区加快布局国际通信基础设施建设，致力打造辐射全球的国际数据港，全面提升跨境数据联通能力。临港新片区在成立后的一年内就启动了国际互联网数据专用通道和新型互联网交换中心的建设，发布了工业互联网、通信基础设施等专项规划，计划在未来五年内以超过百亿的投资引入云计算中心、5G室外宏站等一批先进的通信基础设施。

2. 在融合基础设施的建设方面

上海自贸试验区走在了全国的前列。2019年8月，上海自贸试验区临港新片区智能网联汽车测试区正式开园，其业界领先的车路协同技术是基于5G、人工智能和大数据等先进前沿科技所自主研发的智慧交通解决方案。在公共交通方面，上海自贸试验区全力构建应对不同交通治理场景的智慧交通体系，推进城市数字化转型，积极探索智慧城市交通发展新模式。

3. 在创新基础设施的建设方面

广东自贸试验区表现抢眼。在以深圳为主阵地建设粤港澳大湾区综合性国家科学中心的背景下，深圳湾实验室、人工智能与数字经济广东省实验室先后注册成立，第三代半导体国家技术创新中心和国家高性能医疗器械创新中心获批，未来五年内，广东自贸试验区还会建成一大批重大科技基础设施项目并投入运行。上海自贸试验区在创新基础设施的建设方面也不甘落后，2019年10月，国家重大科技基础设施项目高效低碳燃气轮机试验装置在上海自贸试验区开工建设，该项目的落地将有效延长上下游产业链，为上海自贸试验区先进制造业的发展增加新的竞争力。

下表2-11是新型基础设施的分类和各自贸试验区的新型基础设施建设情况。从表中可以看出，上海自贸试验区在新型基础设施建设方面较为全面均衡，广东自贸试验区在信息基础设施和创新基础设施建设方面较为领先。但基础设施建设周期长，大批基础设施建设项目都还处于建设之中，充分发挥其对自贸试验区发展的支撑和先导作用，还需一定时间。

表 2-11 新型基础设施的分类和建设情况

/	分类	建设情况
信息基础设施	通信网络基础设施	广东自贸试验区前海蛇口片区：全国首个实现5G全覆盖的自贸试验区
		福建自贸试验区厦门片区：全国首个5G全场景应用智慧港口
	新技术基础设施	上海自贸试验区：打造辐射全球的国际数据港
	算力基础设施	上海自贸试验区：建成数据中心产业集群
	融合基础设施	上海自贸试验区：建设智慧城市交通体系
	创新基础设施	广东自贸试验区：成立一大批重大科技基础设施项目
		上海自贸试验区：高效低碳燃气轮机试验装置

五、我国贸易试验区制度创新情况

制度创新是自贸试验区高质量发展的核心（李光辉，2017），也是提高交易效率优势的重要手段。本节将从企业设立、贸易便利化、投资自由化和金融创新四个方面对四个自贸试验区的制度创新情况进行说明和研究。

（一）企业设立情况

企业的准入是企业发展面临的第一道难关，是优化营商环境、提高交易效率首先需要解决的问题，也是反映自贸试验区制度创新的重要方面。下表2-12中是四大自贸试验区在企业设立方面的制度创新成果。

表 2-12　四大自贸试验区在企业设立方面的制度创新成果

自贸试验区	制度创新成果
上海自贸试验区	先照后证，证照分离
广东自贸试验区	多证联办
天津自贸试验区	"单一窗口"办理
福建自贸试验区	"二十四证合一，一照一码"

上海自贸试验区成立运行后，在工商登记改革中成功进行了"先照后证，证照分离"的试验，即新设企业可以先申领营业执照再办理相关的许可证，企业只要取得营业执照就可以开始从事一般性的生产经营活动。这项改革措施降低了创业创新的门槛，使得新设企业可以尽快开展商事活动，破解了企业准入难题。上海自贸试验区设立的第一年，新设企业数量就达到12266家，注册资本总量超过3400亿元人民币，且大额注册资本的企业明显增多，注册资本在1000万元人民币以上的企业多达5200多家。新设企业中，包括外资企业1677家，数量与前一年相比增加了十倍，占上海自贸试验区所有新设立企业数量的13.7%。截至2020年8月，上海自贸试验区累计新设企业6.7万户，新设外资企业1.2万户。下一步，上海自贸试验区将全面对标CPTPP等国际规则加大压力测试，着力打造升级版，力争率先建成与国际高标准经贸规则相衔接的对外开放枢纽门户功能示范区，融通全球资金、信息、人才等高端要素资源的全球资源配置功能示范区，集聚全球创新资源的科技创新策源功能示范区，聚焦产业链、价值链、生态链核心环节的高端产业引领功能示范区。

广东自贸试验区在企业设立方面着力简化审批流程，提高审批速度，在注册企业登记环节推行"多证联办"，使得注册公司的时间从30个工作日缩短至一天办结。2015年，广东自贸试验区新设企业达5.6万家。截至2019年底，广东自贸试验区累计新设企业29.8万家，居各大自贸试验区之首。且广东自贸试验区在新设企业方面显现出金融业聚集、创新型金融主体占比高的特征。截至2019年底，广东自贸试验区内新设立金融企业约6万家，占所有新设企业数量的20%左右，成为全国最大的创新金融和类金融企业集聚地。另外，广东自贸试验区在对接港澳发展方面表现颇为亮眼。广东自贸试验区设立五年来，累计新增港澳资企业1.67万家，占全区新设企业总数的5.6%。

天津自贸试验区深入推行行政审批制度改革，大幅精简审批机构，大大提高了审批效率，使企业享受到充分的便利。天津自贸试验区各片区都设立了集中统一的行政审批机构，且为企业设立开设了专门的单一窗口，实现"单一窗口"受理。区内新设立的企业可以直接在各片区的行政服务大厅办理相关手续，一天之内就可以办结。对于外资企业来说，过去设立一家企业要经过层层审批，现在，只要是"负面清单"以外的外资厂商在天津自贸试验区内新设企业，仅需半个小时在网上进行申报备案即可。2015年，天津自贸试验区新设企业11535家，包括657家外资企业，手续全部都在一天内办结。截至2020年上半年，天津自贸试验区累计新设企业6.9万家。

福建自贸试验区在成立后的15天内就进行了"三证合一，一照一码"的工商登记改革，即由工商部门统一在企业的营业执照上加载18位社会信用代码，税务和质监部门无需再进行赋码。这项改革举措是福建自贸试验区首创的，在之后几年的发展过程中，福建自贸试验区持续深化改革，将"一照一码"从"三证合一"拓展到"二十四证合一"，大大简化了新设企业需要办理的手续，提高了注册企业的效率和便利度。如今，一家新企业从注册到营业仅需要0.5个工作日就可以完成。

由以上分析可见，四大自贸试验区在简化企业开办手续、提高企业注册的便利度方面都做了各自的努力。在累计新设企业数量上，广东自贸试验区最多，福建自贸试验区次之，虽然上海自贸试验区设立的时间早于其他三个自贸试验区，但从新设企业数量上说是四个自贸试验区中最少的。

（二）贸易便利化

推动和促进贸易便利化是各个自贸试验区的共有目标。在提升贸易便利化程度方面，各自贸试验区坚持"一线放开，二线高效安全管住"的原则（石碧华，2016），即要在保证二线安全的前提下提高货物通关的效率和便利度。因此，各自贸试验区主要从加强海关监管和提升货物通关便利化这两个方面发力以推进贸易便利化建设。加强海关监管方面，各自贸试验区主要通过扩大海关监管信息平台数据整合和共享的范围，实行货物状态分配监管来压缩口岸通关时间，提高通关效率。广东自贸试验区着力加强与港澳海关的协作，推进与港澳海关检验检测结果的互认，推动粤港两地跨境快速通关，使粤港口岸通关时间从十几天缩减至三个小时以内。在提升货物通关便利化方面，各自贸试验区普遍都设立了国际贸易"单一窗口"来提高通关效率。另外，广东自贸试验区通过推行"互联网+自助通关"改革大大压缩了进出口货物的通关时效，天津自贸试验区开创加工贸易自主核销模式提高通关效率。

（三）投资自由化

在推进投资自由化方面，各自贸试验区都通过建立起"准入前国民待遇"加"负面清单"的外商投资管理模式（周汉民，2015），降低外商投资进入壁垒，扩大对外开放口径。并且，各自贸试验区不断缩减负面清单中所限制产业和领域的范围。2013年，上海自贸试验区首次公布的负面清单中涵盖了18个门类、共190条与国民待遇不符的对外商投资项目的限制措施，约占产业小类的17.8%。而在2020年发布的新版负面清单中，自贸试验区对外商投资项目的限制政策缩减至30条，缩减比例高达84.2%。而"负面清单"以外领域的外商投资项目，由之前的核准制改为备案制，审批环节更加便利。

（四）金融创新

当前，新一轮逆全球化趋势有所抬头，国际经贸规则加速调整重构，在此背景下，中国探索建立高水平开放型经济新体制，金融业势必要加大对外开放，而自贸试验区具备先行先试的"试验田"天赋，当仁不让地成为我国金融制度创新改革的高地。截至2020年，各自贸试验区在金融领域向全国进行复制推广的改革试点经验包括21项，主要集中在建立自由贸易（FT）账户体系、扩大金融业市场准入、人民币的跨境使用、外汇管理改革、加强金融风险防范等方面。

表 2-13 各自贸试验区金融改革措施比较

金融改革措施		上海	广东	天津	福建
扩大金融业市场准入	开立贸易账户	√	√	√	○
	支持金融机构进入	√	√	√	√
	支持外资或中外合资金融机构进入	√	√	√	√
	放宽进入机构外资持股比例上限	√	√	√	√
人民币的跨境使用	开展集团内跨境双向人民币资金池	√	√	√	√
	推进跨境电商人民币结算业务	√	√	○	○
	设立跨境人民币结算中心	√	○	○	○
外汇管理改革	融资租赁公司可境内收取外币租金	√	√	√	√
	区内银行可为境外机构办理外汇结汇	√	√	√	√
	限额内资本项目兑换	√	√	√	√
加强金融风险防范	建立健全风险监测机制	√	√	√	√
	加强监管统筹与协调	√	√	√	○
	探索金融综合监管试点	○	√	√	√
	探索监管"沙盒机制"	√	√	√	○

注："√"表示该自贸试验区有此项改革措施，"○"表示该自贸试验区没有此项改革措施

自由贸易账户体系是自贸试验区的重要金融基础设施，建设和完善自由贸易账户体系是自贸试验区金融改革的核心内容。建立自由贸易账户体系可以实现对资金流动实时、有效的监管，有利于防范金融风险，提高境内外资金汇兑的便利性，从而顺利推动投资便利化。

各自贸试验区进行金融改革和创新的领域和内容既有相同之处，也有差别所在。中国自贸试验区的金融创新是基于各自贸试验区现有制度且服务于其战略定位的因地制宜、各具特色的创新。比如，上海自贸试验区的战略定位是国际金融中心，其在改革创新过程中强调重要领域的突破和全方位开放；广东自贸试验区的战略定位是粤港澳大湾区合作示范区，其在金融创新过程中更加强调与港澳的合作，降低港澳资保险公司准入门槛，支持港澳保险中介机构进入自贸试验区，对进入自贸试验区的港澳保险公司和中介机构采取与内地保险公司和中介机构相同或相近的监管法规，允许港澳资非金融机构从事第三方支付业务等；天津自贸试验区在巩固发展保理产业、融资租赁等优势金融项目的基础上，积极承接北京非首都核心功能疏解，打造央企创新型金融板块承载地，鼓励自贸试验区内金融机构积极探索与京津冀协同发展相适应的金融产品创新，为促进京津冀地区的金融合作和金融资源的优化配置做出突出贡献；福建自贸试验区的战略定位是深化两岸经济合作示范区，其在金融创新中深入推动闽台两岸合作，在多领域进行金融服务创新试点，允许区内商业银行与中国台湾同业之间开展跨境人民币借款业务等。

第三章　新时期自贸试验区对产业结构演变的影响

第一节　贸易发展方式创新的影响

在"积极推进贸易监管制度创新"方面，相关措施主要包括创新贸易便利化规则、创新贸易合作发展模式和探索具有国际竞争力的离岸税收安排三个方面。

一、创新贸易便利化规则

一方面，提高国际贸易的透明度和便利化程度。改革创新贸易通关的各个环节，公开通关流程中货物的平均放行时间，推进通关所涵盖的港口运输、卸货、作业和清关等所有业务的无纸化程序运行，在法律许可和风险可控的前提下，取消一系列不必要的监管程序；另一方面，扶持新型贸易形态，积极培育高新技术产业，推动服务贸易发展，促进新旧动能的转化，促进在国际贸易中价值链向更为高端的一端发展。

（一）基础设施建设

与贸易便利化紧密相关的基础设施建设主要是指口岸基础设施建设，其中包括铁路口岸、跨境公路口岸、航空口岸和港口设施在内的配套基础设施。由于各口岸的作用是连接国内外两个市场，负责传递两个市场中所需资源，因此，口岸基础设施的质量优劣将直接关系到贸易便利化的程度，即优质的口岸基础设施将有助于提高贸易的综合运营效率，进而促进贸易便利化。

1. 铁路口岸建设

从铁路口岸设施来看，以二连浩特口岸为例，现已具备较为成熟的基础设施布局，其中包括铁路办公区域、仓储区、火车检验区等众多区域与配套设施。如意国际大厦涵盖了海关通关手续办理、进出口货物检验、金融交易、货物信息查询在内的多项业务，充分展现了做为办公大厦的功能性。为满足区域内仓储、装卸、转运等多种需要，站内建立五个作业区，并配备不同吨级的起重机等装卸设备，根据货物的重量等级、装卸难易程度调度作业区的使用。同时，二连浩特口岸做为货运业务量较大的口岸，较早地投入使用 H986 检验系统，能够快速甄别火车内的货物、暗格及违禁品，H986 的成功案例为国内其他口岸的投入应用提供宝贵经验。2022 年 2 月，内蒙古自治区鼓励二连浩特口岸设立多用途"专用通道"，区分防疫物资、农副产品等列车入境，加快改造宽轨入境消毒设备等，以提高铁路口岸运输效率。

此外，中欧班列的开放通行是铁路口岸建设的重要一环，其主要运行路线是分别经由二连浩特口岸、阿拉山口口岸及绥芬河口岸出入境，为满足出入境换轨需要，各口岸加紧完善轨道建设，如霍尔果斯口岸积极推动"准轨换宽轨"项目落地。而截至2022年2月，中欧班列已累计开行突破五万列，高开行量背后反映出的是铁路口岸设施助力我国进口贸易发展的强便利性。

2. 跨境公路口岸

2001年中华人民共和国交通部颁布《2001—2010年公路水路交通行业政策及产业发展序列目录》（以下简称《2001—2010年目录》），其中对于2001—2010年公路口岸基础设施建设提出规划，并通知各省市根据自身情况实行。

（1）加强公路建设

《2001—2010年目录》中专门提到"加强西部口岸公路的建设"，鼓励各省市结合口岸环境改善基础设施，包括公路建设新设备、新工艺等，开发建设桥梁、隧道等技术。

（2）鼓励运输站场建设

进一步完善公路运输站场布局，打造运输、装卸、通信等多功能站场服务，提高站场的科技化、信息化水平。

（3）重视公路管理和养护

设置专门机构定期管理并养护公路，推动公路管理向规范化、法制化发展，2004年发布的《公路桥涵养护规范》也为快速发展的公路建设奠定法制基础，而2021年交通运输部也完成了对该规范的修订工作，以适应愈加复杂、细化的公路养护。更值得一提的是，2020年港珠澳大桥口岸珠澳货运通道的开通运营为粤港澳大湾区的贸易往来带来巨大机遇，其包括监控、照明、供电等在内的先进系统，也为我国丰富其他地区的跨境公路基础设施提供了宝贵经验。

3. 航空口岸

我国现已建成航空口岸共80个，主要是建设大型国际机场，其中的航站楼、跑道等场地建设均遵守《通用机场建设规范》，其中对于场址的选定、机场基础设施的建设标准及基础安保设施均做出详细规定。此外，由于外贸活动的复杂多样性，各航空口岸需要对进出口货物进行查验，对于查验设施的要求需满足《国家口岸查验基础设施建设标准》。文件明确设定了航空口岸的查验场地构成，其中公共场地应包含货物出入境中进行检查、提取、传送、存储等过程的区域，而海关业务设施需包括用以监测、存放档案、监控货物状态等的区域。

此外，各航空口岸除遵守国家统一规定的政策外，还根据自身所在区域的战略规划，开展特色化安排。以天津滨海国际机场为例，为尽早确立中国国际航空物流中心地位，天津市政府发布《加快推进中国国际航空物流中心建设实施方案》，提出开展机场三期改扩建工程，推动航空口岸大通关基地建设，进一步完善天津滨海国际机场基础设施建设。

4. 港口设施

一直以来，水路运输是我国对外贸易中的主要运输方式，由于进出口货物包含种类繁多，且储存条件复杂，因而对于港口设施的多元化发展要求较高，不仅包括港口停泊的吨位、数量，还涉及港口码头的仓储空间、装卸设备等，都做出了不同程度的要求。

《2001—2010年目录》专门设置一个章节——"水路交通行业政策"，用以规划十年间港口设施建设。港口布局方面，要求各省市根据港口主要运转货物、土地规划情况，并结合自然条件等因素，进一步调整码头布局结构，以最大限度促进港口工作效率的提升。装卸设备方面，鼓励技术部门对港口装卸系统、集装箱系统进行升级改造，提高设备的自动化、智能化，而提及最多的部分便是码头泊位的专业化调整。

近年来，为加快贸易强国建设，国家在基建发展方面提出更高水平的要求。十四五规划中提到"推进基础设施互联互通"，鼓励发展口岸铁路、口岸公路、港口等在内的互联互通网络，推动与周边国家的重大基建合作项目落地，推动陆海贸易新通道建设。同时，国家积极推动信息技术在基建领域拓展应用，《交通运输领域新型基础设施建设行动方案》提出开展以"智慧公路""智慧航道""智慧港口"、通信基础设施等为重点的工程，包括港珠澳大桥等公路的定时结构检测、船舶过闸智能化管控、港口内闸口、集装箱等智能化调度、5G技术信息平台建设等。

（二）制度环境

制度环境主要体现在国家各级政务部门响应国家政策方面是否高效、廉洁及具有较强的执行能力，这是贸易便利化发展的重要前提和保障。加入世贸组织以来，我国积极对接国际经贸规则，逐渐加强国内法制建设，重在构建公正廉洁的政务环境，营造公平健康的口岸营商环境，提供高效便捷的政务服务，为推动贸易便利化营造良好的制度环境。

1. 持续优化海关廉政建设

"反腐倡廉"始终是党风廉政建设的行动纲领，因此各政府机关积极响应国家政策号召，特别是海关廉政建设，始终将其贯穿于现代海关制度建设的全过程。2005年始，海关总署就送收"红包"行为出台了规范性文件，严禁海关单位工作人员送收"红包"，并对违反行为惩罚措施予以公布。2006年修订版《现代海关制度第二步发展战略规划》（以下简称修订版《规划》），将"廉政"做为单独一个战略目标，旨在提高广大官员践行廉洁从政的自觉性；2009年7月，海关执法廉政风险预警处置系统（HL2008系统）在全国推广应用，依法对海关执法过程和行为进行实时监督，最大限度地遏制了滥用职权等可疑行为的产生；2010年以来，为确保公众切实参与廉政建设，我国不仅在全国海关上线"12360"统一热线，用以监督、举报海关腐败行为，而且各地区争相聘请"海关廉政监督员"，亲身走进海关官员岗位，近距离监督执法工作。

2. 推动优化口岸营商环境

口岸营商环境的重要指标便是通关效率，即整体通关时间是否缩短、通关流程是否便捷、通关成本是否在较低水平。

首先，守法便利是促进口岸营商环境建设的必然要求。修订版《规划》将"守法便利"做为一项基本原则，以此鼓励进出口企业遵守行业规范，保证进出口行为的合法化，并对违法者做出惩戒，营造良好的贸易环境。

其次，海关管理层面，以2018年国务院出台《优化口岸营商环境促进跨境贸易便利化工作方案》为依托，重点围绕"减单证、优流程、提时效、降成本"展开工作。

3. 提高政务机关服务水平与效率

修订版《规划》中明确要提升海关行政管理水平，通过建立健全部门各项服务机制，完善海关运作流程体系，以及普及海关政务办公系统（HB2004），加强电子政务信息平台建设，提高部门行政效率。十八大以来，国家始终致力于提高政府公信力和执行力，加强政务部门合力简政放权、提质增效，切实改善政务机关服务水平低、效率不高的情况。各执法人员也秉承"执法为民"的工作理念，最大限度地做到取信于民、利企便民。

（三）信息技术服务

随着信息技术的快速发展，其在推动信息技术应用于促进贸易便利化相关政策方面，具有十分重要的战略地位，其重要性不仅体现在运用信息技术手段搭建信息管理平台，建立信息共享机制，如推广"口岸电子执法系统"建设，而且在一定程度上促进了跨境电子商务的飞速发展，能够极大提高贸易活动的开展效率，促进国民经济高质量运行。与此同时，多样化的贸易电子化发展，对监管模式提出了更严格的要求，因此以信息技术手段对贸易合作的相关方进行有效监管，是经济贸易平稳运行的重要保障。

1. 加快电子口岸系统建设

2001年，经国务院批准，《国务院办公厅关于做好"口岸电子执法系统"推广工作的通知》发布，标志着口岸电子执法系统将于全国正式上线。该系统是基于现代信息技术，将进出口业务相关信息储存在公共数据中心，在企业通过系统进行报关、出口退税、结售汇等业务时，国家政务服务部门可通过公共数据中心进行实时数据核查。系统建设初期，主要是侧重系统的功能探索，如调整电子口岸预录入系统、通关单状态信息变更、H2000电子手册系统、海关税费支付系统等。在功能逐渐完善之后，国家开始普及推广至各省市，促进地方电子口岸建设，如广东海关积极推动粤东电子口岸建设，助力"大通关"；安徽电子口岸建成实现与"长三角"电子口岸互联互通，支持数字安徽建设。

2. 跨境电子商务的飞速发展

跨境电商做为新型贸易形式，与传统贸易方式不同的是，其主要依托于信息化的电商平台支付结算达成交易，并进行相应的物流运输、仓储调度促使交易完成。2012年我国率先设立郑州、上海等五个城市为第一批跨境电商进口试点城市，这标志着跨境电商业务的初步发展。之后各试点城市陆续出台一系列政策措施，以推动跨境电商的创新性发展。以杭州为例，为起好国家电子商务示范城市的引领作用，杭州率先探索发展跨境电商新路径。如2013年（杭州）跨境贸易电子商务产业园正式开园，在出口业务方面，陆续开展了"清单核放、汇总申报"的一般模式。进口方面，率先完成了"直购进口"商品的通关，成功做到了在跨境电商进出口业务方面的先行先试。2015年《关于促进跨境电子商务健康快速发展的指导意见》强调，未来对于跨境电商在海关监管、检验检疫监管、进出口税收政策、电商支付结算、财政金融方面的支持措施，将继续助力电子信息技术服务跨境电商发展，进而开展更高质量的对外贸易。

3. 以信息技术手段完善监管模式

随着各省区市贸易便利化水平的提升，相适应的配套监管体系已不可或缺，而信息技术手段则是完善监管体系最便捷有效的方式。各地方海关主动适应形势环境变化，积极探索个性化监管模式。2001年，深圳海关针对加工贸易，推出"EDI联网监管模式"；2011年，宁波海关以"电子账册+联网核查"方式为主，对企业的进出口活动和生产经营状况进行实时监管的外发加工联网监管模式已逐渐成熟；2011年，广州海关依托信息技术手段，逐步实现了加工贸易企业、外经贸部门和海关的"三方联网"监管；2019年以来，成都海关相继推出口岸智能审图、智能卡口、3D堆场管理等监管服务，其全部得益于物联网、人工智能、大数据、区块链等现代化信息技术。未来我国将投入更多的精力，以促进信息技术在海关监管领域的应用，使海关监管能力和效力得到有效提升。

（四）金融服务

加入世贸组织以来，各国之间的贸易结算业务量愈渐增多，贸易交易主体愈加复杂，过程中涉及的国际金融规则也更加烦琐，同时掺杂着国际金融危机、汇率变动等不可控因素，这使得跨境金融改革创新已刻不容缓。近年来，中国人民银行审时度势，始终高度重视金融支持对外贸易发展，其间有序部署金融服务跨境交易的具体工作，积极创新新型国际金融支付体系，大力开展跨境贸易人民币结算试点工作，目前已取得良好成效。总的来说，金融服务改革进程中的亮点主要是以下两个方面。

1. 稳步开展跨境人民币业务

首先是跨境贸易人民币结算业务，2009年，中国人民银行协同其他部委发布了《跨境贸易人民币结算试点管理办法》，并出具《跨境贸易人民币结算试点管理办法实施细则》，该文件明确规定了试点地区企业与银行开展跨境人民币结算业务的操作流程与业务规范。在此基础上，国务院陆续批准在国内北京、天津、内蒙古等18个省区市开展试点工作，并将境外地域由港澳和东盟地区扩展至所有国家和地区。其次是跨境直接投资人民币结算业务，2011年，中国人民银行相继发布了《境外直接投资人民币结算试点管理办法》《外商直接投资人民币结算业务管理办法》，分别详细规范了境内机构以人民币资金开展境外直接投资的方式方法与境外投资者以人民币在华投资适用的法律法规，并对银行审核人民币跨境直接投资相关业务流程做出明确规定。总的来说，跨境人民币结算业务很大程度上满足了我国进出口贸易资金结算的需求，有效促进了贸易投资的自由化、便利化发展，未来将继续进行跨境人民币业务方面的多样化探索。

2. 推动跨境金融改革创新

近年来各省区市积极响应国家金融改革创新发展需要，分别根据区域战略规划，努力探索新型跨境金融服务方式，助力贸易投资便利化。2019年国家外汇管理局上线跨境金融区块链服务平台，基于区块链技术的不可篡改特性，打造银企间、银行间可信数据信息共享、贸易融资信息实时监控及业务流程审核服务，完善跨境资金相互流通机制，提高贸易融资效率。平台上线后，多省市陆续开展试点工作，其中"出口信保保单融资""资本项目收入支付便利化真实性审核""企业跨境信用信息授权查证服务"等应用场景已在大湾区、重庆市、辽宁省成功落地，未来将继续拓展该平台的应用场景范围，使便利化改革惠及更多领域。除此以外，2019年，西安创新推出贸易金融综合服务平台，通过集聚金融机构和中介服务机构，为各类贸易企业提供跨境结算、资金管理等在内的个性化金融服务，为贸易转型发展提供有效的金融支撑。

（五）海关管理

改革开放以来，相对落后的海关制度已不能满足日益发展的对外贸易需要，因此，建立更加现代化的海关制度以适应经济发展的迫切需要，已成为海关领域亟待解决的问题。1998年海关总署做出了《关于建立现代海关制度的决定》，为全国海关制度的确立提出基本要求，并做出初步规划——两步走发展战略。经过五年时间，海关管理制度已初具雏形，于是随之而来的便是对于制度的细化与延伸。2004年，海关部门宣布实施《现代海关制度第二步发展战略规划》，在确保健全风险管理机制的同时，重点关注智能型海关的建设，进一步优化海关管理的整体效能。在此基础上，海关部门于2006年结合"十一五"规划，对《现代海关制度第二步发展战略规划》进行修订，一直沿用至今。尽管每隔五年海关部门都会就当前国家战略规划的要求和任务，对海关制度五年内的改革创新做出具体规划，但总结起来，主要包括以下三点：

1. 全面支持"大通关"建设

"大通关"一词首次出现在2001年《国务院办公厅关于进一步提高口岸工作效率的通知》，自此，各省市全面贯彻推进各口岸"大通关"建设，积极探索口岸通关新模式、新制度，共同促进口岸工作效率的大幅度提高。比如2013年上海口岸率先进行通关无纸化试点工作，该项措施借由中国电子口岸数据中心审核企业上传至平台的电子信息，取代了以往递交纸质单据办理手续的常规操作，完全缩减了纸质单据在各部门间运输的时间，使办结报关程序更加便捷高效。

此外，广东海关允许特殊企业享受"便捷通关"措施，包括预约通关、加急通关、快速通关、提前报关等，并逐步推行"属地申报，口岸验放"的新型通关模式，允许省内企业选择就近办理报关，其货物则可通过"一次申报、一次查验、一次放行"快速通关。

2. 海关特殊监管区域制度的确立

截至2021年，我国现有海关特殊监管区域共163个，先后探索了保税区、出口加工区、保税物流园区、跨境工业园区（珠海跨境工业园区）、保税港区、综合保税区六种形态。其中保税区内企业进出口商品采用传统监管模式，并对满足特定要求的商品享受报税政策；出口加工区内采用"境内关外"监管模式，且仅允许出现与加工功能有关的业态；保税物流园区则整合了保税区内仓储与港口装卸、转口、运输功能；跨境工业园区主要借由港澳地理优势，并设有24小时通关专用口岸；保税港区除具备上述区域通用功能外，特别创建了物流监控系统，能够进行电子化网络监管；综合保税区则是将前五种形态功能全部整合后的保税区，其层次最高、功能最丰富、政策最全面、通关手续最简便。上述全部形态的保税区共同构建出我国独特的海关特殊监管区域制度，将极大促进贸易便利化制度的先行先试。

二、创新贸易合作发展模式

积极推进国际贸易"单一窗口"，企业可以通过"单一窗口"一次性递交各管理部门要求的标准化电子信息，监管部门将处理情况再通过"单一窗口"反馈给申请人。国际贸易单一窗口建设是一国推进贸易便利化的基础设施，破解货物通关运作中存在的体制机制性障碍，对提升贸易便利化起到重要的推动作用。

（一）国际贸易"单一窗口"的建立

2014年上海开展国际贸易"单一窗口"首个试点项目，参与跨境贸易和运输的企业可以通过平台上传符合要求的单证和电子信息，并经平台整合和标准化处理后，由海关、检验检疫、海事等部门在平台受理申报程序，并将准予船舶离港电子放行信息反馈至平台，凭信息发放通关许可证至企业。该平台的建立大大减少了企业分别向各执法部门提交单据、现场等候结果等环节，极大提高了海关通关效率。2015年"单一窗口"1.0版正式上线，其参与部门包括国税、外汇、海关等17个，功能包括货物申报、支付结算、贸易许可、信息查询等六个模块，已具备国际贸易单一窗口的基本框架，后续重点将关注平台的应用功能拓展及数据共享机制建立，为全国推广"单一窗口"提供经验。截至2018年，上海自贸区"单一窗口"进入3.0版时代。与之前不同的三点，一是各部门可联动办理，大大缩短办结时间；二是推广"互联网+服务"，开展线上线下相结合平台；三是企业填报"一张大表"，无须多次填写。未来上海自贸区国际贸易"单一窗口"将推广至国内更多地区，以促进贸易便利化发展。

（二）区内货物通关流程的创新发展

2014年上海口岸海关部门推出11项自贸试验区海关监管制度创新举措，重点关注海关监管制度的创新性发展，主要包括以下五个部分，一是仿照负面清单管理制度，对自贸试验区进出口货物实行类似管理，即对清单内货物严格监管，对清单外货物保持高效流转；二是开展一线进境货物"先进区、后报关"试点工作，即参与试点的企业可通过对应信息平台自助办理提货手续，允许货物报关之前进到试验区内，大大降低企业物流运输成本；三是开展区内货物自行流转运输试点项目，即设定区内特定运输路线，使试点企业进境货物按设定路线在区内流转，赋予企业更大的自主权；四是鼓励开辟"分送集报"新模式，即允许每月进出自贸试验区货物次数达到30次的企业，可暂时办理货物的实际出入区手续，在30日后再统一集中办理相应报关手续，这很大程度提高了货物的周转效率；五是简化自贸试验区内进境备案清单格式，提倡在现有备案清单格式的基础上，探索更加简易、通用的备案清单格式，以尽量扩大格式的适用范围。

（三）自由贸易账户的使用

2015年人行上海总部发布《关于启动自由贸易账户外币服务功能的通知》，允许区内及境外主体设立自由贸易账户，陆续拓展本外币一体化的金融服务。截至2020年底上海自贸区已开立自由贸易账户13.2万个，获本外币境外融资总额折合人民币2.1万亿元。随着自贸试验区内自由贸易账户政策的陆续完善，现已推广应用于离岸经贸业务的收付结算，今后我国将加强对自由贸易账户的改革创新，服务于更多领域的跨境金融交易。

三、探索具有国际竞争力的离岸税收安排

立足实际贸易和服务背景，结合服务贸易创新试点工作，支持试验区内企业发展离岸业务，研究探索服务贸易创新试点扩大税收政策安排。

（一）加快探索我国离岸金融税收安排必要性

1. 离岸金融在全球金融市场上占据重要地位

根据国际货币基金组织（IMF）的定义，离岸金融是银行和其他金融机构向非居民提供的金融服务，包括银行做为中介向非居民吸收存款和发放贷款。在金融全球化的格局下，离岸金融在国际金融市场上具有重要地位。根据国际清算银行（BIS）统计，2021年3月末19个"离岸中心"（Offshore Centres）金融机构的跨境债权和债务分别为52437亿美元和49890亿美元，占全球的14.72%和15.63%。

2. 税收是离岸金融发展的重要驱动因素

离岸金融做为自由度最高的金融业态，充分体现了资本逃避监管、降低成本、追求最大利润的逐利性。给予离岸金融税收优惠是全球通行的做法。离岸金融发展初期最主要的推动力之一就是零税收或低税收。20世纪50年代在以伦敦为主导的欧洲美元市场上，基本上没有对离岸美元业务进行征税，80年代初美国设立境内离岸金融市场——国际银行设施（International Banking Facilities，IBF），其决定因素就是纽约州对IBF的税收减免。在离岸金融发展的过程中，开曼、巴哈马、维尔京群岛等离岸金融中心兴起，形成了避税港型模式。

3. 亟待建立具有国际竞争力的离岸金融税收制度

从实践来看，我国离岸金融试点业务对境外客户缺乏吸引力的因素之一就是没有相配套的税收优惠安排，因此未来在海南自贸港发展离岸金融业务亟待税收安排配套。同时，在G20就全球最低税率达成共识，全球税收规则面临重大调整的情况下，需要抓紧建立离岸金融税收体系，为参与国际税收体系改革提供实践基础。

4. 自贸港是探索离岸金融税收安排的最佳试验田

我国做为大型经济体，离岸金融应先在特定区域内开展试点。海南自贸港定位为"我国深度融入国际经济体系的前沿地带"，是试点离岸金融业务的最佳选择。从国际上看，成熟的自贸港一般都是离岸金融中心，其最主要的因素除了资本自由流动之外，还在于在税收上对离岸金融业务实行免税或低税的政策，吸引国际金融机构进入。在海南已经启动全岛封关准备工作的情况下，研究离岸金融税收安排应提上重要议事日程。

（二）关于我国离岸金融税收的现状分析

离岸金融税收涉及金融机构的来自境外非居民的业务收入和支付给境外非居民客户的款项或收益。税种主要是增值税（间接税）和所得税（直接税），纳税主体包括法人和自然人，流动方向进口和出口。离岸金融的税收安排涉及境内金融机构来源于境外非居民客户的收入，以及境内金融机构支付给境外非居民客户的资金或交易所得，两者的税收安排很大程度上是重合的。由于我国离岸金融业务规模很小，专门研究离岸金融税收的文献相对有限，其主要关注点有以下几个方面。

1. 关于税收在离岸金融发展中的驱动作用

税收法律制度已成为提升金融中心整体竞争力的最重要指标，税收优惠造成了离岸金融市场的产生（陈少英，2014）。实行优惠税制是全球各离岸金融市场所在国在税收征管方面奉行的一项普遍原则（罗国强，2010）。税收在一定程度上决定了离岸金融市场在国际上的竞争力

（贺伟跃，2015）。

2.关于我国跨境金融税收的现状

虽然我国当前并无离岸金融税收规定，但与离岸金融税收性质相近的跨境金融税收基本上采用与境内金融同等的税收安排，主要税种和税率包括：企业所得税25%，增值税6%（再加上附加税，即7%的城市维护建设税、3%的教育费附加、2%的地方教育费附加，实际税率约为6.66%），贷款合同金额0.005%、财产保险合同金额0.1%的印花税，预提所得税10%。与主要国际金融中心相比，我国的金融税收水平相对偏高。我国目前跨境金融税收在国内金融税收制度的基础上，针对跨境的特点适用我国通用的跨境税收征管原则，但针对不同金融产品跨境交易的具体规定分散于不同税种、不同行业的税收制度和政策中，并且有些由于仅仅是原则性的规定难以落地（中国人民银行上海总部课题组，2019）。2016年我国金融业实行"营改增"后，成为世界上第一个对金融业务全面征收增值税的国家（王毅等，2020）。即使是在做为国际金融中心的上海，目前对跨境金融业务存在事实上的增值税安排，增值税安排在跨境金融服务方面执行难点多，可以免税的出口金融服务缺乏明确界定标准；我国没有明确的资本利得税制度，这使得整个投资无法计算成本收益且进行对冲管理；目前除上海外，其他重要国际金融中心都不对跨境金融业务征收预提增值税（中国人民银行上海总部课题组，2019）。

3.关于不同类型离岸金融市场的税收优惠

各离岸金融中心在税收优惠程度上存在差异，优惠程度最高的是避税港型的离岸金融中心，税收减免是这些国家和地区吸引离岸资金的主要手段；税收优惠程度中等的主要是内外业务混合型离岸金融市场及一些发展中国家的渗透分离型离岸金融市场，前者维持离岸金融业务平台良好运营需要较高的成本，后者希望吸引建设资金；优惠程度较低的是发达国家的内外分离型离岸金融市场，其主要目的是回流本币、平衡国际收支、维持本国国际金融中心的既有地位（罗国强，2010）。新加坡、伦敦、中国香港三个国际金融中心的特点是核心金融业务免征增值税，公司所得税制度设计体现多层次优惠，资本利得税实行多种优惠减免甚至免征（傅士华，2019）。上海与其他国际金融中心相比，在跨境金融税收方面，在增值税、企业所得税、印花税、预提税、个人所得税等方面都存在较大的差距（中国人民银行上海总部课题组，2019）。

4.关于离岸金融税收征管

离岸金融税收征管法制主要涉及税收征管原则、国际避税和税收管辖权冲突等问题（罗国强，2010），但是离岸金融税收优惠只要符合透明度标准和信息交换标准，就不是有害税收竞争（贺伟跃，2015）。

5.关于我国离岸金融税收的探索建议

与世界发达国家和地区相比，我国对离岸金融业务所课征的税率明显偏高，且无任何优惠措施（陈少英，2014）。上海自贸区发展离岸金融业务需要制定比其他国家离岸金融中心更具竞争力的税收政策，要在税收竞争力和避免税基侵蚀间保持平衡（贺伟跃，2015）。但上海涉外金融税收制度的目标不是建立新的税收洼地，而是逐步与国际接轨，形成有国际竞争力的税收制度（傅士华，2019）。中国人民银行上海总部课题组（2019）提出了在上海自贸区试点行业性金融税制安排和区域性金融税制安排的建议。

由于离岸金融并非我国金融发展和开放的主要方向，在离岸金融试点多年未能取得大的进展的情况下，关于离岸金融税收安排的研究较少。已有的研究文献主要是分析税收安排对离岸金融发展的促进作用，总结离岸金融税收安排的特点，对我国建立离岸金融税收制度提出了相关建议，但缺乏对不同类型的离岸金融模式的税收安排的介绍，以及对离岸金融税收安排中涉及的国际避税、双重征税等问题的分析。

（三）全球主要离岸金融中心的税收安排

从全球范围看，离岸金融分为内外一体、内外分离、内外渗透、避税港四种模式，其税收安排涉及的主要税种包括企业所得税、增值税或营业税、资本利得税、印花税、预提税等。一般而言，内外分离型和内外一体型的税收优惠程度相对较低，避税港型最高，内外渗透型居中（罗国强，2010）；从金融中心的发展程度来看，越是排名靠前的金融中心，税收优惠程度越低；从开展离岸金融业务的时间来看，越是后发的离岸金融市场，税收优惠程度越高。

1. 内外一体型的税收安排

内外一体型离岸金融市场是市场驱动自然形成的，其资本项目高度开放，金融基础设施完备，法律体系健全，采取离岸金融与其他金融业务一致的税收安排，但对于某些来自境外的收入给予税收优惠。中国香港、伦敦和卢森堡是典型代表。

（1）中国香港

银行、保险、资本市场等各类不同牌照的金融机构的所得税基本税率为16.5%，但首200万港元的利润按8.25%的税率。银行的某些业务若符合最低经营要求，可享受优惠税率：企业财资中心、专业自保公司、再保险公司、一般保险业务、保险经纪业务、飞机租赁等适用8.25%税率，船舶租赁免税或8.25%税率，离岸基金、符合条件的债务票据免征资本利得税。香港对不同情形的贷款利息收入的税收优惠不同：由相连公司在香港以外地方筹组、商议、批准和制定文件，并在香港以外地方集资的离岸贷款，即由非香港居民公司（如总部、分行或附属公司等，虽然是透过或以香港机构的名义）筹集资金并直接给予借款人的贷款，利息收入免税；由香港机构筹组，并在香港集资的离岸贷款，利息收入需要纳税；由相连公司在香港以外地方筹组，但由香港机构负责集资的离岸贷款，该笔贷款利息收入的50%需要纳税；由香港机构（只适用于刚刚开展业务而还未能于市场占一席位的香港机构）筹组，但由海外相连公司负责集资的离岸贷款，利息收入的50%需要纳税。

（2）伦敦

英国增值税税率为20%，但对金融机构大部分业务给予免税。金融机构的企业所得税按税收调整后的利润征收，税率每年会略有调整，2019年为19%，2020年4月1日起下调至17%。此外，银行对超过2500万英镑的利润支付8%的附加费，即2500万英镑以下的边际税率为19%，其后的边际税率为27%。银行还需根据其超过200亿英镑的应纳税资产支付银行税，但实际上只有最大的银行才会支付。由于2008年金融危机及纳税人向银行业提供的强大支持，银行的税收不如其他公司优惠。英国法律规定，对股息没有预提税；发行人为公司、在一家受认可的证券交易所挂牌交易、收息人为非居民的离岸不记名债券或付息债券无须缴纳利息预提税；向非居民支付的利息须实行19%的预提税，但是欧元债券利息和期限短于1年的借款利息免缴预提税（王毅，2020）。

（3）卢森堡

卢森堡的金融机构的所得税包括四种：一是公司所得税，目前可征税收入金额超过20万欧元的税率是18.19%；二是市政商业税，基础税率为3%，乘以各直辖市系数（在225%~400%）；三是净值税，净资产低于或等于5亿欧元时税率为0.5%，超过5亿欧元部分的净值资产的税率为0.05%；四是团结附加税，税率为上述纳税额的7%。综合计算，卢森堡银行的所得税水平为25%左右。与金融相关的预提税包括股息预提所得税（税率15%）、年利息收入超过250欧元的当地税收居民的利息预提所得税（税率20%），但卢森堡的外资银行分行和子行对于集团内成员的利息支付不需要扣缴预提税。

从上述三个不同国家或地区的金融税收安排可以看出，虽然同是内外一体型离岸金融中心，做为欧洲传统金融中心的伦敦和卢森堡并没有专门针对离岸业务或来自境外的金融业务收入有特殊的税收安排，但对涉及非居民的预提税都有特定的豁免。中国香港做为自贸港则对部分金融业务的收入，尤其是来自境外离岸安排的收入，给予更低的税率或免税。

2. 内外分离型的税收安排

内外分离型主要是发达国家的离岸金融市场，如美国的国际银行设施（IBF）、日本离岸金融市场（JOM），在国内的金融税收制度的基础上，对基于专门账户开展的离岸金融业务收入给予税收优惠，即对于经营离岸金融业务的金融机构，将其在离岸账户内的业务收入与其他收入区分开来，分别进行纳税计算。与其他模式相比，这种模式下的税收优惠程度较低。

（1）美国

美国金融业税收没有营业税或增值税等间接税，只征收企业所得税，联邦层面的企业所得税为20%，各州对金融业的企业所得税税率不同，在0~9.99%，比较高的是宾夕法尼亚（9.99%）、哥伦比亚特区（9.98%）、明尼苏达（9.80%），而内华达、俄亥俄、南达科他、得克萨斯、华盛顿、怀俄明等州则是免税。在联邦层面，IBF没有税收优惠。在州层面，纽约、加利福尼亚、伊利诺伊、佛罗里达等十几个州对IBF实行程度不同的税收优惠。最为优惠的佛罗里达州对IBF经营活动的地方税全部免除，纽约、加州、伊利诺伊等将IBF的净收入从全部净收入中分离出来给予所得税豁免，在佐治亚州离岸金融的税金和执照费无须缴纳，但肯塔基州对IBF无税收豁免或优惠。在各州税收优惠不一的情况下，美国离岸金融市场形成了"一个中心，多个外围区域"的特征。1987年末，美国543家IBF中，纽约州有254家，占IBF机构总数的近一半和总资产的75%，随后的是加州（100家）和佛罗里达州（79家）（陈卫东等，2015）。

（2）日本

日本JOM是基于"国际金融特殊账户"开展离岸金融业务。日本给予JOM的税收优惠仅限于免收利息预提税，对于离岸账户有关的法人税、地方税没有优惠，所得税、印花税也不予减免，是离岸金融税收优惠程度最低的国家。因此，日本的离岸金融市场无论是规模还是国际影响力都比较小。

3. 内外渗透型的税收安排

内外渗透型市场主要在发展中国家，目的是通过离岸金融业务吸引外资，如泰国、马来西亚、印尼。内外渗透型的税收优惠要高于内外分离型和内外一体型，但低于避税港型。以马来西亚为例。纳闽（Labuan）是马来西亚的联邦直辖区，根据马来西亚政府在1990年颁布的离岸公司法和离岸商贸活动法例设立国际离岸金融中心（IOFC）。开始时，纳闽岛实行内外分离模式，对于印花税、增值税、消费税、服务税、预扣税等都实行免税。但马来西亚在2001年更新了条例，允许纳闽离岸岛公司与马来西亚当地有限公司进行商业交易，因此纳闽离岸岛更改为纳闽中岸岛。2018年，纳闽修改税收条例，从2019年开始，对在岸商业交易活动（即纳闽公司与马来西亚本土公司产生贸易往来的交易）和离岸业务（即纳闽公司的所有国际贸易活动）都按3%所得税率收取。对于离岸金融机构而言，既可以选择按照年度盈余的3%纳税，也可以选择直接缴纳2万林吉特做为税款。

4. 避税港型的税收安排

避税港型离岸金融市场以岛屿型经济为主，其中大部分是拥有传统国际金融中心的发达国家的属地，实行零税率或低税率。

（1）开曼群岛

开曼本地任何个人和经营实体都不需要缴纳所得税、资本利得税、遗产赠予税或继承税、不征股息、利息、特许权使用费等预提所得税等。在开曼注册成立的公司均有权豁免20年的未来税赋，而每家信托和有限合伙企业均有权豁免50年的未来税赋。但政府对注册的各类离岸公司、离岸信托、离岸基金等收取注册费和年费。政府的税务收入来自间接税，主要包括关税、印花税及酒店客人税。

（2）巴哈马

巴哈马没有直接税，任何个人和经营实体都不需要缴纳所得税、资本收益税、遗产赠予税或者继承税，不征股息、利息、特许权使用费的预提所得税，利润汇回税、土地使用税、销售税、入港和出港吨位税等。关税是政府财政收入的主要来源，约占税收总额的70%~80%，平均关税税率达35.9%。消费税是巴哈马2008年7月引入的新税种，即把部分进口商品关税与印花税合并，以消费税的名义在海关征收。2015年1月1日起，巴哈马对商品和服务征收7.5%的增值税。但在大巴哈马岛自由港区（无税区）领取执照的所有公司和企业，则能获得2054年前不开征国内消费税、印花税和大多数关税的保证。

（3）迪拜

迪拜离岸金融业务在迪拜国际金融中心（DIFC）内开展，该中心的所得税为零税率，仅实行增值税，除此之外无其他税种。对于阿联酋的金融机构，增值税仅要求对向注册在阿联酋的客户收取的手续费收入按照5%税率缴纳增值税，其余各项收入均为免税或零税率。

第二节　政府职能转变的影响

一、自贸试验区政府职能转变

（一）政府职能

目前，我们国内的学术界对于政府职能的含义界定还没有完全统一的说法。从宏观角度出发的主流理论认为政府职能主要是政治统治和公共管理两大职能。公共管理职能就是政治统治之外的所有职能。公共管理职能有经济、社会及其他管理公共事务的职能。伴随着经济发展，社会形势出现变化，社会主体参与治理的诉求愈发强烈，政府的政治统治职能便逐渐弱化，公共管理职能开始显得越来越重要。而从微观角度来说，学界通行的说法是，政府职能是指政府对经济社会生活进行管理时，政府在其中所应承担的职责、所具有的功能等。其中的功能比如经济管理、社会协调、政治统治等，而职责指稳定秩序的责任、安全保卫的责任及价值导向责任等。政府履行职责是实现相应功能的一种方式，而政府所具有的功能是政府能合理合规履职的前提。

（二）政府职能转变

政府职能会随着社会经济发展不同阶段的不同需要而发生相应的合理改变。本文中所提到的政府职能转变的内涵是指微观角度的政府职能转变，即国家行政机关在一定时期内对公共事务管理所具有的相应职责、功能、角色等各方面的转换与发展变化。再具体地说，就是管理职权、作用的变化，比如在哪些方面，政府应该管什么，不应该管什么。具体管理的程度是多少等；管理角色的转换，比如宏观调控者或者微观干预者；管理方式、方法等的转变。从我国实行改革开放开始，经济社会便不断地出现各种调整和变化，经济体制转型及社会组织参与度增加等，这些新形势对政府提出了转变政府职能的新要求，政府要建立更加符合市场开放、社会参与的科学合理的管理职能体系。

（三）自贸试验区政府职能转变

自贸试验区之所以要转变政府职能主要原因是，当前我国的政治与经济体制不能适应现有的经济社会发展需要，之前我国经济发展主要靠低端制造业及基础设施投资等，但当前这些传统动力出现了一定程度的负增长，因而成为我国经济增长的掣肘。所以我们必须谋求新的开放措施来满足当前经济社会发展需要。自贸试验区便肩负在新时期进行制度的先行先试，加快推动转变政府职能和实现与国际经贸体系相对接的重大使命。我国进一步扩大开放，就要求建立与国际高标准投资贸易规则相适应的行政管理体制机制，对政府职能转变的需求更加迫切。而现在政府存在一系列尚未得以解决的体制问题，府际关系间的职责结构不合理等问题，这些问题现如今都是阻碍我国扩大开放的绊脚石。

总之，当前政府组织中权责分配、权责结构等不适应经济社会发展需要。所以，从转变政府职能着手是未来中国经贸复苏的主要手段之一。我国提出的自贸试验区是全新的东西，肩负着先行先试的使命，因此就是要在自贸试验区内大胆地转变政府职能，既可以是原有政府职责、功能、角色等的调整，也可以是提出政府应具备的全新的功能、角色及管理方式等，最后将所提出的转变内容在自贸试验区内进行尝试、完善，总结并推广至全国。自贸试验区探索建立转变政府职能的制度创新，为我国政府职能转变和更新市场贸易投资规则提供一定的制度基础。

二、自贸试验区政府职能转变与制度创新的关系

自贸试验区建设发展的核心是什么？制度创新。自贸试验区的重要使命便是通过相关的制

度创新在新形势下，积累转变政府职能的相关经验、探索国际化的管理模式、为国家进一步扩大改革开放提供新路径及贡献新经验。因此，制度创新和政府职能转变共同构成自贸试验区的基础。可以说，自贸试验区制度创新落地需要有政府职能转变这样一个基础，而自贸试验区转变政府职能所涉及的职责功能变化及各方利益调整，又都需要加快制度创新来推动。

（一）自贸试验区制度创新给政府职能转变带来挑战

自贸试验区会通过制度创新塑造一个全球性、开放、有序的市场，成为来自世界各地企业主体自由交易的场所。而原有的政府管理体制只适用于原有的制度基础，因此，试验区内的各项制度创新会对原有的政府管理体制带来挑战。

自贸试验区制度创新会对传统政府理念提出挑战。政府理念是关于政府活动的宗旨、使命、目标的理性化表述，政府理念会对政府职能产生深刻影响。传统政府往往视自己为经济社会管理者，限制了企业的自主经营和市场的生机活力。而自贸试验区制度创新的核心就是要为市场经济活动带去活力。这就要求政府转变传统理念，将自己做为市场经济的规则确立者、服务者和监督者，而把决定和支配经济活动的权力交还给市场，让企业成为市场活动的主体。同时，制度创新也会要求传统政府体制做出改变。政府体制是指各项制度的总和，包含权力配置、机构设置等，体制是职能的载体。传统政府体制拥有强势的行政审批权力，提高了市场准入门槛，影响市场活动的便捷性。而且传统的服务与监管部门没有联合使力，都只盯着自己部门的利益，所以时常会有服务和监管的盲点。自贸试验区事中事后监管制度等的创新必然让原有的政府体制无法适应，需要在内部权力配置、机构设置及人员配备等各方面做出调整甚至转型。最后，制度创新还会给政府行政方式和能力带来挑战。政府的行政方式和能力直接影响政府履职方式和能力。政府以前多是以行政强制命令的方式履行职能，往往收效不高甚至有时会产生负面影响。而自贸试验区推动负面清单管理制度意味着自贸试验区越来越多采取依法行政的方式，法治行政会慢慢取代权力行政，因此对政府行政方式和能力的变革提出要求。

总之，自贸试验区制度创新可以带来更深程度的对外开放，为转变政府职能提供新的思考。

（二）自贸试验区实现政府职能转变的关键是制度创新

自贸试验区制度创新为转变政府职能提供源动力。我国政府在改革开放以来，曾先后于1982年、1988年、1993年、1998年、2003年和2008年进行行政体制改革。改革原因是政府管理体制和方式与经济社会的发展不相适应。每一次改革进行调整，能深入全面地解决政府公共管理制度的缺陷。因此，国家认识到推动自贸试验区相关的制度创新可以提供转变的动力，通过制度创新调整并且完善政府管理结构，明确政府管理职责，释放新的生产力，提高市场活力。同时，自贸试验区制度创新还能为转变提供新的方向。当前不管是中央还是地方政府在角色定位、利益分配、职责分工等方面认识还不够清晰。自贸试验区通过改革行政审批制度、建立政府权力清单和事中事后监管制度等，进一步推动政府简政放权，明晰了政府在市场中的角色定位，职责定位，为政府职能提供了转变方向。最后，自贸试验区制度创新扩散后还能为全国范围的政府职能转变提供经验借鉴。中国重大的改革措施往往会先在一个地区试点，取得成功之后再推广扩散到更大范围。自贸试验区的创新便是为转变政府职能提供了一个重要的试验场所。自贸试验区是一个较小的区域，在区域内试验各项创新制度能够充分检验现有管理体制的弊端，从而有利于制度的完善，并且，还能在自贸试验区践行国际化水平的要求，从而对比国内管理体制，从对比中发现优缺点，从而探索出更好的改革方案。因此，自贸试验区制度创新能够从方方面面为政府职能转变提供动力，是推动政府职能转变的关键。

三、自贸试验区推动政府职能转变的现实障碍

自贸试验区做为我国新一轮改革开放的试验田，当前推进中仍然存在一些问题和薄弱环节，需要在更大程度上加大制度创新力度。主要反映在以下6个方面：

（一）开放试验和制度创新与高标准投资贸易规则仍有较大差距

目前，自贸试验区在投资管理、贸易便利化等诸多领域已初步建立符合国际通行规则的制度安排，但对照高标准国际经贸规则，在不少领域还有差距。

1.外商投资负面清单有待进一步完善

"准入前国民待遇＋负面清单"模式在外商投资管理制度改革上迈出了重要一步，但目前仍存在一些不足。

（1）负面清单开放度仍需提高

自贸试验区外资负面清单不断缩短，但限制性措施仍然很多，而且在表现形式、内容、透明度和投资定义等方面与国际尚未完全接轨，未有效发挥为扩大开放进行压力测试的作用。

（2）缺少法律法规依据支撑

国际上外资负面清单均对相关条款涉及的法律法规进行详细描述，具有很强的操作性，而自贸试验区负面清单未列明与相关义务不符的管理措施，缺乏法律法规依据，不利于具体实施。

（3）行业分类与国际惯例不接轨

国际上外资负面清单通常采用《WTO服务部门分类清单》或《联合国临时中心产品分类目录》的分类方法，而自贸试验区负面清单采用我国国民经济行业分类，与国际上分类惯例差异很大。

（4）负面清单制定的透明度需要提高

负面清单制定程序及相应的法律依据有待明确，相关利益主体在负面清单制定、修改和实施中参与不够充分。

2.高标准经贸规则的压力测试不充分

自贸试验区成立至今，在推进压力测试上进行了一定的探索，但相对于功能定位来说仍然不够，尤其是对新一代投资贸易规则关注的一些重点方面迄今尚未在实践中进行系统的压力测试，仍然停留在概念层面，先行先试效应不足，难以在这些领域为我国参与国际经贸谈判提供有力依据。例如，在竞争中立领域，自贸试验区尚未建立专门的公平竞争审查制度，信息披露的透明度不高，对妨碍公平竞争的行为也缺乏惩处手段，下一步亟待从中国参与国际投资贸易规则重构的角度出发，大力推进压力测试，更好地发挥自贸试验区的先行先试作用。

（二）部分领域改革深度和广度需要进一步提高

自贸试验区在不同领域的改革进展不一致，相对来说，在贸易便利化等领域进展比较明显，而金融开放、税制改革等领域的推进力度有待进一步加大。

1. 金融开放创新尚需不断深化

以上海自贸试验区为例，尽管在金融开放创新方面已走在全国 4 个自贸试验区的最前列，但离资本项目可兑换和金融服务业开放的目标还有较大差距。

（1）部分实施细则尚未落地

受各方面因素影响，"金改 40 条"仍有部分项目尚未出台细则或推出创新案例，导致相关工作进展迟缓。例如，启动合格境内个人投资者境外投资试点，在自贸试验区内开展限额内可兑换试点，允许或扩大符合条件的机构和个人在境内外证券期货市场投资等细则尚未落地。

（2）自由贸易账户试点功能有待进一步扩展

从使用功能看，目前自由贸易账户使用主要是在经常项目上，对资本和金融项目交易的限制仍然十分严格，和预期效果有一定差距。从全国范围看，虽然上海对自由贸易账户已有不少经验，但在其他自贸试验区推广遇到很大问题。

（3）外汇管理制度创新力度尚需加大

目前自贸试验区对新兴贸易业态的外汇管理政策在收紧，对企业的贸易结算产生较大影响。

2. 符合国际惯例的税制改革需要加快推进

与高标准自由贸易园区相比，我国自贸试验区在离岸贸易、离岸金融等相关税制上还存在差距，制约了竞争力提升。

（1）离岸贸易税制与国际惯例有较大差距

区内离岸贸易企业的所得税税率较高，难以吸引跨国离岸贸易企业将业务向自贸试验区转移；区内企业承担的流转税负也较高，且区内税收政策尚未实现合理统一，货物区内流动可能产生额外税负。

（2）现行税制设计不适应跨境投资发展要求

例如，现行税法关于"受控外国公司"的相关规定在很大程度上抑制了企业跨境投资的热情；区内企业的亏损仅限在往后 5 年时限内弥补使用，而国际上并未对亏损利用年限设限。

（3）促进金融业发展的税制有待进一步完善

例如，针对特定金融业务（如信托、基金、离岸金融衍生工具等）的税收政策尚在研究探索中，对金融业个人从业者从境外所得也没有特别的优惠政策。

（三）制度创新的系统集成度有待提高

自贸试验区建设是一项系统工程，不少领域的改革措施具有内在的相关性，需要各部门、各地区协调配合、全面推进。目前这方面还存在很大改进空间。

1. 政策配套和系统集成不到位

自贸试验区制度创新涉及面广，目前主要由各部门根据分管领域实际情况推进，只涉及单一部门改革创新、程序优化的"微创新"进展较快，而跨部门、制度性改革推进较慢。

2.部分制度创新试点范围偏窄

目前一些重要制度创新成果往往是在少数企业"点试",但对全面复制推广意义有限。例如,国际贸易单一窗口、货物状态分类监管等制度创新成果都依赖有一定规模的大型企业的试点,但对众多中小企业的测试不充分。

3.基于全球价值链视角的制度设计薄弱

以产品内分工为核心的全球价值链已成为当今国际分工的主导形态。但自贸试验区现有制度设计主要是从价值链的单个环节出发,而非从价值链全链条优化的视角出发,制约了制度竞争力的提升。

(四)自贸试验区法治建设任务仍然繁重

自贸试验区在法治建设上取得了显著进展,但受现行法律框架和体制机制制约,在实施中仍存在一些问题。

1.现行法律法规位阶不高

当前自贸试验区大多数制度创新举措都是以部门规章的形式发布,法律层级较低,与国际自贸区严格的立法程序有较大差距,不利于提升自贸试验区立法的权威性。

2.地方立法的创设空间有限

自贸试验区涉及的投资、贸易、金融、税收等先行先试事项均属于国家专属立法权事项,地方立法只能做出实施性规定,立法空间不大。

3.一些领域法制建设存在薄弱环节

自贸试验区改革试验还处于不断深化的过程中,一些领域法律法规有待调整完善,还有一些领域存在立法空白。例如,投资者权益保护制度尚未系统建立,现行法规缺乏保护投资者权益的"落日条款"或"不可逆向条款"等,有待完善。

(五)基于开放创新的风险防控体系需要进一步完善

风险监管能力是决定开放范围和深度的重要约束条件。总体上看,自贸试验区已初步建立开放经济环境下的风险防控体系,但部分制度落实还不够。

1.安全审查制度与反垄断审查制度尚未有效落实

以上海自贸试验区为例,尽管早在设立之初就建立了安全审查制度和反垄断审查制度,但迄今尚未实质有效开展。主要原因有二:一是根据国际通行规则,外商投资安全审查、反垄断审查职能主要由中央政府承担,上海自贸试验区管委会做为地方政府管理机构,由于信息、人力、资源、权限等方面的局限,难以充分承担这些职责。二是在国家层面,安全审查制度和反垄断审查制度由商务部及国家发改委牵头的联席会议实施,而非专门人员组成常设性审查机构,审查案件标准偏概念化,审查范围不够清晰,审查机构功能也未明确。在上海层面也相应地未设立专职机构和人员,权责范围不够明确,这在很大程度上制约了制度落实。

2.综合监管体系亟待健全和完善

在放宽准入的同时,综合监管制度还比较薄弱,信息共享不到位,部门之间缺乏协同,影响了监管成效。目前部门间信息交换和应用的领域还比较窄,信息沟通、共享、使用在一定程度上还不到位,呈现"蜂窝煤"状况,短期内难以完全打通。例如,企业年报公示和经营异常名录制度威慑作用不明显。按规定，企业如不按时公示年报信息将被列入异常名录，最严重的处罚仅是将满3年未履行公示义务的企业列入严重违法企业名单，其法定代表人3年内不得担任其他企业的法定代表人。但实际往往可以通过其他方式"化解"，如让亲戚朋友担任名义法人，而不影响对公司的实际控制权。

（六）自贸试验区与国家战略之间的联动机制有待加强

新一轮扩容后的自贸试验区，既与振兴东北老工业基地、西部大开发、中部崛起、长江经济带等战略结合，又与国家新一轮改革开放的总体战略布局相一致。但从目前看，自贸试验区建设与重大国家战略之间的联动机制还有待加强，应在更广领域中发挥服务全国大局功能。一方面，自贸试验区与国家战略联动不够充分，自贸试验区在国家战略中的定位还不够明确；另一方面，全国各个自贸试验区之间的协同联动有待加强。全国各自贸试验区之间的互联互通还有待加强，亟待建立信息沟通交流的常态化机制，构建一体化合作环境。此后设立的自贸试验区虽然地理位置不在一起，但在制度安排互联互通上还可往前迈进一步。

四、自贸试验区推动政府职能转变的主要内容

全国的自由贸易试验区共同的发展目标就是促进并达到投资贸易自由化、监管法治化、管理国际化等。其中，自贸试验区根据总体方案要求探索管理国际化，便要以制度创新为起点，重点关注政府职能转变领域的发展。自贸试验区推进"放、管、服"改革，从机构改革、体制创新、方式转变等方面出发深化以简政放权为主的行政管理体制改革，优化政府服务体系，创新事中事后监管制度，全面提升政府管理能力（如图3-1）。

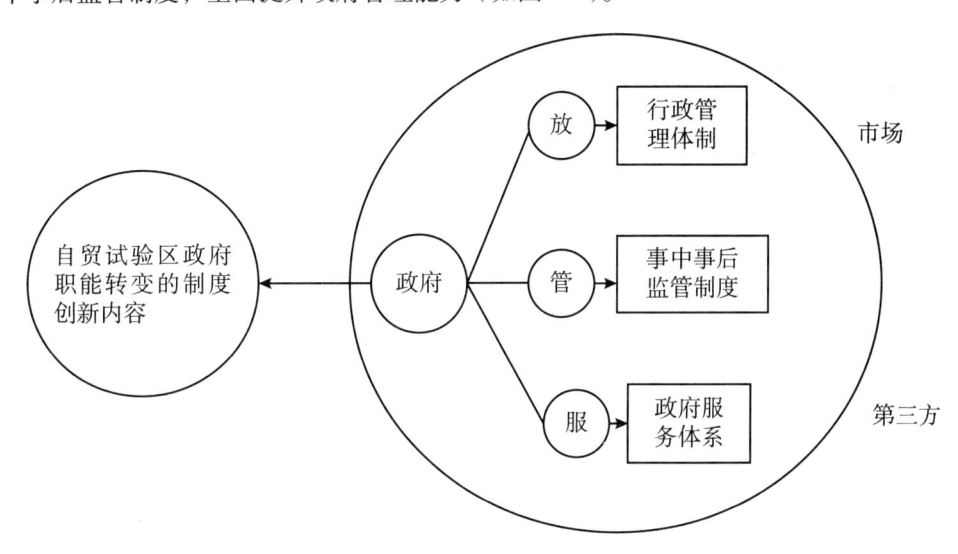

图3-1 自贸试验区政府职能转变的制度创新内容

（一）行政管理体制

当前自贸试验区主要通过简政放权进行行政管理体制创新，具体通过行政审批制度改革、商事登记制度改革、负面清单管理制度建立、政府权力清单建立等。自贸试验区将通过这一系列的制度创新对政府职能结构进行调整，丰富和明确政府职能的内容，并且还要改变政府的管

理方式和管理角色，让政府下放更多的权力及进行宏观调控。自贸试验区政府还试图尝试从过去单一使用某一行政手段向综合运用多种手段进行综合治理转变。

我国目前为止共取消和调整了两千多项的行政审批事项。自贸试验区政府推进简政放权的其中一个体现也是进行了行政审批制度改革，只是在自贸试验区的实施中要求改革的动作更大，效果更强，是大规模减少行政审批事项，并将大部分审批事项下放给下级政府甚至将一部分权力归还给市场和社会。在商事登记制度改革方面要求率先在自贸试验区推行"一口受理"，还有实现企业登记注册"一照一码"条件下的"八照合一"，启用电子执照等。商事登记制度在自贸试验区进行试验创新说明了国家要明晰政府与市场关系的决心，通过此制度改革创新来加强对市场的宏观调控，规范市场准入门槛。自贸试验区行政管理体制改革还有另一大创新点就是负面清单管理制度建立。负面清单是与正面清单相对，主要是针对外资的管理限制措施（如表3-1）。负面清单在自贸试验区建立又进一步扩大了投资的开放度，有利于吸引外资，激活投资贸易领域的活力。

表3-1 国家五个版本的负面清单修订对比表

/	2013年版	2014版	2015年版	2017年版	2018年版
特别管理措施数量	190	139	122	95	45
修订情况 与上一版相比删除的措施数量	/	51	65	27	50
修订情况 与上一版相比放宽的措施数量	/	19	16	0	8

（二）政府服务体系

自贸试验区推进构建服务型政府，这是自贸试验区政府职能转变的大方向。服务型政府并不是说只有政府才能提供公共服务，也不代表说所有的公共服务都只能由政府提供。现如今，公共服务体系已经逐渐变得多元化。在多元化的服务体系中，政府只需要起着基础性和主导性的作用，提供基本的公共服务，同时鼓励更多的市场和社会主体参与提供公共服务，从而建立一种分工明确、充满活力、科学合理的政府服务体系（如图3-2）。

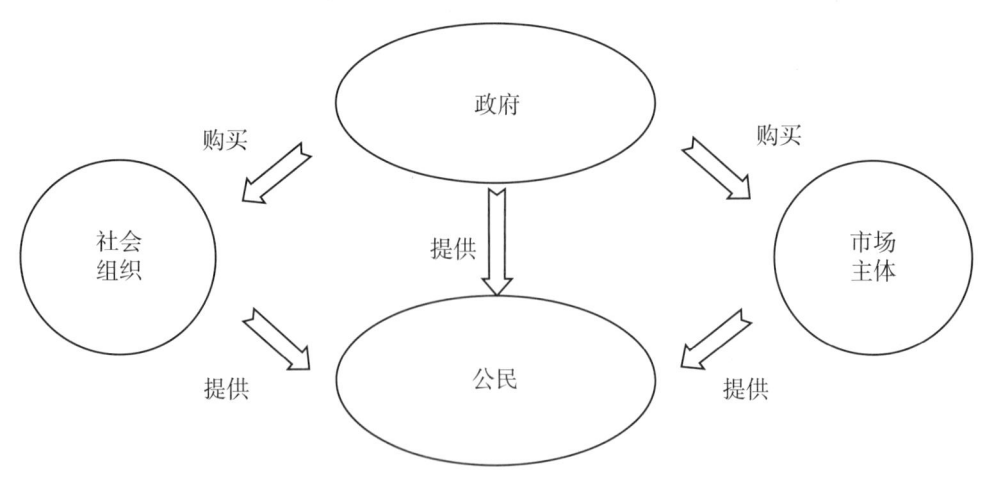

图3-2 政府公共服务体系

自贸试验区作为经济贸易自由开放的第一窗口，需要承担更多的经济发展的职能。因此自贸试验区创新政府服务体系中，政府所提供的服务不仅是指传统的社会保障相关的公共服务，还指维护市场秩序，保障市场活动的公共服务。这就要求优化政府服务能力，为自贸试验区内的市场主体提供有效的公共服务，满足市场主体的公共需求和公共利益诉求。自贸试验区政府不仅要在观念层面提高服务意识，还需要在操作层面将服务型政府的观念与规则具体化。

1. 构建"一口受理"的服务模式

自贸试验区可以探索完善一站式服务和电子化平台，以此来提高政府面向市场的服务效率。在自贸试验区内设立行政服务综合大厅，自贸试验区各个部门在大厅内开设服务窗口，根据需要再造业务流程，综合一站式办公、一条龙服务，实现相关业务的"单窗通办"和"全网通办"等，让民众或者企业能够在同一地点办理完相关的业务，节省办事时间，享受优质的公共服务。自贸试验区政府要积极借助互联网和电子技术媒介，广泛采用电子政务服务模式，提升政府工作效率，节省企业和民众的时间与办事成本。

2. 提供科技创新服务

自贸试验区在扩大对外开放的过程中会吸引众多外资涌入，外国的先进技术必然会对我国企业造成一定的冲击，并且我国的企业也需要在对外开放的过程中不断地学习和引进外国先进技术，然后进一步促进技术创新。因此，自贸试验区要用各方面制度优惠来支持企业技术创新，激发企业进行技术创新的内在动力。自贸试验区政府建立研发服务平台，在平台上综合各方面资源为市场提供专业技术服务，提升企业自主创新能力。研发平台还可以促进技术资源在社会中的流通，降低企业获取技术信息的成本，并且还可以发挥社会参与机制的作用。建立智库、科学家等在技术认定、推广等方面的参与机制，大力推动技术咨询、技术推广等科技服务。

可以说，自贸试验区政府优化服务体系是政府职能转变的制度创新的一个重要环节，不仅提高政府公共服务的专业水平和质量，为市场提供良好的交易环境，还能减少政府的微观事务性工作，加快促进政府职责、功能的改变。

（三）事中事后监管制度

当前互联网经济、共享经济和自贸试验区的出现都要求扩大开放，开放环境下，大量新兴业态涌入，政府加强事中事后监管是必需的内容。事中事后监管制度的建立其实是在政府管理方式上做出调整和改革，推进监管方式由事前审批转为注重事中事后监管。传统管理方式是重审批、轻监管，把审批做为了一种监管的主要方式。所以自贸试验区建立事中事后监管制度便要求政府将原本不属于自己的权真正放开，也要把该管的事管好，做到有放有收、张弛有度，这就要求自贸试验区改进完善准入后监管体系。当前主要要求自贸试验区通过安全审查制度、反垄断审查制度、完善社会信用体系、企业年度报告公示和经营异常名录、信息共享和综合执法制度、社会力量参与市场监督六个方面推进试验区综合监管制度创新（如图3-3）。

```
                    ┌─ 安全审查制度
                    │
                    ├─ 反垄断审查制度
                    │
自贸试验区事          ├─ 完善社会信用体系
中事后监管制  ──────┤
度创新              ├─ 信息共享和综合执法制度
                    │
                    ├─ 企业年度报告公示和经营异常名录
                    │
                    └─ 社会力量参与市场监督
```

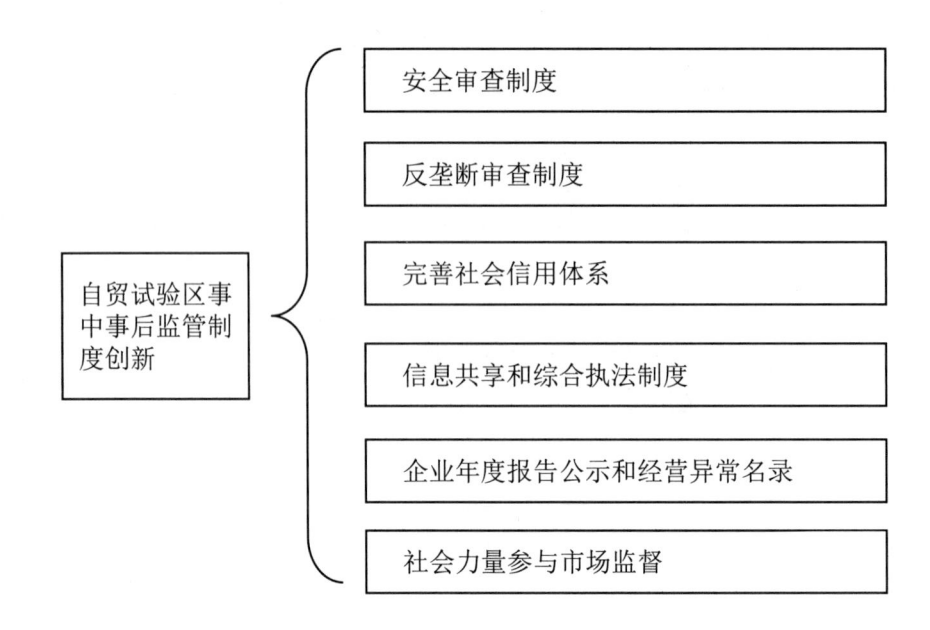

图 3-3　自贸试验区以职能转变为核心的事中事后监管制度创新内容

1. 安全审查制度

安全审查制度是自贸试验区事中事后监管制度建设的重要内容之一，也是维护国家安全和规范外资健康有序发展的重要保障。安全审查主要是审查外来资本，这个制度从审查的种类、归口管理、相关权力配置等方面出发。自贸试验区通过建立安全审查制度，为我国外商投资方面的制度完善提出新途径。

2. 反垄断审查制度

反垄断审查是为了减少现有的执法问题和重新合理配置地方执法资源。此项制度会加强对社会上垄断行为的监测与管理，从而保证公平的竞争环境和稳定的交易秩序。在自贸试验区先行先试的探索中，反垄断的审查还是需要加强在市场交易集中区域、市场主体随意占用主导地位等方面的制度安排。

3. 完善社会信用体系

自贸试验区事中事后监管制度的一项重要内容便是建立并完善社会信用体系。社会信用体系的建立可以让全社会都营造一种重视诚信的氛围，诚信是保障市场交易的正常秩序的关键。自贸试验区要依托社会信用体系和信用管理平台，完善提供给社会的相应信用信息与产品，用这些制度规则将诚信的重要性强调给社会民众和市场主体，从而强化社会的自我监督与企业自律，形成良好的社会信用环境。

4. 企业年度报告公示和经营异常名录

法律经济学的逻辑就认为，以信息传递为核心的信用机制是影响分配效率的关键，而最好的制度就是能够实现信息成本与收益之间最佳平衡的制度。从这个逻辑看来，企业年报制度就是能实现这种平衡的最佳制度。自贸试验区建立企业年报公示和经营异常名录就是要利用社会来对企业进行监管。当企业信息公布于社会时，所有的企业数据都是真实的公开的，企业就能够受到社会的长期监督，从而企业有压力，认真落实企业主体责任，从而更好地保证市场秩序，保障市场配置资源的能力。

5.信息共享和综合执法制度

信用信息的互相传播和交流能够保证信息被真正的需要方所支配，发挥这些信息资源最大的实际价值，而不仅仅是做为一个条目被封存。而综合执法制度是解决执法部门行政弊端，探索建立高效率政府管理体制的有效方式。加强信息共享首先建设一个能促进信息共享和服务的平台，这个平台能够对信息进行收集、整理和交换。那么相关的监管部门就能在平台上获取到其他部门的监管资源，可以促进联合执法，为事中事后监管提供支撑。综合执法制度着力构建各部门联动执法，努力解决多头执法等问题。

要进行创新的事中事后监管制度主要是对市场主体的监管，自贸试验区在监管过程中总是强调事前审批。政府监管的重心应该从对市场主体相关资质的审批向重视市场具体活动的监管转移。同时必须重视起相关部门事后的监管补位，自贸试验区事中事后监管制度创新强调联合监管，即推进相关部门的监管信息共享，加强各部门的联合执法能力，防止事后监管缺位。自贸试验区还需要创新政府管理方式，借助电子化、智能化设备来加强监管，并且要注意遵循国际通行标准来进行综合监管，从而提高监管的效率和便捷性。针对监管决策和执行滞后的问题，自贸试验区在制度创新过程中，还可以尝试引入第三方力量参与监督，补充政府体制限制而导致的监管漏洞等。

第三节 投资领域开放的影响

自贸试验区通过探索准入前国民待遇，建立负面清单管理模式，实施构建对外投资服务促进体系，促进投资领域高水平高质量开放，提升投资自由化水平。一方面，投资自由化水平的提升，放宽高端人才从业限制，吸引大量外资企业，促进先进技术的引进，从而带动区内科学技术水平的提高，提高企业生产效率，推动生产效率低的生产部门逐渐向生产效率高的生产部门演变，促进产业结构高级化。另一方面，投资自由化水平的提高，特别是服务业的放宽，增加高端服务业的国际直接投资，服务业高端人才从业限制的放宽，促进资源优化再配置，促进产业结构合理化。

一、自贸试验区吸引外商直接投资的举措

经过多年努力，自贸试验区探索出的一系列改革在全国范围内发挥了示范和样板作用。自贸试验区通过一系列制度创新打造出优质的营商环境，搭建了更高水平的引资平台。

（一）投资管理改革

我国自贸试验区针对外商直接投资的管理体系进行了探索性创新，其中"负面清单"成为吸引外商直接投资的核心模式。外商投资准入负面清单是一国对外资进入该国市场进行禁止或限制的行业清单，即对于不向外资开放的行业和领域，以清单的形式列出，而外资可以自由进入不在清单上的其他行业或领域，同时同等待遇对待内外资企业。从2013年到2021年，负面清单不断缩减，目前已压减至30个项目。几年来，我国自贸试验区已经形成较完善的投资管理体系。

对外资引入，从核准制改为备案制，缩短了企业设立时间，节省了企业成本；开放领域的扩大和投资的指引，降低了准入壁垒和准入风险，促进了外资流入。受益于投资管理改革，我国自贸试验区吸引外资效果明显。21个自贸试验区的划分范围不到全国的千分之四，根据数据显示，2021年上半年，21个自贸试验区实际使用外资1008.8亿元，全国近17%的外资来自自贸试验区。

（二）金融体制改革

在银行、证券、保险三大领域，金融创新均有所覆盖。以上海和广东自贸试验区为例进行分析。上海自贸试验区一直是我国自贸试验区建设的先锋区，历年来积极探索，形成的一系列经验在全国范围内复制推广。

1. 扩大金融机构市场准入

对符合规定的外资金融机构，自贸试验区内进行全面开放；对符合条件的社会资本，支持其设立金融机构。

2. 加强外汇管理

设立自由贸易账户，规范双向人民币资金池规则。

3. 实现利率市场化

放开小额外币存款利率上限，拓宽了融资渠道。

4. 加强金融监管

加强金融风险监测系统管理，完善金融风险预警系统，设立应急资本，赋予企业自主权。

广东自贸试验区首先在全国实行了跨境双向股权等五类跨境金融业务，同时发展特色金融创新，如设立了全国第一个区块链机构，开发了首例基于大数据的金融风险评估预警系统，设立了外商独资私募证券投资基金试点。

（三）贸易监管改革

贸易监管改革最重要的举措之一就是国际贸易"单一窗口"，海关、检验检疫两个部门全部覆盖。"单一窗口"使得贸易企业提交单证和电子数据的过程更便捷有效，提升了通关效率，减轻了企业负担，各项国际贸易业务都只需要通过"单一窗口"进行，在缩短申报环节的同时也极大地降低了企业成本，既符合国际贸易规则，又提高了政府的监管效率，自由、高效、透明的监管环境确保了贸易监管制度的高效运行。

上海国际贸易"单一窗口"服务的企业超2万家，处理的贸易量近全国的三分之一。在检验检疫上，福建实现无纸化，申报表格的内容大大简化，减少了对重复信息的录入，不仅方便了企业操作还节约了时间成本。

广东自贸试验区的"智慧口岸"已经在全国范围内具有示范作用，产生了多项诸如"智检口岸""互联网+易通关"等在内的改革创新成果，全国首创的有14项，通关效率大大提高，达50%以上。

（四）政府管理改革

政府管理过程中难免出现干预过多或监管不足，为解决这些问题并建设成"服务型"政府，自贸试验区积极探索，形成了包括事中事后监管体制和商事登记制度等改革成果。

落实事中事后监管体制。信用是事中事后监管的基础,借助数字产物,推进"互联网+政务",下放区内管理权限,强化政务公开,提升了政府效能,优化了营商环境。如上海自贸试验区把市场监管平台统一起来,交换共享部门间的监管信息;建立共享机制,对企业信用信息的采集实行共享,推动监管智能化;建立健全奖惩机制,对守信者进行鼓励,给予各种优惠,对失信者进行惩罚,让其处处受限。福建自贸试验区为解决多头执法、重复执法,区内将相关机构和职能进行整合,成立自贸试验区综合监管和执法局,实现信息在不同部门间共享,各个相关部门协同监管执法;建立公示系统,将企业信息在系统上公示,对信用风险进行分类监管,开展抽查,严格审查失信企业,激发了市场主体活力。

深化商事登记制度。自贸试验区内扎实推进"证照分离",开展"减证便民"专项行动,为方便企业,把业务编制成手册、指南,对政务服务操作进行互联网化管理,推广相关证件、资料电子化。2017年6月,浙江自贸试验区进行"最多跑一次"改革,部门间将证照进行整合,实现信息共享。陕西自贸试验区首先把人民银行开户许可纳入联办事项中,"微信办照"模式推向全国。

二、自贸试验区内外商直接投资的变动情况

自贸试验区的一系列政策举措对吸引外商直接投资具有重要作用,本节从自贸试验区内外商直接投资的规模和结构变化两个角度,以图表的形式展现外商直接投资的变动情况。

(一)外商直接投资的规模变动

1. 外商直接投资的流量变化

我国的外资引入在"十三五"时期取得的成效显著。较"十二五"时期,全国新设外资企业增长61.8%,实际使用外资增长10.43%。

如图3-4所示,总体上,中国实际利用外商直接投资额在2009年—2020年呈现平稳增长趋势。具体来看,2009年—2011年中国利用外商直接投资额快速上升,2012年略有下降。2013年后,外商直接投资的上升趋势明显,在2013年、2015年、2017年取得相对较大幅度的增长,特别是2020年在新冠疫情的严峻挑战下,全年实际使用外商直接投资1443.69亿美元。这在一定程度上表示,自贸试验区的设立可能促进外商直接投资额的上升。

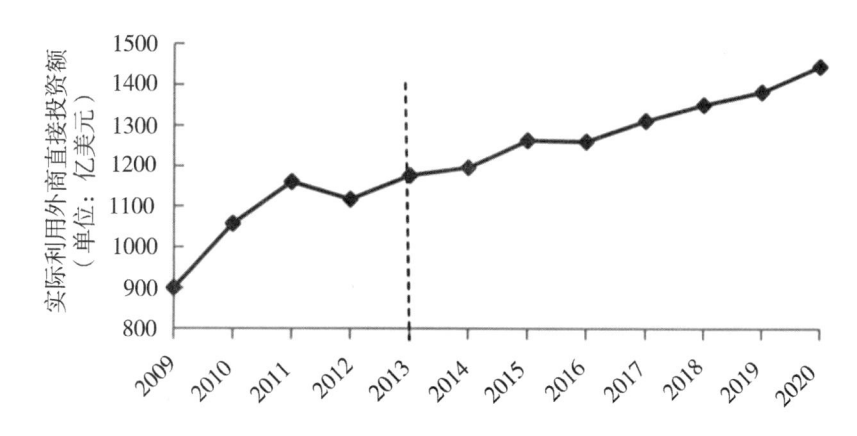

图3-4 中国实际利用外商直接投资额的变动趋势

图 3-5 为 2009 年—2019 年我国设立自贸试验区的城市与未设立自贸试验区城市的外商直接投资额均值的变动情况，从城市层面看，设立自贸试验区城市的外商直接投资额的均值整体呈现上升后波动下降的趋势，未设立自贸试验区城市外商直接投资额的均值整体呈缓慢上升趋势。2013 年我国第一个自贸试验区成立后，自贸试验区城市外商直接投资额的均值上升，而未设立自贸试验区城市的外商直接投资额均值无明显变化，趋于平缓。2014 年—2016 年，两者的外商直接投资额均值都下降而后上升，2017 年—2019 年，设立自贸试验区城市的外商直接投资额均值先降再升，而后又下降，而未设立自贸试验区城市的外商直接投资额呈缓慢下降趋势。整体来看，2014 年后设立自贸试验区的城市和未设立自贸试验区的城市的外商直接投资额均值均有不同程度的下降，但自贸试验区城市的外商直接投资额均值始终高于未设立自贸试验区的城市。

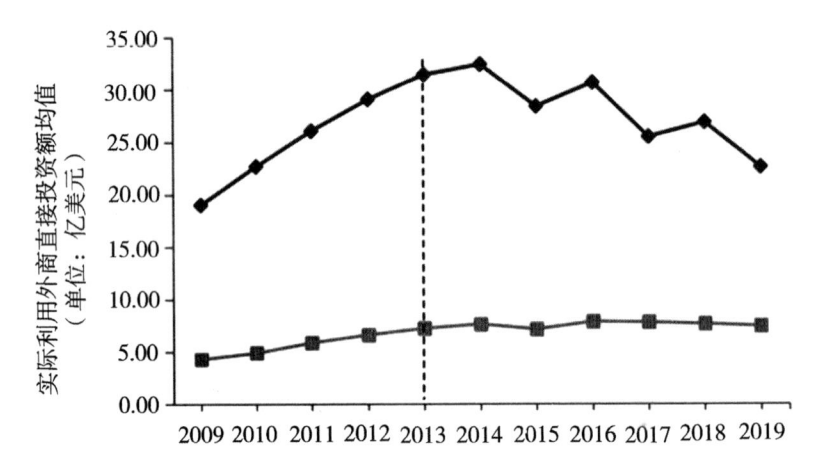

图 3-5 2009—2019 年自贸区城市与未设立自贸区城市的外商直接投资额均值变动情况

2. 外商直接投资的投资主体变化

鉴于数据可得性及代表性，选择早期建立自贸试验区的城市分析外商直接投资额投资主体的变化情况。

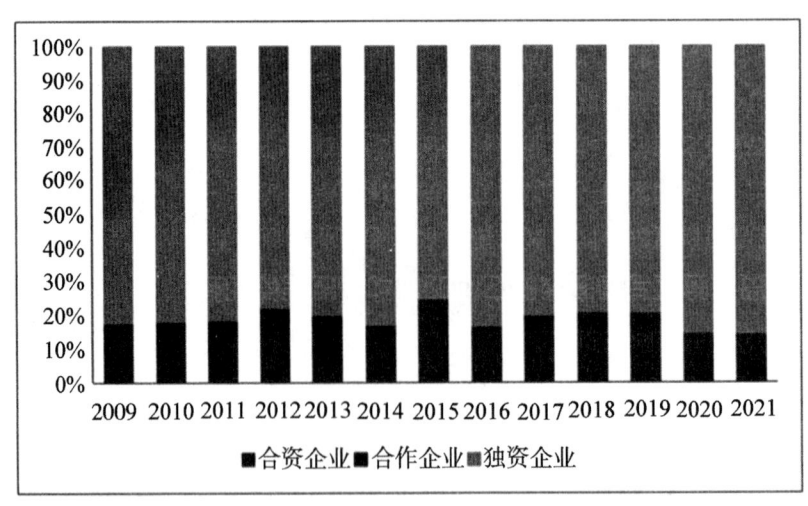

图 3-6 2009—2021 年上海市外商直接投资额流入的不同投资方式比重（%）

根据图 3-6 可以发现，2009 年—2021 年上海市外商直接投资额流入情况中，外商独资企业占据极大比重，是上海外商直接投资的主体，其次是中外合资企业，中外合作企业只占有非常小的比重。外商独资企业占比变化幅度较小，2013 年以前有下降趋势，2014 年占比提升，在 2015 年比重下降后于 2016 年有所提高，其后三年有下降趋势。中外合资企业占比波动幅度相对较大，2013 年以前的中外合资企业比重趋势平缓，2014 年有所下降，而于 2015 年有较大提升，2016 年以后缓慢上升。中外合作企业于 2015 年以前占有极低比重，2016 年以后所占比重趋于 0。根据分析，2014 年以后，外商独资企业、中外合作企业降低的比重转移至中外合资企业。

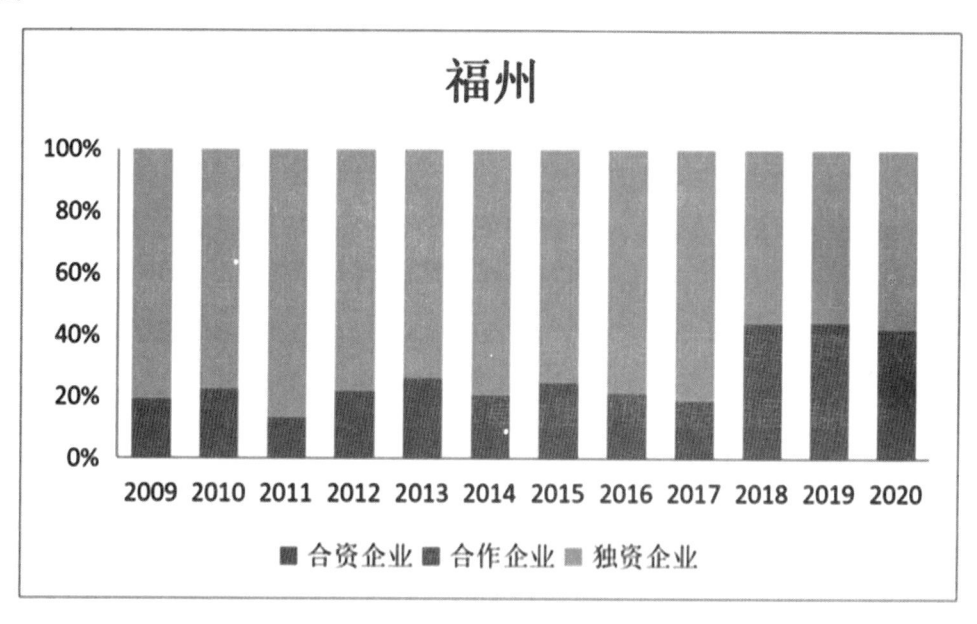

图 3-7　2009—2020 年福州市外商直接投资额流入的不同投资方式比重（%）

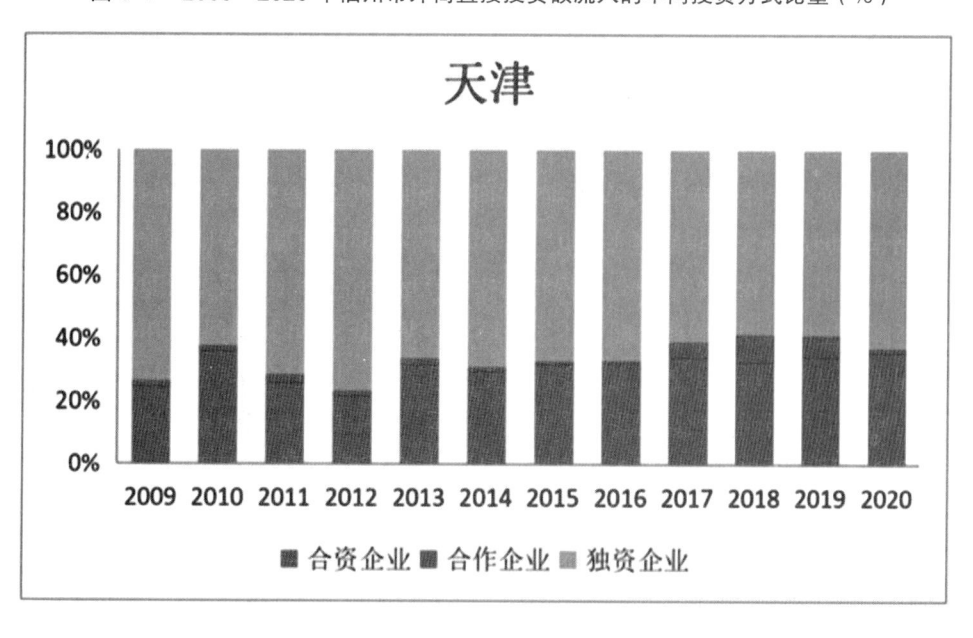

图 3-8　2009—2020 年天津市外商直接投资额流入的不同投资方式比重（%）

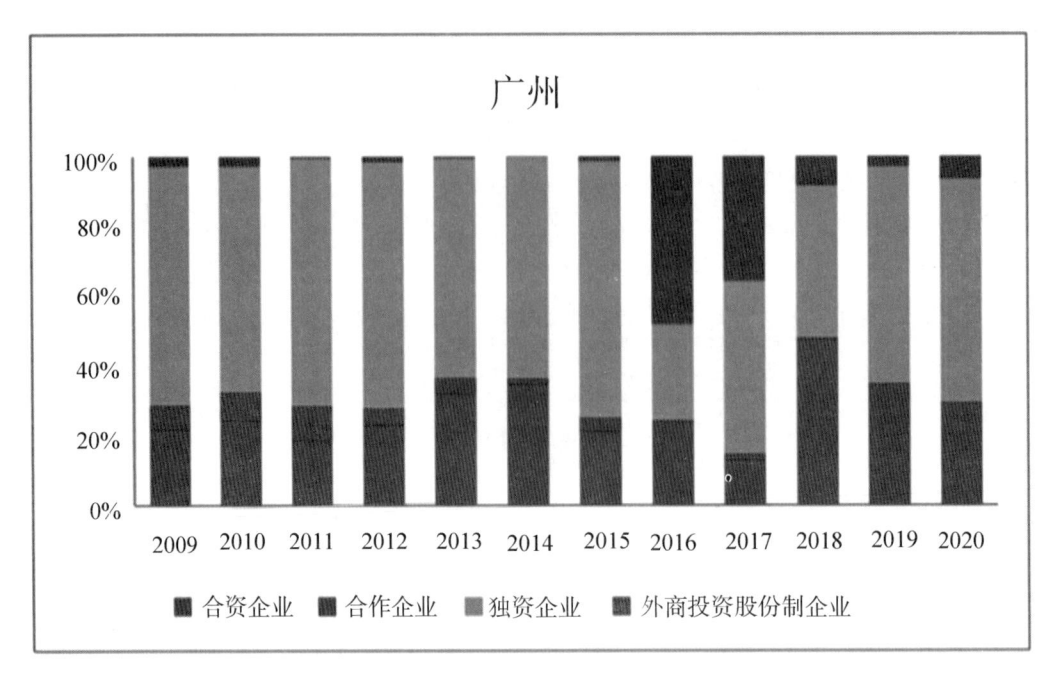

图 3-9　2009—2020 年广州市外商直接投资额流入的不同投资方式比重（%）

根据图 3-7 至图 3-9，2015 年成立的三大自贸试验区所在省会城市中，外商独资企业仍然为各市外商直接投资的主体企业，中外合作企业所占比例极小。福州自贸试验区成立后，独资企业的比例有所提高，在 2018 年比例下降后又有所回升，而合资企业的变化趋势与之相反。2015 年以后，天津市的外商合资企业所占比例有所下降，而独资企业和合作企业的比例在上升，尤其是合作企业的上升幅度较大。与天津和福州市不同，2015 年—2020 年广州各企业主体所占比例波动幅度较为明显。特别是外商投资股份制企业占比在 2016 年大幅提高，之后 4 年有逐渐下降趋势；而独资企业占比于 2016 年大幅下降，之后趋势逐渐回升。通过对上海、福州、天津、广州四个城市外商直接投资流入的不同投资方式分析后我们发现，外商独资企业为各市外商直接投资的主体企业，中外合作企业的占比极小。

（二）外商直接投资的结构分析

出于对数据可得性及自贸试验区成立时间的考虑，选择部分沿海自贸试验区的城市，分析自贸试验区城市内外商直接投资流向的主要行业及产业结构变化。

1. 外商直接投资的行业流向

图 3-10 展示了 2009 年—2020 年深圳市外商直接投资流向的主要行业所占比重。这 12 年间，外商直接投资流向的主要行业中，在租赁和商务服务业、工业、批发和零售业、住宿和餐饮业及房地产业中占据重要比重，其中租赁和商务服务业的波动上升趋势明显。以自贸试验区成立的 2015 年为分界点，2015 年以前，工业、批发和零售业、住宿和餐饮业是外商直接投资流向的主要行业；2015 年，外商直接投资流向房地产业的比重有较大幅度的增加，之后几年逐渐下降；2015 年以后，流向租赁和商务服务业的比重开始有较大幅度的上升，到 2020 年，比重已经达到 44%。

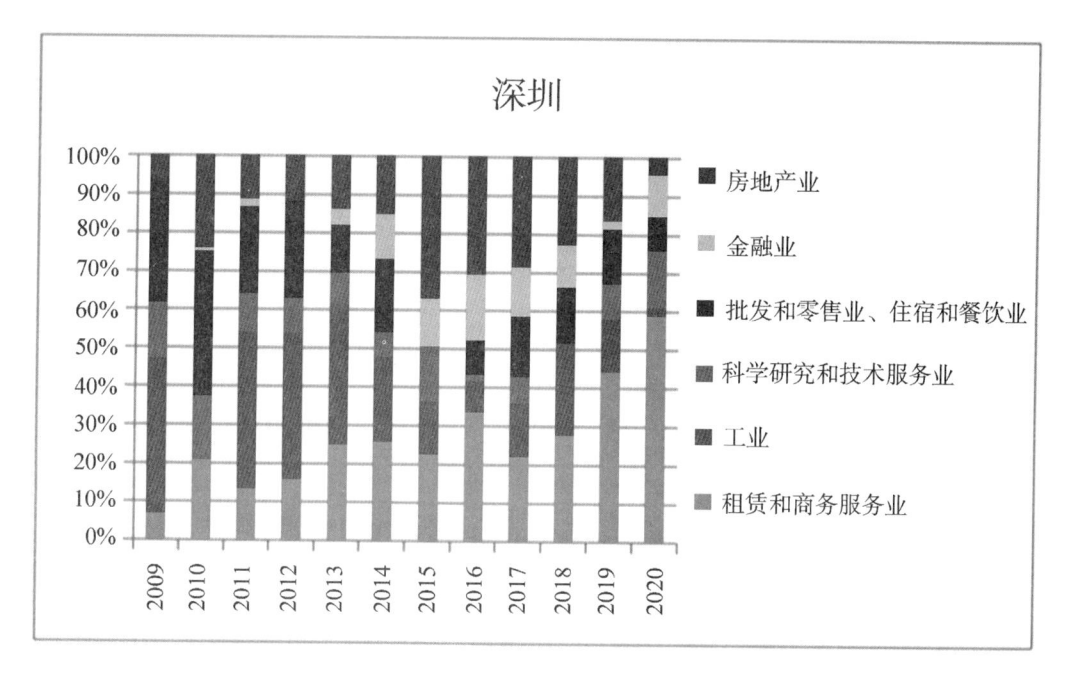

图 3-10　2009—2020 年深圳市实际外商直接投资额流向的主要行业占比（%）

图 3-11 可以看出，珠海市外商直接投资主要流向租赁和商务服务业、制造业、批发和零售业、房地产业，其中制造业一直占据较高比重。2015 年之前，制造业、房地产业、批发和零售业是外商直接投资的主要行业流向，2015 年后流向批发和零售业的比重大幅下降，建筑业比重先显著提高而后下降。2009 年—2020 年外商直接投资向租赁和商务服务业流入的占比呈 U 型，2009 年—2014 年缓慢下降，2015 年—2020 年呈快速上升趋势，2020 年的比重达 79%。

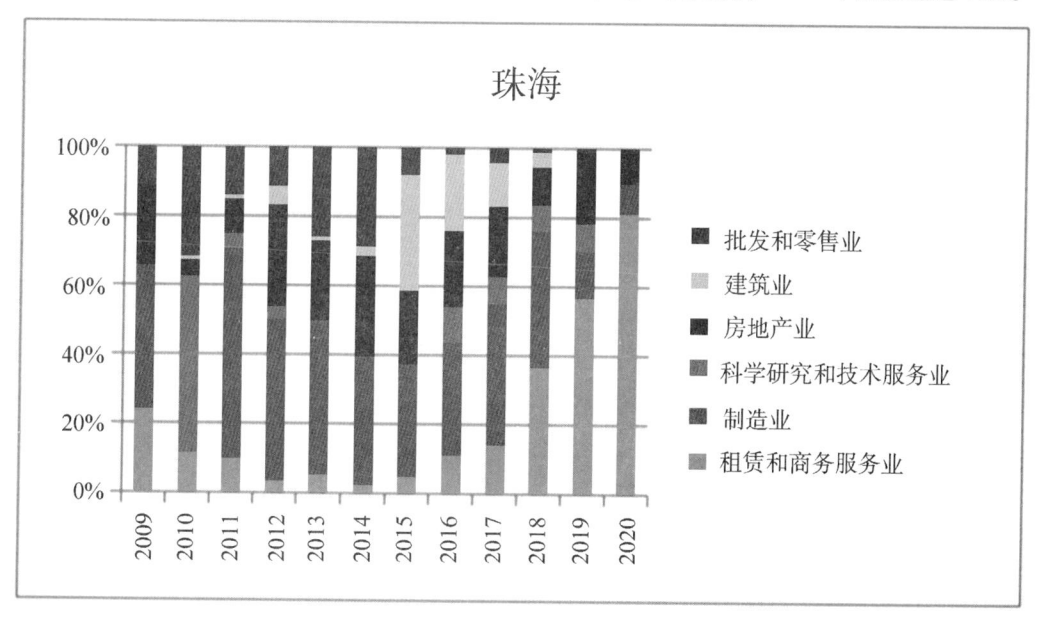

图 3-11　2009—2020 年珠海市实际外商直接投资额流向的主要行业占比（%）

通过对深圳市和珠海市外商直接投资流入的主要行业进行分析后，我们可以看出两市设立自贸试验区后，外商直接投资逐渐流向租赁和商务服务业。

2.外商直接投资的产业结构变化

图3-12显示了2009年—2021年上海市外商直接投资额流入的不同产业比重。2009年—2021年上海市吸引外商直接投资额流入中第三产业所占比重极高，平均值约为85%，2013年以后第二产业所占比重平均水平为10%左右。流向第三产业的比重有所上升，特别是2014年所占比例达到90%，其后有略微下降，但总体呈现上升趋势，相比于2009年—2012年的平均值80%，2013年—2021年的平均值达90%，提高了10%。相对而言，第二产业比重的波动幅度较大，特别是2014年，相较于2013年下降了9%，2009年—2012年所占比重达20%，而2013年—2021年所占比重下降为10%。这一数据表明上海自贸试验区的设立对上海市引导外商直接投资流入第三产业有极大的推动作用。

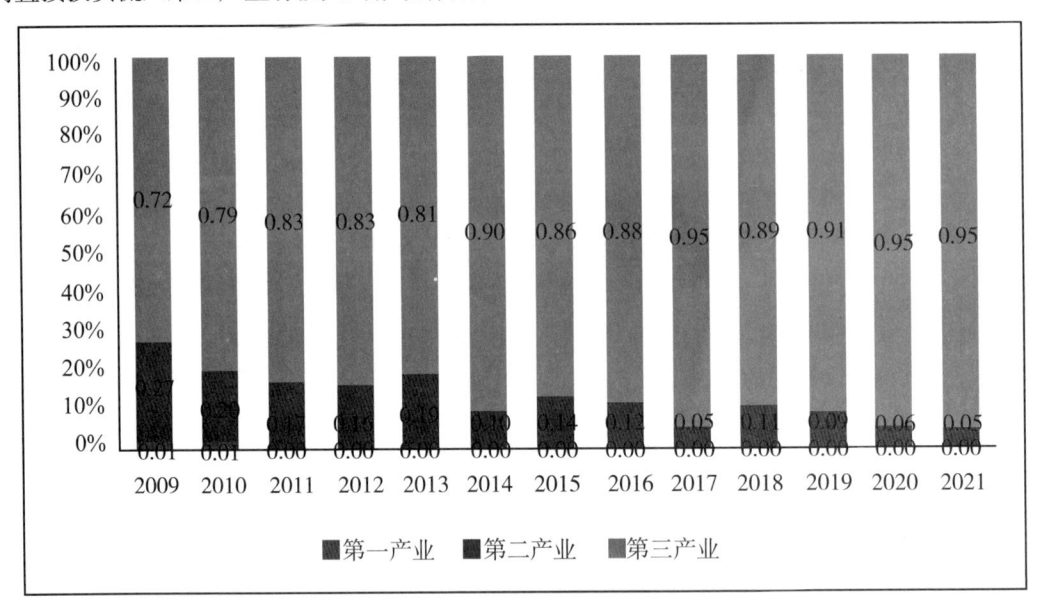

图3-12　2009—2021年上海市外商直接投资额流入的不同产业比重（%）

图3-13，2009年—2020年厦门市吸引外商直接投资流入中，第二产业和第三产业均占有较高比重，平均值分别为47%和53%，2011年以后第一产业比重趋于0。2015年厦门自贸试验区成立后，流向第二产业的比重有所增长，于2018年超过50%，达到54%，之后两年有所下降。相对而言，流向第三产业的比重在2015年—2018年有所下降，2019年—2020年开始上升，相较于2009年—2014年的平均值50%，2015年—2020年的平均值达56%，提高了6%。

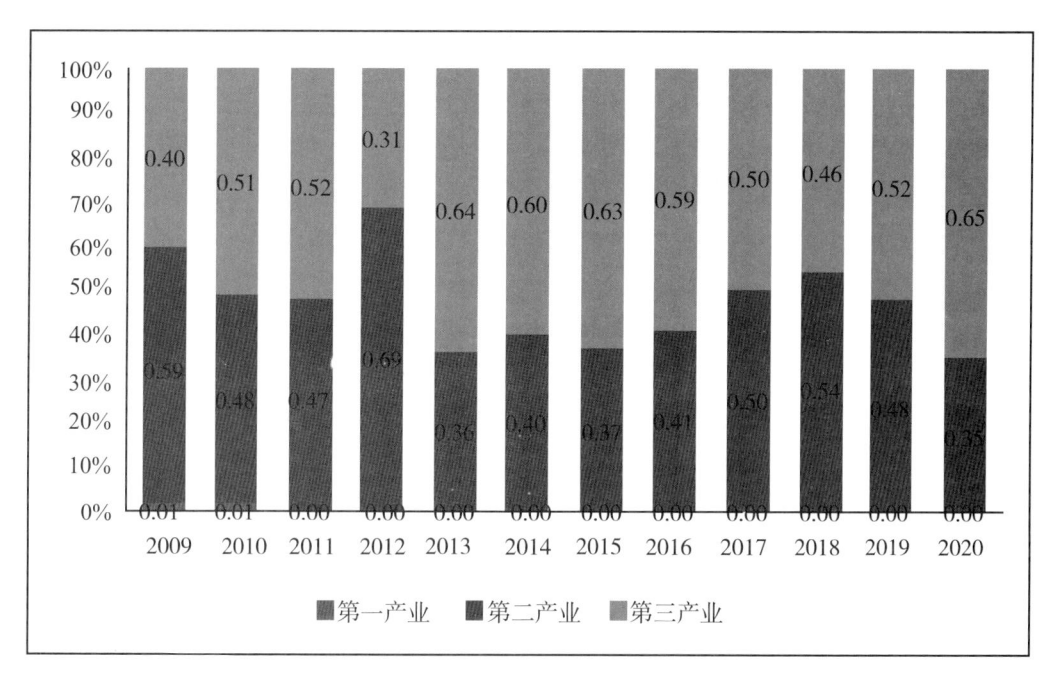

图 3-13 2009—2020 年厦门市外商直接投资额流入的不同产业比重（%）

第四章　新时期企业创新与国际贸易发展

第一节　新时期国际贸易形式分析

一、国际贸易概念和衡量指标

国际贸易是指商品和服务通过跨越国境而进行的交易，世界各个国家（或地区）的商品和劳务在不同国家之间进行交换，因此，国际贸易是各国（或地区）在国际分工的基础上建立起来的相互联系，能反映出世界各国（或地区）在经济上形成的相互依赖的关系，并且国际贸易由各国的对外贸易总和所构成。按照商品移动的方向国际贸易一般由进口贸易和出口贸易所组成，因此其也被称为世界贸易。

国际贸易对于调节国内生产要素的利用率、改善国际的供求关系、调整经济结构及增加财政收入等都具有深远的影响。从一个国家的角度看国际贸易可以称之为对外贸易。国际贸易按商品移动的方向从更全面的定义上来说可以分为进口贸易、出口贸易和过境贸易。如果是将其他国家的商品或服务引进本国市场进行销售，这样的贸易活动称为进口贸易；如果是将该国的商品或服务输出到其他国家市场进行销售，这样的贸易活动称为出口贸易；如果是甲国的商品只有经过丙国境内才能被运到乙国市场进行销售，对丙国而言这样的贸易活动称为过境贸易。进口贸易和出口贸易的区别直接体现在每笔交易的对象是买方还是卖方。对于卖方而言所从事的是出口贸易，而对于买方而言所从事的就是进口贸易。在进口贸易和出口贸易中还涉及复进口和复出口的现象。复进口是指输出国外的商品再输入该国，而复出口是指输入该国的商品再输出。国际贸易按商品的形态分类可分为有形贸易和无形贸易。若进出口是以实物形态的商品进行的，则是有形贸易。若进出口是以没有实物形态的技术和服务进行的，则是无形贸易。国际贸易还可分为直接贸易、间接贸易和转口贸易，这种分类方式是按照生产国和消费国的贸易关系是否包含第三国参与所划分的。如果商品生产国和商品消费国的贸易关系中不包含任何第三个国家，则这种贸易方式被称为直接贸易，具体表现为商品生产国与商品消费国不通过第三国进行商品买卖，买卖关系分为直接进口和直接出口。如果商品生产国和商品消费国的贸易关系中包含第三个国家，则这种贸易方式被称为间接贸易或转口贸易，具体表现为商品生产国与商品消费国通过第三国进行商品买卖。间接贸易中的生产国被称为间接出口国，消费国被称为间接进口国，而第三国则是转口贸易国，第三国所从事的贸易活动就是转口贸易。国际贸易按贸易内容可分为服务贸易、加工贸易、商品贸易和一般贸易。

国际贸易按贸易参加国的数量分类可分为双边贸易和多边贸易。若贸易的参与主体是两国，且通过两国之间的贸易协议在双边结算的基础上进行的，这样的贸易称之为双边贸易。双边贸易多实行于有外汇管制的国家，而且双方各以一方的出口支付从另一方进口。由此可见，双边贸易也就是两个国家之间的贸易往来。若贸易的参与主体是三个或三个以上的国家，且贸易是在各个国家通过协议在多边结算的基础上进行的，这样的贸易称为多边贸易，抑或称为多角贸易。在当前的经济全球化背景下，各个国家之间的贸易通常表现为多边贸易。而且，在全球价值链时代，这种贸易形式尤其突出。

国际贸易的衡量通常有很多指标，最常用到的统计指标有：贸易额和贸易量、贸易强度、贸易差额、对外贸易依存度、国际贸易条件和贸易的商品结构等。

（一）贸易额和贸易量

贸易额是用本国货币或者国际上通用的货币以当前价格（现价）表示的贸易金额，是一个国家在一定时期内进口额与出口额的总和。联合国发布的世界各国对外贸易额是以美元表示的，中国海关总署公布的海关数据也是以美元表示的，在世界投入产出表公布的数据既有用本国货币表示的，也有用美元表示的。贸易量是剔除了价格变动影响因素之后，用固定年份为基期而确定的价格指数去除报告期的贸易额，从而得到以不变价格统计的贸易额的实际值，可以准确反映国际贸易或一国对外贸易的实际数量。因此，不同时期用贸易量表示的贸易规模可以进行比较。贸易量可分为国际贸易量和对外贸易量及出口贸易量和进口贸易量。

（二）贸易强度

贸易强度一般分为出口强度和进口强度。出口强度是指一个国家在一定时期内（通常为一年）出口额占工业总产值的比重；进口强度是指一个国家在一定时期内（通常为一年）进口额与工业总产值之间的比重。

（三）贸易差额

贸易差额是指一个国家在一定时期内（通常为一年）出口总额与进口总额之间的差额。根据差额是否大于零、小于零或等于零，可分为贸易顺差、贸易逆差和贸易平衡三种。若在一定时期内出口额大于进口额则为贸易顺差；若在一定时期内出口额小于进口额则为贸易逆差；若出口额与进口额相等则为贸易平衡。贸易顺差、逆差和平衡对经济增长和就业产生不同的影响。一般认为，一定程度的贸易顺差可以推进经济增长、增加就业。但是，大量的顺差往往会导致贸易纠纷。

（四）对外贸易依存度

对外贸易依存度衡量一个国家（或地区）国民经济外向程度的大小，是一国经济依赖于对外贸易的程度，还可以在一定程度上反映一国经济发展水平及参与国际经济的程度。该指标的测算是用一国对外贸易额（出口额与进口额之和）与该国国民收入或国民生产总值之比来表示，比值的大小可以反映出一国对外贸易在国民经济中所处的地位的变化。对外贸易依存度可以分为出口依存度和进口依存度。出口依存度反映的是一国出口总额在该国国民收入或国民生产总值中所占的比重；进口依存度反映的是一国进口总额在该国国民收入或国民生产总值中所占的比重。

（五）国际贸易条件

国际贸易条件是出口商品价格与进口商品价格之间的相对大小关系，表示出口一单位的商品能换回多少单位的进口品，因此又被称为进口比价或者交换比价。若出口一单位的商品换回的进口商品越多时，说明国际贸易条件越有利；反之，若出口一单位的商品换回的进口商品越少时，说明国际贸易条件越不利。贸易条件在不同时期的变化可以用贸易条件指数来衡量，该指数可以反映出不同时期贸易条件的变化，使得贸易条件在不同时期具有可比性。具体的计算方法是报告期的出口价格指数与进口价格指数作比，再乘以100（假定基期的贸易条件指数为100）。若报告期的贸易条件指数大于100，则表明报告期的国际贸易条件较基期有所改善；反之，若报告期的贸易条件指数小于100，则表明报告期的国际贸易条件较基期有所恶化。

（六）贸易的商品结构

贸易的商品结构表示不同商品的贸易额占贸易总额的比重。对贸易产品的分类一般有两种分类方法，一种方法是按照联合国秘书处公布的《国际贸易标准分类》（SITC），把有形商品分为初级产品、制成品和其他商品。该方法将贸易产品用0~9的数字进行区分，其中0~4的产品属于初级产品，5~8的产品属于制成品，9表示剩余的其他产品。另一种方法是将商品按照生产所投入的生产要素进行分类，具体可分为劳动密集型产品、资本密集型产品和技术密集型产品等。一般认为，劳动密集型行业生产劳动密集型产品，资本密集型行业生产资本密集型产品，而技术密集型行业生产技术密集型产品。

二、新时期国际贸易的作用与意义

（一）推动国家和企业的科技创新

对于新形势下的国际贸易而言，企业不但要强化经济贸易水平，还应该推动科技创新。推动科技创新主要有2点原因：第一，现今同行业之间的竞争日益加大及市场行情比较复杂；第二，由于国际贸易交流越来越频繁，促进了科技的创新。因此，在新形势下，企业应该把握好这一机遇，借助先进的科技力量，加强自身的科技研发，提高生产的质量、效率及水平，从而提高商品的国际竞争力。

（二）经济转型的必然要求

国家经济的发展并不是静止不动的，而是一个不断变化、持续更替的过程，并且需要借助于其他力量，如政治、科技、政策等。长时间以来，我国都是扮演着"世界工厂"的角色，为部分西方发达国家从事对外贸易的企业进行代工，从本质上而言，这种代工的经济类型是一种"经济剥削"，虽然在一定程度上可以解决我国的就业，促进经济发展，但是，长此以往，会极大地影响我国的经济质量和发展水平的提高和改善。我国企业应该充分学习和借鉴西方发达国家的先进技术和经验，实现自身的发展，不断提高企业自身的科技水平，从而提高企业的竞争力。因此，从某种程度而言，国际贸易可以间接性促进我国经济的转型升级，借助于国际贸易，一方面让其为企业提供广阔的外部市场，另一方面为企业提供更加先进的技术。

（三）提高企业的市场竞争力

国际贸易水平的高低并不仅仅代表某些国家的经济实力处于优势或劣势，从某种程度而言,还可以提高国家的经济总量,促进企业甚至整个行业的发展,甚至可以重新划分整个国际分工格局。在新形势下,各个国家之间的贸易壁垒已经被打破,不同国家的企业进入了一个巨大的国际市场之中,企业之间的竞争变得日益激烈,在这种背景下,企业不能再沿用传统的发展模式,更不能"闭门造车",而是要开始进行优化升级、战略转型及采用先进的管理模式,从而提升企业的国际竞争力,做好充足的准备去迎接国际贸易的"暴风骤雨"。因此,国际贸易可以让企业树立良好的竞争意识,不但可以提高企业的效益,而且还可以有效地促进整个行业的发展。与此同时,企业具有良好的竞争意识还可以对市场经济起到一定的规范作用,不断推动企业和行业的发展。

三、新时期国际贸易的发展趋势

(一)全球化

目前,全球化是新形势下国际贸易的主旋律,在这一背景下,世界各国都希望可以采用合作及交流的方式,加深了解,互通互信,涉足其他国家的市场,减少成本,以获取更多更好的利益,从而促进本国经济的发展。当前,这种方式在世界范围内十分流行,大部分的跨国企业都采取这种手段。对于本土企业而言,与其他国家的企业进行贸易往来是一个非常难得的机会,不但可以提高企业的管理和生产质量及竞争力,而且可以实现互惠互利。随着全球化的进程不断加深,企业之间的竞争会日益加剧,面临的压力会越来越大,迎接的挑战和困难也会越来越多,企业要想在新形势下继续开展国际贸易,一定不能故步自封,必须立足于实际,重视创新,积极迎接各种挑战,充分分析和掌握市场规律,并且牢牢抓住市场机遇,从而促进企业的可持续发展。

(二)多元化

经济的发展是一个不断前进和运动的过程。随着经济全球化持续深入,世界各国都在竭力发展经济,常规的贸易模式很难在新形势下适用,因此,国际贸易必将朝着多元化的趋势发展。与此同时,时代的不断发展和变化,在一定程度上改变了国际贸易的形式,使其变得越来越多样,而且科技的日新月异,极大地拓展了更多的贸易渠道,实现了国际贸易的多元化发展。在这一发展趋势和背景下,企业的成本持续降低,使得企业的竞争力不断增强,企业必须采取积极的应对策略,夯实自身实力,在国际贸易中崭露头角,实现企业的长远和稳定发展。

(三)科技化

随着科技的不断发展,人工智能、5G技术、大数据等技术发展迅速,其在国际贸易中的作用越来越明显,科技化已经成为国际贸易发展的必然趋势。科技化在国际贸易中具有十分重要的作用,主要有以下2点:第一,世界各国之间的国际贸易,可以让科技实现无国界交流,对于提高自身的科技水平具有十分重要的作用和意义;第二,从某种程度上而言,科技水平高低直接决定了企业在国际贸易中的话语权,从而影响了企业的经济效益和发展。因此,从目前的趋势来看,企业之间的竞争主要体现在科技水平,同时科技水平也影响了世界各国在国际贸易中的地位。为了更好地进行国际贸易活动,国家有关部门和企业必须增强科研实力,重视基础研究和理论创新,不断提高企业的科技水平及产品的质量,这样才可能在国际贸易中立于不败之地。

（四）自由化

目前，国际贸易的秩序比较稳定，但是经济的快速发展，必然会打破这种平衡，进而实现贸易的自由化。这种自由化的贸易可以根据不同国家的实际情况，对世界范围内的各种资源进行合理配置，进而可以满足各个国家的自身需求，从而不断提高企业的效益。从某种程度上而言，国际贸易的自由化会使其出现短暂的混乱局面，但是，从长远发展来看，自由贸易可以提高企业的综合实力和竞争力。当然，国际贸易的自由化给很多缺乏核心技术的中小微企业带来了巨大的威胁和压力。因此，仍然需要加大科研投入的力度，拥有更多的核心技术，不断提高市场竞争力，从而更好地适应自由化的国际贸易。

（五）区域化

在新形势下，为了确保自身可以获得最多的利益及在国际贸易中占有一定的优势，世界上的很多国家都加入了区域性经济合作组织，从而实现合作共赢。近些年以来，国际贸易呈现出区域化的发展趋势，首先，区域经济合作在一定程度上可以提高成员国的抗风险能力；其次，区域经济合作可以有效缓解国际贸易化带来的竞争压力；最后，区域经济合作实际上是在国际贸易合作难以获得较好经济效益时的一种变通办法。自从WTO成立之后，全球每年最少成立15个区域经济合作组织，如非洲贸易联盟、黑海经济合作区、上海合作组织、欧洲联盟、北美自由贸易区、亚太经济合作组织等。将来，区域化将会是新形势下国际贸易的一大趋势，也是区域内的各个成员国开展国际贸易的体现，不仅可以促进成员国的经济发展，而且也可以推动世界经济的良性发展。

四、新时期国际贸易的形式

（一）产业间贸易

产业间贸易（Inter-industry Trade）是产业间国际贸易的简称，是指一个国家或地区，在一段时间内，同一产业部门产品只出口或只进口的现象。产业间贸易中，同一产业产品基本上是单向流动的。

1. 产业间贸易的定义

产业间贸易中，同一产业产品基本上是单向流动的，包括发达国家第二产业和发展中国家第一产业之间的贸易及工业国之间不同工业部门之间的贸易，其形成基础是产业之间的分工，由于各国在各种产品的生产上有自己的成本优势，从而形成价格优势，这就构成了各国产业间分工与贸易的基础，而这种优势源于自然禀赋或技术的差异。

2. 产业间贸易的特点

（1）不存在规格、型号、质量的差异，消费者在产品同质的条件下不存在偏好差异。

（2）产业间贸易中的各个产业不存在规模经济。

（3）产业间贸易的原因是比较优势，适用的基础理论是传统的国际分工与贸易理论。

（二）产业内贸易

产业内贸易是一国对同类产品既有进口又有出口，或者说国际贸易双方交换的是同一产业所生产的产品的贸易行为。同类产品，指可以相互替代的产品，有同质、异质之分。同质产品，指性质完全一致，因而能够完全相互替代的产品；异质产品，指不能完全相互替代的产品，其差异可能体现在品牌、款式、性能或售后服务等方面。

1. 产业内贸易的概念

在产业间贸易（Inter-industry Trade）中，同一产业产品基本上是单向流动，即要么进口，要么出口；而产业内贸易是双向流动的，因此产业内贸易又叫双向贸易（Two-way Trade）。产业间贸易是不同产业间产品的贸易，如一国生产的工业品和另外国家生产的农产品进行交易，而产业内贸易则主要是工业产品中的某一类产品间的贸易。

传统的产业间贸易，一般是通过分别处于不同国家的独立厂商交易来完成，而产业内贸易则通过内部和外部两个市场来实现。

当前，跨国公司的兴起和快速发展，使国际贸易的很大一部分贸易是在跨国公司的子公司和子公司、子公司和母公司之间进行的。这种跨国公司利用特殊优势所形成的内部化交易机制被称为内部市场。与此相对应的买卖双方独立进行交易所形成的市场被称为外部市场。由此，产业内贸易可以更精确地表述为：同一产业内的产品，主要是制成品通过外部市场与内部市场在不同的国家或地区间的双向流动。

2. 特点形成

（1）产业内贸易的理论特征

与产业间贸易相比，产业内贸易在内容上与其存在着极大的差异。

产业内贸易的产品流向是双向性的，即在同一产业内，产品在发生进口贸易的同时也会发生出口贸易。

产业内贸易的产品具有多样化的特点，这些产品中，既有劳动密集型产品也有资本密集型产品；既有标准技术产品，也有高技术产品。

虽然产业内贸易的产品具有多样性的特点，但这些产品必须具备两个条件才能进行产业内贸易，一是在消费上能够相互替代，二是在生产中需要相近或相似的生产要素的投入。

（2）现代产业内贸易的形成条件

运输、信息、管理等手段的现代化，使以往的分工和协作有可能跨越国界形成产业内国际分工和协作。

发达国家与发展中国家产业内贸易的发展具备了现实性条件，即生产的标准化、柔性制造系统的出现和发展，使得工厂的自动化设备不仅适用于发达国家的大型工业项目，而且可以生产适用于发展中国家的中小型项目，从而使技术和设备向发展中国家和地区转移具有了可能。

产业内贸易的发展主要是集中在新产品和制成品的产业，而科技革命的发展，使世界市场的容量迅速扩大，商品的数量和种类不断增加，新产品不断涌现、制成品比重不断上升。

世界各国农业长期相对下降，发达工业国家的自给率不断上升，这使得传统的农业和工业国的分工及初级产品和制成品之间的产业间贸易日益减弱，制成品的产业内贸易越来越为人们所重视。

发达国家的产业结构中"新兴产业"和"衰退产业"的差异日趋明显，由此带来的产业结构的调整和变革为产业内贸易的发展提供了广阔的前景。

(三)产品内贸易

产品内贸易是指生产产品的中间投入的贸易。与传统的产品间分工相比,产品内分工是一种更为细致的分工,也更有利于各国比较优势的发挥,因此对各国的经济发展具有重要的意义。

产品内贸易的应用因素有二:第一,总体因素包括经济规模、产业结构、产品的生命周期、跨国公司的规模、贸易障碍程度、运输成本、国际原物料价格变化等;第二,个体因素则包括资源禀赋、技术水准、产品差异化、人力资本等。

第二节 依靠创新驱动提高企业竞争力

一、创新驱动的内涵

实施创新驱动,突出科技创新,注重于发挥科技第一生产力和人才第一资源的功能作用,以发展高新技术产业、优化产业结构支撑经济发展方式转变,这一战略选择意义重大。实施创新驱动,有利于抓住科技革命的机遇,提高我国的国际竞争力。随着科技革命和产业革命的推进,高新技术和新兴产业大量涌现,其推动着世界经济格局的变化,创新驱动将是国际竞争和世界经济发展的必然趋势。通过创新驱动,增强我国的自主创新能力,从而提升我国的国际竞争力。实施创新驱动,有利于我国经济结构的转型升级,实现可持续发展。当前我国传统粗放的经济发展方式越来越不能适应时代发展的要求,面临着经济结构转型的巨大挑战。实施创新驱动发展战略,不仅有利于我国增强自主创新能力,还将推动经济发展方式的重大转变和经济结构的转型升级,真正实现可持续发展。

(一)创新、创新驱动、创新驱动发展

1.创新的内涵

不同专业领域对创新的定义有所不同。从词义上看创新,比较权威的是《现代汉语词典》的解释,《现代汉语词典》中的创新是"抛开旧的,创造新的"。创新是以新思维、新发明和新描述为特征的一种概念化过程,其有三层含义:第一,更新;第二,创造新的东西;第三,改变。从哲学角度,创新的思想最早可以追溯到1605年,弗兰西斯·培根提出"知识就是力量"的著名格言,并在《新大西岛》中表述了"人——知识——自然"的互动过程,即人类通过知识了解并改变自然。斯密在道德情操论中认为人具有发明创造的爱好,爱好秩序和创造美的本性促使利己的人们通过建立和改善制度促进公共福利,并为改善自身的状态而促进了经济、政治、科技、文化领域的巨大进步。这段时期经济学尚未被当作单独的学科进行研究,而包含于哲学、社会学等其他学科中。

经济学意义上的创新最早、最有影响力的应该是熊彼特意义的创新。约瑟夫·熊彼特在其著作《经济发展理论》中首次以动态的视角提出"创新",认为创新是生产函数的变动、是对现有资源的重新组合,包括五种情况:第一,新产品或产品新特性;第二,新生产方式;第

三,新市场;第四,新供应来源;第五,新组织方式。总结熊彼特意义的创新,其表述共包含三层含义:其一,创新是一个经济学概念,创新活动本身是实现价值增值的过程;其二,无论是新的生产要素还是要素的新组合,关键一环是要将其引入生产体系;其三,与传统经济发展理论相比,除了技术、市场、商业模式等影响因素外,制度设计对经济发展至关重要。

在熊彼特确立了经济学意义上的创新理论之后,以他定义的创新的内涵为原点,越来越多的学者开始对创新进行深入研究。在众多的研究中大致可以分为两个方向,一是侧重新产品、新工艺创新研究的技术创新,主要强调了熊彼特创新含义中的新产品、新生产方式、原材料供应的新来源等。二是侧重体制机制创新和组织变革,主要研究了制度因素如何促进技术创新,技术创新又如何通过增加经济效益反作用于制度建设,强化了熊彼特创新含义中创新可以通过创造新的企业组织形式来实现的观点。

2. 创新驱动的内涵

创新驱动主要指迈克尔·波特意义的创新驱动。迈克尔·波特认为创新驱动是经济发展经历的四个阶段之一,这四个阶段分别是要素驱动、投资驱动、创新驱动、财富驱动,四个阶段的主要区别在于经济发展所需的生产要素不同。每个国家或经济体在发展过程中一定或顺序或交叉并行地经历各个发展阶段。顺序发展指国家或经济体的发展依次经历要素、投资、创新或财富驱动四个阶段,交叉发展指国家或经济体的发展可能同时由多个要素驱动,比如国家或经济体可能同时处于投资驱动和创新驱动发展阶段。在实践中四个发展阶段并不能十分清晰地区分,但是四个发展阶段的主要驱动力明显不同,要素驱动发展阶段的主要动力是劳动力和自然资源,投资驱动发展阶段的主要动力是投资,创新驱动发展阶段的主要动力是创新,财富驱动发展阶段的主要动力是财富资本投入,投资驱动与财富驱动发展阶段虽然都是资本投入,但资本流入的方向完全不同,投资驱动发展阶段资本主要流入实体经济,财富驱动发展阶段资本主要流入金融等财富型产业。波特认为前三个发展阶段经济逐渐走向繁荣,在财富驱动发展阶段经济出现转折,可能开始呈现衰退趋势。

早在1990年我国就有学者研究创新驱动,但当时并不是主流,2008年金融危机之后,国内有关创新驱动的研究开始逐渐升温,特别是2012年党的十八大召开后,创新驱动发展战略上升为国家战略,相关研究文献开始快速增长。此后,学界、政界、企业界就创新驱动发展逐渐达成共识,研究创新驱动的文献也逐年上升。目前国内已有10366篇相关文献(王牧天,2017)。我国在经济发展很长一段时间内,资本、劳动力、土地等做为生产要素,取得了一定的成效。但是经济越是发展,对生产要素的质量需求越高,依靠高消耗、高污染、高投入的粗放发展方式已不能满足新的需求,甚至会阻碍经济发展。因此,创新驱动替代要素驱动、投资驱动成为必然。发达国家经济发展已经进入创新驱动阶段,近年来我国创新能力快速提升,正在向这个阶段进军。比较国内外创新驱动内涵还是有较大差别的,在国外发达国家创新驱动中的创新主要指技术创新,因为发达国家的市场经济制度相对完善,然而,对于我国及广大发展中国家来说,由于市场制度不够完善,创新驱动中制度创新应该具有和技术创新同等甚至更重要的分量。从中国改革开放40多年的实践来看,制度创新所迸发出来的驱动经济快速发展的效果更为显著。以价格决定机制为例,改革开放后,我国逐步引入市场机制,通过制度创新不断强化市场配置资源的作用,由发挥基础性作用起到决定性作用,可以确定制度创新在促进经济发展过程中起到了巨大作用，这一作用是我国取得经济长期高速增长、社会长期稳定两大奇迹的关键。对于像我国一样的转型国家而言，不断完善制度设计，不断推进制度创新，对实现经济持续健康发展和社会和谐稳定具有重大意义。因此，本文特别强调，制度创新做为创新驱动经济增长的主要动力之一，在发展中国家居于核心地位，是和技术创新为代表的直接生产力环节创新驱动并驾齐驱的创新方式，甚至在特定发展阶段比技术创新还要重要。

3.创新驱动发展的内涵

创新驱动发展就是经济发展的驱动力由传统要素转变为创新要素，是经济发展方式的颠覆性改变，由依靠资源、劳动力、土地等要素转变为依靠知识、技术、信息、数据等创新要素。张来武（2013）认为"创新驱动发展是"以人为本"的发展，创新驱动发展是为了人的发展，创新驱动发展是打造"先发优势"的发展。创新驱动发展是由企业家驱动的发展。洪银兴（2013）发现实施创新驱动的发展战略是个系统工程，既涉及知识创新，又涉及技术创新，既涉及经济发展方式的根本性转变，也涉及相应的经济体制的重大改革。既要发挥市场的调节作用，又要政府的积极介入。需要各个系统形成合力，促进创新资源高效配置和转化集成，把全社会的智慧和力量凝聚到创新发展上来。

发展问题是包括中国在内的所有发展中国家共同的目标和任务。为了赶上发达国家我国围绕发展问题先后提出了科教兴国战略、可持续发展战略、创新驱动发展战略等一系列发展战略，这些发展战略都是党中央为了加快发展，为了全面深化改革，全面建成小康社会而提出的发展战略。2015年出台的《中共中央国务院关于深化体制机制改革加快实施创新驱动发展战略的若干意见》中特别强调，加快实施创新驱动发展战略，就是要使市场在资源配置中起决定性作用和更好发挥政府作用，破除一切制约创新的思想障碍和制度藩篱，激发全社会创新活力和创造潜能，提升劳动、信息、知识、技术、管理、资本的效率和效益，强化科技同经济对接、创新成果同产业对接、创新项目同现实生产力对接、研发人员创新劳动同其利益收入对接，增强科技进步对经济发展的贡献度，营造大众创业、万众创新的政策环境和制度环境。我国创新驱动发展战略的内涵要把握以下几点：一是尽快突破关键核心技术受制于人的不利局面。二是各类创新协同发展、相互配合，共同促进经济社会发展。三是更加重视体制机制的持续创新。

（二）创新驱动发展理论

创新驱动发展理论是关于经济发展的先进理论，可以从政府政策和学术研究两个方面来加以总结。从政府政策角度和重要领导人讲话看，创新驱动发展理论以《国家创新驱动发展战略纲要》为代表，指出创新驱动发展就是使创新成为经济发展的第一动力，包括科技、制度、管理、商业模式、业态和文化等多方面创新的结合，推动经济发展方式转向依靠知识、技术与劳动力素质提升，使经济形态更高级、分工更精细、结构更合理。学术研究领域关于创新驱动发展理论的阐述可总结为三个方面：第一，创新驱动发展将创新做为经济发展的主要动力；第二，创新驱动发展依靠知识、信息等创新要素投入打造经济发展优势；第三，创新驱动发展的目标是实现内生的可持续的经济发展。创新驱动发展的本质就是以科技创新为核心的全面创新成为发展的主要动力，使经济社会全面协调可持续发展和综合国力不断提升。（郭英远，2018）

创新驱动发展通过技术、知识、信息、数据等要素的引入突破资源要素瓶颈。依靠传统生产要素的投入可以发展经济,但传统生产要素劳动力、土地、资本等总量有限,且具有边际报酬递减的特点,这就决定了靠要素驱动、投资驱动发展经济不具备长远可持续性。长期看任何一个国家或地区要保持经济的可持续发展必须依靠创新驱动。创新驱动发展主要依靠创新要素驱动经济发展,技术、知识、信息、数据等创新要素具有循环递增效用,可以有效地突破传统资源要素瓶颈,实现经济的可持续发展。技术、知识、信息、数据要素投入促进经济发展,经济发展反过来会进一步产生更多的技术、知识、信息、数据,这样技术、知识、信息、数据要素投入和经济发展两者相辅相成,互相促进从而形成持续循环的增长方式。而且,技术、知识、信息、数据要素具有溢出效应,在不同组织、不同区域间可以快速、低成本传播,可以突破区域限制,实现资源最大化利用。

创新驱动发展通过整合各类创新资源实现经济可持续发展。熊彼特关于创新的内涵就是破旧立新,打破均衡状态,对现有生产方式、生产要素进行新的安排,进而创造新产品、新生产方式、新市场、新供应源或新组织结构推动的发展。我国经过多年的创新投入,积累了大量的人才、知识、资本等创新资源,然而我国的创新能力,到目前为止还未达预期,主要原因是各创新资源和创新环节没有形成合力,还处于条块分割、各自为政的尴尬境地。创新驱动发展不仅可以增加创新资源增量,还可以激活创新资源存量,从创意的产生到产品流入市场,创新驱动发展关注创新的全链条,从系统的角度出发,整合与盘活各类创新资源和创新链条的各个环节,实现全面可持续发展。

创新驱动发展通过优化升级传统经济发展动力实现发展动力转换。长期以来,消费、投资、出口被认为是拉动我国经济发展的主要动力,创新驱动发展要转变发展方式,优化经济结构,完善体制机制,不是对传统的抛弃,不是不要消费、不要投资、不要出口。而是把新模式、新技术、新知识融入消费、投资、出口中,用创新引领新的生产方式,使得消费、投资、出口这"三架马车"所装载的内容发生了质的变化。从消费角度来看,创新就是提高产品与服务的吸引力,促进消费以带动经济发展。从投资角度来看,创新驱动发展则是改善投资的质量与方式。从出口角度来看,创新驱动发展依靠知识和技术提高产品科技含量、提升产品在价值链中的位置,实现中高端转型,为世界提供高端化的技术、品牌、质量和服务,重塑出口优势。

(三)制度创新、技术创新与金融创新

创新的形式有很多,不同形式的创新都有自己特定的领域和内容,因此都有存在的必然性,但并不是各种形式的创新都站在一个台阶上,同等重要,就当前我国所处发展阶段来讲,制度创新具有根本性,它决定着其他各类创新的走向和成效。本文重点阐释制度创新、技术创新和金融创新。

1. 制度创新

制度创新主要涉及社会政治、体制机制、经济管理等方面的制度变革,是社会关系的变更和深层次的人与人关系、人与社会关系的调整。调整的结果就是激发企业的创造性,激发人的潜力,更好地服务于社会,使得资源可以高效使用,个人可以充分发挥自己的才能,最终实现社会的全面进步,人的全面发展。一个地方制度环境良好,本身就说明这个地方创新能力较

强，其中创新型政府起到很大作用，政府创新做得好，才会让整个社会的创新氛围浓厚，才会有更好的技术涌现、更好的创新文化。目前我国高质量发展面临的很多体制、机制、法律、规则等问题，都需要各级政府以更大的决心，更有力的举措推进制度创新，政府是公共服务的最大提供者，政府转型在一定程度上就是制度创新，政府通过制度创新提供更为优质的服务，让企业能够专心生产，让人民能够安心工作。制度创新虽然不仅限于政府层面，但政府层面的创新是我国制度创新的根本，未来制度创新的关键是要进一步优化政府和市场的关系，多举措推动政府不缺位、不越位，一方面让市场在资源配置中起决定性作用，另一方面更好地发挥政府作用，让政府和市场相辅相成、相互促进，为中小企业提供一个更为优质的发展环境，从而激发民间投资积极性、主动性，激发个人创造性。

2. 技术创新

技术创新重点指生产技术，包括新技术开发和对已有技术进行创新应用两个方面。深刻理解技术创新要区分几个相互紧密联系又有较大区别的概念，首先科技创新与技术创新，科技包括科学和技术，科学是技术的源头，技术创新是建立在科学新发现基础上的，因此科技创新包括技术创新，但不限于技术创新。二是技术创新和产品创新。技术创新往往带来产品创新，但也未必一定有产品创新，产品创新可以有技术创新的支撑，也可以脱离技术创新而单独存在，因此技术创新和产品创新有联系但又有区别。总体来说，不同的产品可以采用相同的技术，不同的技术也可以生产相同的产品，技术创新相对于产品创新更加强调内在的变化，产品创新则更加注重外在和设计，产品创新可能因技术变化而来，也可能是基于商业设计变化而来。技术创新可能仅仅改变生产产品的工艺流程而提高效率、降低消耗，不改变产品本身。但是多数情况下，产生新技术往往伴随着新产品的开发，因为新产品的产生往往需要新技术的支撑。当下技术创新越来越成为一个企业、一个国家竞争力的标志，高新技术成为各大企业、各个国家争夺的新高地。

3. 金融创新

金融创新就是变更金融产品、金融工具及金融管理制度来获取潜在利润的不断持续的过程。金融创新可以有广义和狭义之分，广义的金融创新包括一切与金融有关的创新，金融制度创新、金融机构创新、金融技术创新、金融业务创新等都包含在内。狭义的金融创新特指金融工具创新和金融服务创新两种形式。我们通常所说的金融创新就是指狭义的金融创新。金融工具创新和金融服务创新时刻都在进行，因为经济大环境时刻在变，金融是经济的血脉，金融要发展就必须服务好现实经济，服务好实体经济。我国金融改革相对于经济发展滞后，金融工具有限，创新不够，是当前金融改革必须解决的问题。信息不对称、中小企业贷款难、贷款贵、直接融资比例低等问题都需要通过金融改革来实现，一定意义上说要通过金融创新来实现。沪港通、深港通的推出，股票发行注册制、北京证券交易所的建立等都是我国金融创新的成果。这些成果的取得一方面说明我国金融创新取得了一定成就，同时也说明我国金融领域还存在不少问题，这些问题的解决不能简单套用发达国家经验，我国是一个社会主义国家，中西方制度差异决定了国外好的金融工具直接搬来，极可能水土不服，因此我国金融创新的原则是以我为主的渐进改革，金融创新必须坚持中国特色社会主义方向，必须结合我国实际，借鉴世界上一切有益的改革举措才能成功。

二、政府在创新驱动中的角色与定位

实施创新驱动发展战略是一个系统工程,需要各方力量的参与和推动。其中,政府做为政策制定者和服务提供者,发挥着重要作用,需要处理好政府与市场的关系。明确政府在创新驱动发展战略中的职能定位,充分发挥政府层面科技创新资源的价值,从科技创新环境、科技创新体制机制改革、新兴产业发展和创新文化培养等方面制定科技创新政策,引导市场科技创新实践。

(一)优化企业创新环境

完善和落实促进科技成果转化,促进科技和金融结合,加强知识产权创造、运用、保护、管理,加强对科技创新活动和科技成果的法律保护,为企业科技创新提供良好环境和有力保障。

(二)深化科技体制改革

着力强化企业技术创新主体地位,建立企业主导产业技术研发创新体制机制,促进技术、人才等创新要素向企业研发机构流动,培育和壮大创新型企业。鼓励产学研开展深度合作,真正使企业成为技术创新决策、研发投入、科研组织、成果转化的主体,推动创新体系协调发展。以全球视野谋划和推动创新,提高原始创新、集成创新和引进消化吸收再创新能力,更加注重协同创新。

(三)提高企业的自主创新能力

大力培育和发展战略性新兴产业,围绕战略性新兴产业需求部署创新链,突破技术瓶颈,掌握核心关键技术。加快新技术新产品新工艺研发应用,加强技术集成和商业模式创新。完善知识创新体系,强化基础研究、前沿技术研究、社会公益技术研究,提高科学研究水平和成果转化能力,抢占科技发展战略制高点。

(四)构建培养创新文化氛围

科技创新非一时之功,需要有创新的文化土壤,营造有利于科技创新的文化氛围,通过"大众创业、万众创新"等多种形式的创新培育活动,逐步破除扼杀创新精神的官本位意识和小农意识,鼓励全社会尊重和支持创新、创业的文化氛围,构建充满活力的创新经济体系,为科技创新提供源源不断的精神动力,激发民族的创业精神。

三、创新驱动与企业竞争力

创新驱动是我国经济发展的必然趋势和持久动力,也是指引我国经济发展的重要战略。创新驱动发展战略的实施必定会推动我国经济、社会的进一步发展,推动改革开放的步伐和进程。企业做为最重要的市场主体,也是重要的创新主体,在当前市场竞争日益激烈的情况下,要求的生存与发展必须依靠自主创新,不断强化企业的创新主体地位,以市场引领创新的方向。

(一)观念创新

思想观念的转变是首要的,观念的陈旧和落后是企业创新的最大障碍。观念创新是企业实现自主创新的前提和基础，具有重要的导向作用。创新需要政府、企业和劳动者个人转变观念，把创新放在企业生存发展的战略高度。一方面，通过建立学习型组织和营造创新文化，鼓励个人和组织自主创新，建立以创新为核心的企业文化，营造自主创新的良好氛围。另一方面，树立以人为本、人才资源是第一资源的观念，重视人才，特别是掌握核心技术的创新人才，建立并培养企业的人才队伍，加大对于人才培养和创新的投入力度。

（二）技术创新

技术创新主要是指以技术为支撑的产品创新、工艺创新、流程创新、材料创新、设备创新等，技术创新对增强企业竞争力的作用是非常显著的。技术创新是企业发展的不竭动力，也是企业保持竞争优势的源泉。科技是第一生产力，在市场瞬息万变的今天，谁掌握了最新科技谁就占据了市场的制高点。企业的发展不能停留在简单的中国制造，依靠人口红利和大规模生产来获取竞争优势，而是需要通过技术创新来重新整合生产要素，实现中国创造。一方面，企业要加大技术研发投入，从产品、工艺、流程、材料等多个方面开展自主创新，加快新技术新产品新工艺研发应用，加强技术集成。另一方面，重视对科研人才的引进和培养，建立行之有效的技术创新激励机制。

（三）管理创新

管理创新是指企业根据现代管理的客观规律，适应形势的变化，运用新的更有效的资源整合范式使管理系统的功能有利于发挥管理要素的作用，以达到企业竞争力和综合效益不断提升的动态过程。它是核心竞争力体系中的一种能力，体现了企业管理能力不断提高和长期不断获利的能力。

首先，企业制度的优化是培育和提升核心竞争力的前提和保障。建立起产权明晰化、企业地位法人化、治理结构规范化、出资者责任有限化、管理制度科学化的现代企业制度是必需的。

其次，重视人力资源在企业中的核心地位，建立健全人力资源的开发和激励机制，提高人力资源利用率和绩效水平。

第三节　新时期企业国际贸易的创新方法

一、国际贸易组织形式的创新——虚拟企业

企业传统的组织面临着很大冲击，以电子商务为基础的组织的职能部门也受到了广泛的关注，带来了活力。虚拟企业是网络化组织结构的典型代表。它没有地区、产业、企业的界限，所有的资源不受任何约束，通过电子手段联系，将其所有有效资源为其实体组织所用，发挥其最大的效用。虚拟企业的界定是模糊的，没有一个严格的概念。它是将企业与资源有效地匹配，进行不同的组合。虚拟企业的特点决定了传统企业的刚性组织结构不再适应，恰恰相反，与刚性组织架构相反的柔性化的网络做为主导发挥着重要的作用，柔性化的网络把相关能力与

相关资源进行相应的匹配,实现资源的配置最优化。

(一)虚拟企业的定义

关于虚拟组织的内涵学者们从不同的角度进行了阐述,目前对虚拟企业的定义有三个角度:

1. 产品角度

1992年威廉·戴维陶(William H. Davidow)与迈克·马隆(Michael S. Malone)合著的《虚拟企业》(The virtual Corporation)一书中,认为虚拟企业是指具备生产虚拟产品的……经过彻底改造的企业。而虚拟产品是相对传统产品而言的,生产及运输等合成为效益原则,费时短,且可以同时在许多地点提供顾客多样化的选择;给一般人的印象是速度,以致人们很容易忽略另一特点——提供顾客的满足感。相对传统产品,戴维陶称它为"虚拟产品"。"具备生产虚拟产品的……经过彻底改造的企业"称为虚拟企业。显然,这类定义主要是从虚拟企业运行的结果阐述虚拟企业定义的。

2. 信息网络角度

信息网络是虚拟企业运行的技术基础,计算机、网络技术专家从技术角度阐述虚拟企业。组织结构无形化、通过信息网络加以联结的企业组织,称为虚拟企业。网上商店、银行等是虚拟企业的典型形态。波士顿尔菲集团董事长科勒普罗斯曾说:"我们坚信,虚拟组织这个概念,更多是出于技术方面的热情,而不是产生于正确的思维方式。"

3. 运行方式角度

虚拟企业是组织类型之一,可以从组织运行方式角度阐述其定义。普瑞斯、戈德曼、内格尔在《以合作求竞争》一书中指出:虚拟组织是由各种企业单位形成的一种集团,其中人员工作过程都来自这些企业单位,他们彼此紧紧联系,相互影响和作用,为了共同利益而奋斗……虚拟组织工作过程都仍然保持相互独立,互不影响。……现代虚拟组织关系是一种相对较新的组织形式,利用信息技术把人力、资产和思想动态地连接起来,是一种有机的企业网络组织。……虚拟组织是为了迎合明确的时间机遇或预期的时间机遇而产生的。从运行的方式角度定义,虚拟企业就是功能特点专长化、存在形式离散化、运作方式合作化的企业。

另外,虚拟企业的指代对象至今为止仍然是很含混的。虚拟企业指的是通过虚拟关系运作在一起的企业集团,还是该企业集团中的某个企业?在实际运作中,它的指代对象具有二元性。称单个为虚拟企业,而单个实为整体的代称,称整体为虚拟企业时,总是以某单个观察对象的企业名称代称整体。我们称某个企业为虚拟,不排斥把参与运作的"企业集团"也称为虚拟企业,只是作此称呼时,仍以某个企业为观察对象。所以,我们所称的虚拟企业有时是参与运作的个体,有时是参与运作的整体。

(二)虚拟企业的特点

1. 虚拟企业使得传统的企业界限模糊化

虚拟企业不是法律意义上的完整的经济实体,不具备独立的法人资格。一些具有不同资源及优势的企业为了共同的利益或目标走到一起联盟,组成虚拟企业,这些企业可能是供应商,可能是顾客,也可能是同业中的竞争对手。这种新型的企业组织模式打破了传统的企业组织界限，使企业界限变得模糊。

2.虚拟企业具有流动性

灵活性的特点。诸企业出于共同的需要、共同的目标走到一起结盟，一旦合作目的达到，这种联盟便可能宣告结束，虚拟企业便可能消失。因此，虚拟企业可能是临时性的，也可能是长期性的，虚拟企业的参与者也是具有流动性的。虚拟企业正是以这种动态的结构、灵活的方式来适应市场的快速变化。

3.虚拟企业是建立在当今发达的信息网络基础之上的企业合作

在虚拟企业运行中信息共享是关键，而使用现代信息技术和通信手段使得沟通更为便利。采用通用数据进行信息交换，使所有参与的企业都能共享设计、生产及营销的有关信息，从而能够真正协调步调，保证合作各方能够较好合作，从而使虚拟企业集成出较强的竞争优势。

4.虚拟企业在运行过程中运用并行工程而不是串行工程来分解和安排各个参与企业要做的工作

虚拟企业在完成某一项目或任务时，项目或任务按照并行工程的思想被分解为相对独立的工作模块，促使承担分解任务的各方能够充分调动和使用他们的资源而不必担心核心技术或核心知识被泄露，并且各个合作模块可以并行作业，项目或任务的主持者可以利用先进的信息通信手段在其间不断地沟通与协调，从而保证各个工作模块最终的互相衔接。这样既缩短时间，又节约了成本，同时还促进了各参与企业有效地配置自己的资源，以及虚拟企业整体资源的充分利用。

5.虚拟企业一般在技术上占有优势

由于虚拟企业是集合了各参与方的优势，尤其是技术上的优势而形成的，因此在产品或服务的技术开发上更容易形成强大的竞争优势，使其开发的产品或服务在市场上处于领先水平，这一点是任何单个实体企业很难相比的。

6.虚拟企业可以看作是一个企业网络

该企业网络中的每个成员都要贡献一定的资源，供大家共享，而且这个企业网络运行的集合竞争优势和竞争力水平大于各个参与者的竞争优势和竞争力水平的简单相加。虚拟企业的上述特点，决定了虚拟企业具有较强的适应市场能力，各方优势资源集中更催生出极强的竞争优势与竞争力。

（三）虚拟企业的运作平台

1.信息网络

虚拟企业是信息时代的产物，只有充分利用先进的信息技术与设施，虚拟企业才能对顾客需要做出及时的反应。信息时代是信息和知识在社会中扮演主要角色的时代，衡量一个时代是否进入信息时代，通常有五个主要因素：第一，劳动力结构已出现根本性转变，从事信息工作的人员占在业人员总量的50%以上；第二，信息经济占国民经济总产值的50%以上；第三，已经建立起先进的信息网络系统；第四，知识已成为社会发展的巨大资源和主要推动力；第五，社会生活已经信息化。

虚拟企业是准市场企业，兼具中等程度的企业与市场特性，通过大量的双边规则与其他企业发展联系，企业活动在很大范围，甚至全球范围内开展，需要高效快速传递，否则分散化的工作关系无法有效协调。

2. 知识网络

知识是信息的内容，信息是知识的显化。知识指人类对自身、社会及自然的经验、认识、记忆，以及思维方式、技能等，信息是知识的载体，知识通过信息化，才能被传输、商品化、社会化、人类共享。知识网络是指通过信息网络将各具核心能力的企业连接起来，构成"核心能力"网络。虚拟企业既要利用企业内部的知识网络，更要将内部网络与其他虚拟企业的知识网络连接，形成一个全球范围之内的知识网络。知识网络的出现，使传统的创新模式被新的创新模式所取代，通过科学、工程、产品开发、生产、营销之间的反馈环路和边疆的交互作用来创新，这种创新称之为交互创新。创建知识网络的步骤包括：第一，建立知识资料库，收集能与本企业形成能力互补的优秀企业的详细信息；第二，与上述企业建立长期伙伴关系，互相向对方让渡各自核心能力使用的"期权"，形成"契约网络"；第三，通过信息网络将契约网络内的企业连接起来，形成知识网络。

3. 物流网络

工业时代中，物流的承担者包括商品市场与要素市场，其交易成本很高，运作速度也很慢。在商品市场中，一般由商业流通系统承担市场的功能，通过一级批发商、二级批发商……零售商将产品传递到顾客手中，生产企业根据市场需求信息来从事组织生产经营活动，而这些信息首先由零售商从顾客那里得到。再由它向上一级机构传递，一直到生产企业那里。生产企业采取直销模式，也无法从根本上摆脱原来商品流通体系的影响。在每次信息传递中，难免失真、失效，使得物流系统长期在低效率下运转。虚拟企业有效运作是建立在物流网络基础上的，建立程序主要是：第一，根据经济项目选择合作对象，形成暂时起作用的知识网络；第二，根据该经济项目的客户对象主要特征，选择物流的核心企业，将它们纳入准备运转的知识网络；第三，在知识网络内建立契约网络，从而形成物流网络。

4. 契约网络

知识网络、物流网络的形成，都离不开契约网络。虚拟企业既不是单纯企业，又不是单纯市场，而具有"半企业、半市场"的特征。从契约角度研究，虚拟企业是通过大量间续式双边规则的实际形态，形成虚拟企业的"契约网络"。契约网络的建立是在对合作对象的核心能力是否具有互补关系的确认基础上，首先形成骨架性的契约网络即一级网络，然后，在此架构下再由任何一个企业向下继续发展次级契约网络来完成的。契约网络的维护主要不是靠制度规范、再谈判等手段对契约进行适当调整，而是靠彼此之间的真诚信任来维持长期合作关系，否则就难以保证虚拟企业低成本运作的特征。

信息网络、知识网络、物流网络、契约网络四个平台构成了虚拟企业运作的整体平台。知识网络、物流网络的建立以信息网络、契约网络为基础；物流网络、知识网络又使信息网络、契约网络本身具有实际运用价值；契约网络的形成也需借助信息网络。四个网络具有一定的重叠关系，知识网络与信息网络有重叠，契约网络内含在物流网络与知识网络之中。

（四）虚拟企业的管理模式

信息时代管理模式的转变，可以做为构建虚拟企业管理模式的基础。在由工业时代向信息时代转变过程中，管理在结构、控制、权力、交流等方面也将发生巨大的变化。

1. 从例行程序到复杂性的转变

真正对企业利益造成损失的不是过程中的工作，而是过程中的决策。许多良好的构思常常被搁置起来，束之高阁或不屑一顾，当认真考虑这些构思时，为时已晚，同时还常常被市场机会陷阱所困惑。正是这些随意做出的决策耗费了企业的力量、灵感与智慧，其原因就在于技术变革在信息时代已司空见惯，决策往往需要在事实不清楚、相关信息缺乏的时候做出。

2. 从顺序向并行的转变

序列化的生产过程使得人们及各工序相互割裂开来，每一职能部门都有其特定任务，而对其他职能部门运转缺乏正确认识。当通过并行方式平行工作时，一种新的推动力就可产生。这不仅意味着各职能部门同时运转，更重要的是进行协作。传统的组织有一套复杂的操作程序来决定报告渠道、权力层次、部门特权、工作界定和操作。在该结构中，决策来自组织的顶层，而行为在底层，中层管理人员根据高层的意见，指导、监督、控制下层人员。这种严格的等级制度使工作顺序地传递给下一个部门。新技术的发展使得企业更容易并行工作，通过将来自不同职能部门和公司的人员组建成多任务组来处理复杂的市场问题。虚拟企业的运行过程建立在市场上多方主体的参与上，通过专长性资源及信息的共享，延伸了各方的能力及战略意图。合作化否定内部化，它使虚拟企业资源调节能力增强，参与各方没有行政隶属关系，彼此相互独立，自律与协商成为运行中的基本规则。

3. 从命令和控制到集中和协调的转变

严格的等级制具有一种命令——控制结构，其指令来自高层。只有高层人员才具备学识和智慧，下层人员必须在有关高层人员许可下才能从事创造性活动。组织中人的重要程度依赖于他所在的地位，通过接受直接汇报的数量、批准预算的权限、是否接近权力中心而体现出来。我们常常看到这样的情形，高层人员只擅长发号施令，从来不试图提出具有创新思想的建议，主要是由于经常愿意提问题的人往往被认为是无智慧的人，与自己所在的高层位置是不相称的。虚拟企业以任务为导向，在自组织的虚拟工作团队中，任务的频繁变换，知识的专用性程度非常高，必须根据具体项目将领导的职能决策权转移给不同的人。信息时代中，环境的变化、知识更新速度不断加快，任何人都不可能具备长期担任领导所应具备的完全有效的知识，固定领导制无法保证组织的适应性。

4. 从职位权威到知识权威的转变

在严格的等级制中，职位与权威已被公式化：职位越高，权力越大。职位高的领导，不需要倾听下属意见，只需要监视和控制下属。上级给下级交代工作时，都有详细的说明与解释，下级只需接受游戏规则，并不需要创造性。而信息时代要求企业利用跨职能部门、超越企业界限的知识资源取得市场战略的成功，严格的等级制必然会被以任务为中心的团队所代替。在虚拟企业中，个人的知识变得更重要，也更容易获得，而缺乏知识的人，即使有很高职位也无法隐藏在职位后面。通过信息网络，人们很快知道谁拥有知识，谁能够分享知识，拥有知识的人必将成为虚拟企业中的核心人物。职位权威建立在根据职位安排来确定分配方案基础之上，即使知识最少的人也有合理的成功机会。一方面对职员的受教育程度要求很高，另一方面又不可能充分利用其才能；即使上级人员实际上什么都不知道，但往往却被认为什么都知道，不同级别的人之间无法进行良好的沟通与学习。而虚拟企业是建立在知识权威基础上的，管理者必须真诚地对待他人，发现他人真正知道什么，掌握下属的能力、需求、经验。

5. 从不信任和服从到信任和诚实的转变

不信任似乎已根植于严格的等级制中，结构的分散性导致了职能部门之间的相互不信任，部门之间相互抱怨已习以为常。企业再造理论的运用极大地提高了生产力，使企业运行效率发生了根本性变化，打破了企业内部部门间的独立界限，在部门合作的界面上取得了很大的进展，但企业之间的合作总是并没有解决。信息时代，需要企业间的真诚合作，虚拟企业是一种随时的、随机的组织，其合作的价值源于重复与浪费的减少、借助彼此的核心能力、创造新机会三个方面，而合作的价值基础是信任与诚实。

二、国际贸易流通模式的创新——ECR

互联网的快速发展带给消费者选择的余地越来越多，面对花样繁多的商品，其消费的自主意识逐渐增强，对新产品的要求也是水涨船高，个性化需求更加凸显。为了迎合消费者的快速需求变化，在国际贸易流通中衍生了一种新的流通模式，即消费者有效反应（Efficient Consumer Response）简称 ECR，它的出现发生了前所未有的变化，并得到有效推广。它的快、好等特点符合消费者需求。ECR 模式对我国对外贸易的传统模式是一场革命，它有如下优点：

（一）重视采用新技术和新方法

ECR 系统对国际贸易是一场革命，它利用了先进的信息技术手段，在制造商与销售商之间架起了一道桥梁，即自动订货系统（CAO）。该系统的应用从根本上解决了我国对外贸易中的很多问题，尤其是应对新贸易保护主义起到了事半功倍的效果。

（二）建立稳定的伙伴关系

在传统的外贸商品供应链条上，该链条上的各个环节是各自孤立的，没有任何的紧密关联，每一次订货的随机性都很难把握。

三、国际贸易的渠道创新——电子中间商

中间商是指在制造商与消费者之间"专门媒介商品交换"的经济组织或个人。电子中间商就是基于网络（现阶段为 Internet）的提供信息服务中介功能的新型中间商。

（一）电子中间商分类

1. 目录服务

利用 Internet 上的目录化的 Web 站点提供菜单驱动进行搜索，现在这种服务是免费的，将来可能收取一定的费用。现在有三种目录服务，一种是通用目录（如 Yahoo！），可以对各种不同站点进行检索，所包含的站点分类按层次组织在一起；另一种是商业目录（如 Internet 商店目录），提供各种商业 Web 站点的索引，类似于印刷出版的工业指南手册；最后一种是专业

目录，针对某个领域或主题建立 Web 站点。目录服务的收入主要源于为客户提供 Internet 广告服务。

2. 搜索服务

与目录不同，搜索站点（如 Lycos、Infoseek）为用户提供基于关键词的检索服务，站点利用大型数据库分类存储各种站点介绍和页面内容。搜索站点不允许用户直接浏览数据库，但允许用户向数据库添加条目。

3. 虚拟商业街

虚拟商业街（Virtual Malls）是指在一个站点内连接两个或以上的商业站点。虚拟商业街与目录服务的区别是，虚拟商业街定位某一地理位置和某一特定类型的生产者和零售商，在虚拟商业街销售各种商品、提供不同服务。站点的主要收入来源依靠其他商业站点对其的租用。如我国的新浪网 Sina.com 开设的电子商务服务中，就提供网上专卖店店面出租。

4. 网上出版

由于网络信息传输及时而且具有交互性，网络出版 Web 站点可以提供大量有趣和有用的信息给消费者，目前出现的联机报纸、联机杂志属于此类型。由于内容丰富而且基本上免费，此类站点访问量特别大，因此出版商利用站点做 Internet 广告或提供产品目录，并以广告访问次数进行收费，如 ICP 属于此类型。

5. 虚拟零售店（网上商店）

虚拟零售店不同于虚拟商业街，虚拟零售店拥有自己货物清单和直接销售产品给消费者。通常这些虚拟零售店是专业性的，定位于某类产品，它们直接从生产者进货，然后折扣销售给消费者（如 Amazon 网上书店）。目前网上商店主要有三种类型：第一种是电子零售型（e-Tailers），这种网上商店它直接在网上设立网站，网站中提供一类或几类产品的信息供选择购买；第二种是电子拍卖型（e-Auction），这种网上商店提供商品信息，但不确定商品的价格，商品价格通过拍卖形式由会员在网上相互叫价确定，价高者就可以购买该商品；第三种，电子直销型（e-Sale），这类站点是由生产型企业开通的网上直销站点，它绕过传统的中间商环节，直接让最终消费者从网上选择购买。

6. 站点评估

消费者在访问生产者站点时，由于内容繁多站点庞杂，往往显得束手无策不知该访问哪一个站点。提供站点评估的站点，可以帮助消费者根据以往数据和评估等级，选择合适站点访问。通常一些目录和搜索站点也提供一些站点评估服务。

7. 电子支付

电子商务要求能在网络上交易的同时，能实现买方和卖方之间的授权支付。现在授权支付系统主要是信用卡如 Visa、Mastercard，电子等价物如填写的支票，现金支付如数字现金，或通过安全电子邮件授权支付。这些电子支付手段，通常对每笔交易收取一定佣金以减少现金流动风险和维持运转。目前，我国的商业银行也纷纷上网提供电子支付服务。

8. 虚拟市场和交换网络

虚拟市场提供一个虚拟场所，任何只要符合条件的产品都可以在虚拟市场站点内进行展示和销售，消费者可以在站点中任意选择和购买，站点主持者收取一定的管理费用。如我国对外贸易与经济合作部主持的网上市场站点—中国商品交易市场就属于此类型。当人们交换产品或服务时，实行等价交换而不用现金，交换网络就可以提供此以货易货的虚拟市场。

9. 智能代理

随着 Internet 的飞速发展，用户在纷繁复杂的 Internet 站点中难以选择。智能代理是这样一种软件，它根据消费者偏好和要求预先为用户自动进行初次搜索，软件在搜索时还可以根据用户自己的喜好和别人的搜索经验自动学习优化搜索标准。用户可以根据自己的需要选择合适的智能代理站点为自己提供服务，同时支付一定的费用。

（二）电子中间商的影响因素

1. 成本

网络中间商提供中介服务进行收费的模式一般有两种：一种是网络中间商按照企业使用的资源和使用站点提供的服务程度来收取费用，另一种是网络中间商根据企业由其网站形成的销售额进行提成。当网络中间商自身实力不足以对企业的销售额形成较乐观的预期时，企业通过使用网络中间商站点提供的服务所支付的成本相对会低一些。而当网络中间商自身实力足以对企业的销售额形成较乐观的预期时，网络中间商就会采取有利于自己的收费方式，如根据其网站所创造的销售额进行提成。

2. 资信

资信是指网络信息服务提供商所具有的信用程度的大小。目前，我国还没有权威性的认证机构对网络信息服务提供商进行认证。因此，在选择网络中间商时需注意其资信程度。企业在评价网络中间商的资信状况时，可利用金融机构、专业资信调查机构和内部调查方式来进行调查，防止发生资信条件不足而带来损失。

3. 覆盖面

覆盖面是指网络中间商宣传所能到达的地区和影响到的人数，以及网络站点所能影响到的市场区域。对于企业来说，站点覆盖面并非越广越好，而是要看市场覆盖面是否合理、有效，是否能够最终给企业带来经济效益。

4. 特色

每一个网络站点都要受到网络中间商的总体规模、财力、服务态度、文化素质、工作精神等因素的影响。在网站设计、更新过程中表现出各自的特色，会影响到不同的访问群。因此，企业应当研究这些访问群的特点、购买渠道和购买频率，为选择不同的网络交易中介机构打下良好的基础。

5. 连续性

网络发展实践证明，网站的寿命有长有短。一个企业如果要使其网络分销渠道持续稳定地运行，就必须选择具有连续性的网站，这样才能在消费者中建立品牌信誉、服务信誉等。同时，企业还应采取措施密切与网络中间商的联系，保持企业产品在其网页中位置的连续性。

（三）电子中间商与传统的中间商的区别

1. 存在前提不同

传统中间商是因为生产者和消费者直接达成交易成本较高；而电子中间商是对传统直销的

替代，是中间商职能和功效在新的领域的发展和延伸。

2. 交易主体不同

传统中间商是要直接参加生产者和消费者交易活动的，而且是交易的轴心和驱动力；而电子中间商做为一个独立主体存在，它不直接参与生产者和消费者的交易活动，但它提供一个媒体和场所，同时为消费者提供大量的产品和服务信息，为生产者传递产品服务信息和需求购买信息，高效促成生产者和消费者的具体交易实现。

3. 交易内容不同

传统中间商参与交易活动，需要承担物质、信息、资金等交换活动，而且这些交换活动是伴随交易同时发生的；而电子中间商做为交易的一种媒体，它主要提供的是信息交换场所，具体的物质、资金交换等实体交易活动则由生产者和消费者直接进行，因此交易中间的信息交换与实体交换是分离的。

4. 交易方式不同

传统中间商承担的是具体实体交换包括实物、资金等；而电子中间商主要是进行信息交换，属于虚拟交换，它可以代替部分不必要的实体交换。

5. 交易效率不同

通过传统中间商达成生产者和消费者之间的交易需要两次，而中间的信息交换特别不畅通，造成生产者和消费者之间缺乏直接沟通；而电子中间商提供信息交换可以帮助消除生产者和消费者之间的信息不对称，在有交易意愿的前提下才实现具体实体交换，可以极大减少中间因信息不对称造成无效交易和破坏性交易，最大限度降低交易成本，提高交易效率和质量。

第五章　新时期自贸试验区促进企业发展的机制

第一节　园区经济具有产业集聚的发展优势

从产业园区的内在经济规律看，新古典经济学家马歇尔发现外部规模经济与产业集群具有密切关系。20世纪80年代以后，以波特的钻石理论为代表的理论体系标志着产业集群理论初步形成。波特在《国家竞争优势》中指出，一个国家或地区的经济发展是产业集群，会形成外部规模经济和规模不经济，并由此产生竞争优势或劣势，最终反映了经济的综合发展。总体来看，园区经济的理论揭示了其与产业集群的关系：园区经济的核心优势是园区中形成了有利于企业发展的产业集群。因此，园区经济是指以产业园区为依托，通过园区内形成的产业集群效应，使区内企业充分利用外部规模效应获得发展，并进一步带动地区经济快速发展的一种经济增长模式。在美国、西欧等发达国家和地区，园区经济已成为实现经济快速发展的重要模式之一。1978年改革开放以来，我国通过发展国家和地方级经济技术开发区、高新技术开发区、工业产业园区、文化产业园区等不同类型的园区经济，也实现了较好的经济发展效果，伴随着我国20世纪的改革开放，各类产业园区蓬勃发展，为企业提供了发展土壤。

一、园区经济的定义及基本特征

（一）园区经济的一般定义

园区经济具有两个最基本的经济内涵，一个是内部经济，即园区各要素投入所创造的经济价值；另一个是外部经济，即园区因要素或产业的空间集聚而带来的额外经济价值。根据这两个最基本的内涵特征，园区经济含有以下几个要件：

1. 特定的地域空间

园区经济是在一定地域空间内群集大量企业、吸纳生产要素集中投入而产生的经济，是一种地域空间经济，有一定的边界设立，其政策、产业布局、管理等都只适用于特定的区域范围。

2. 特殊的经济功能

经济园区（除自然形成的经济园区外）是政府为了特定经济目标设立的特殊的、超常规发展的功能经济区，是政策诱导或行政引致的产物。

3. 有一定的创新源

这是园区经济的基础性要件。园区经济之所以具有强大的竞争优势，最根本的原因就在于园区内集聚了丰富而先进的创新成果，这些成果通过市场的方式"物"化为现实生产力。

4.有中试,孵化和展示,示范中心

拥有与科研创新紧密相关的、在地理上与园区创新资源紧密相连的一批中试基地和孵化中心,可以提供相对宽松的发展空间,使园区创新成果首先在这个紧密型的小区域内得以试验展示,然后扩散,示范到园区其他地区。

5.能够获得产业组织和区位等外部经济

园区做为一种特殊的经济组织,一方面能够为入园企业提供免费或低价格享受的公共产品,从而降低该区位的经济活动成本,形成区位优势,带来区位外部经济;另一方面,园区做为跳跃式企业集聚的空间形式,具有以核心企业为主导的产业组织,这种产业组织摆脱了狭窄产业化空间的束缚,提高了区域的产业联系度,从而带来源于产业组织的外部经济。

6.受"政府"与"市场"双重支配

绝大多数园区经济是一种政策性经济(也有企业自发集聚而形成的园区经济,如硅谷),理所当然受到政府的干预。同时,园区经济做为一种经济形态,又受经济规律和市场机制的支配。园区经济的定义应充分反映这两个基本经济内涵,涵盖六大要件。

(二)产业集聚型园区经济的基本特征

产业集聚是聚集经济的典型形式,是相互关联、互补、竞争的企业与组织在一特定区域内集中连片,形成上、中、下游结构完善、外围支撑产业体系健全、具有灵活机动等特性的有机体;园区经济是经济资源或经济形态在空间上的配置形式,是特定地域范围内的全部经济活动的总和,是一种特殊的区域经济。从本质上讲,产业集聚是一种产业形态,而园区经济是一种经济空间,两者的结合是产业形态在地域空间上的集中表现。本书仅选择产业集聚型园区经济作为研究对象,一方面是因为这种形态的园区经济代表当前发展趋势,具有典型代表性;另一方面是因为这种形态把园区的优势与集群的优势结合起来,从而最具竞争优势和发展潜力。世界各地创造"第二个硅谷"的努力大部分都失败了,这些失败表明"那是特殊的东西,不可能简单地复制",但是也给我们深刻的启示,创建一个成功的园区或者说园区经济要取得成功,并不是将成功的各种要素简单地罗列起来,重要的是渗透各要素之间的合理的机制。

基于产业集聚的园区经济,是指一定地域空间(园区)内经济聚集体所创造的价值,是一种以产业群为特色的经济空间,是内部经济与外部经济及范围经济等效益的总和。包含两方面的内容:一方面是指经济园区各要素投入所创造的经济价值;另一方面是指园区因产业集聚效应或知识溢出效应所内生或外生的经济价值。与一般园区经济相比,基于产业集聚的园区经济具有以下一些基本特征:

1.空间集聚性

集中表现为机构(组织)的高度稠密和经济活动的高度密集。从区域经济的角度看,基于产业集聚的园区经济是一个经济、社会、文化等多层面的区域复合体。园区经济除了园区内企业间的相互联系、相互作用,是一种经济现象外,政府(管委会)、金融机构、中介机构、研究机构等做为支撑条件为园区产业集群配套服务,从而形成一个多层面的区域综合复合体:园区内的企业由于地理接近性和业务联系,如垂直(前向、后向)联系、水平联系而相互合作与竞争;支撑条件中政府部门通过制定一系列的法律、税收、金融等政策措施,形成一种制度环境；金融机构对企业的创建、扩大生产与销售、研究开发等进行信贷和风险投资；行业协会等相关中介机构促进企业间网络联系，形成工、产、学、研联系的纽带；大学、研究所和职业培训机构等为企业的发展提供新知识和技术，为企业输送各类人才，形成产、学、研间的合作网络。

2. 要素集约性

基于产业集聚的园区经济其要素空间配置具有高密度和高效率的特点。这是因为，园区一旦形成，就会由于其特殊的政策或政府倾斜性配置资源迅速形成"洼地效应"，吸引各种要素资源向园区聚集，形成高度"稠密"的经济活动，带动集聚效应与规模效应的释放。表现在企业变动上，就是新企业向园区内产业关联或产品关联的大企业集中。由于进入成本低，新企业初期发展较快，而新企业的发展，尽管对大企业构成了威胁，但同时也为大企业的供给及销售提供了一定方便，降低了大企业与园区集群内其他企业的生产成本和交易费用，最终形成以专业化产品为主导的不同产业簇群。产业簇群所涉及的领域、宽窄程度和群规模大小与要素聚集的密度与效率有关。要素聚集越密、越频繁，产业簇群规模越大，专业领域的跨度也越大；反之越小。

3. 适度聚集规模

聚集规模是园区经济聚集程度和经济体量的大小，或者说聚集规模代表的是聚集量的多少。基于产业集聚的园区经济是建立在报酬递增理论基础上的，园区聚集规模与经济要素的聚集效率存在正相关关系，聚集规模越大，聚集的要素越多，聚集作用越强，聚集效率就越高。但并不是聚集规模越大越好，园区企业或产业聚集规模过大，超过了集聚区域的供给"容量"，聚集成本迅速增加，资源的使用效率下降，使得园区总集聚效益递减，导致集聚区企业向外迁移。因此，基于产业集聚的园区经济一般具有适度的集聚规模，这样有助于园区保持专业化分工优势，不仅获得规模经济，而且能够获得聚集效益。

4. 富有特色的产业文化和区域文化

基于产业集聚的园区经济之所以具有持续、强劲的竞争力，最重要的一个因素是其在形成过程中积累起来的具有支持产业群成长的富有特色的产业文化和区域文化，既包括有形的规章制度、环境、标志与仪式，也包括无形的非制度性价值观念、行为习惯、组织精神与目标，等等。这种共同的文化传统、行为规则和价值观，是园区企业在反复博弈的过程中缓慢形成的，有利于企业间形成一种相互信赖的关系，并且建立在这种关系基础上的"信任与承诺"不是或很少是契约或合约，从而大大降低园区内企业间的交易成本，也使得企业间的协调与沟通更加容易，信息逐渐对称，企业间的深度分工得以执行，一些有效率的规则自然形成。同时，相互依存的产业关联和共同的产业文化，容易使企业的经济行为深深嵌入社会关系中，即带来植根性。而企业只有根植于本地，才能通过本地集体性组织建立信任和承诺，取得集体效率。

二、园区经济系统

（一）园区系统属性

用系统论的思想分析园区，可以更加全面地了解园区的性质和功能。园区做为特殊的地理集聚区域，是一个集研究、开发、生产、交换于一体的新型组织制度，既是一个自然系统与人工系统相结合的复合系统，又是一个与外界有物质、能量、信息交换关系的开放系统。

1. 园区是为完成特定经济目标而进行要素聚集和整合的有机整体

无论是高科技园、经济技术开发区、技术城，还是特色工业园、出口加工区都有清晰的系统边界。而园区内的政府、企业及政策、环境只有在园区内才能体现出各自的价值，离开园区这一整体就失去界定的意义。这种系统的整体属性在园区的经济活动中表现为生产要素、基础设施、企业组合、产业结构、经营环境等相关关系和组织化程度。园区经济整体性的另一特征是整体组合效应，即通常所说的"整体大于各个部分之和"。成功园区的经验表明，只有把存在种种内外联系的企业或产业按一定规模整合布局在特定地点，才能获得最大限度的成本节约。

2. 园区具有明显的自组织性

园区做为一个系统，如果没有政府和园区管理机构的调控、组织和管理，系统内各个局部协同行为的产生将是缓慢的，有限资源的配置也可能是低效率的。但是，如果没有企业的自发行为，园区也很难在短时期内形成众多的企业集群。因此，园区不仅是一个具有他组织特征的系统，也是一个具有明显自组织性特征的系统。

（1）园区系统具有耗散协同性

园区本身是一个与外界发生物质、能量和信息交换的开放系统，这个系统从外界环境吸取的人才、资金、信息、技术等一方面维持了企业的生存与发展，另一方面这种转移导致了园区组织、运行、支撑三重关系结构的建立，并相应地形成园区规范和秩序，随着园区的发展，它与环境的交换方式、园区结构与功能日趋多样化和复杂化，园区规范和秩序也日臻完善。与此同时，园区系统内部也充满着各种企业、管理机构、中介机构、政府和个人之间的协同——竞争关系，正是这种协同——竞争关系才形成了园区系统特有的结构，并推动结构不断发展演化。

（2）园区系统具有自转换性

从园区产生起，园区系统就不断地实现一种转换：把从外界所得的各种要素资源转换为园区产品并推向市场。园区系统充满着正反馈的作用，正是这种作用才使得一个小的技术创新可以造就一个巨大的市场，一个小的创新企业可以成长为一个跨国公司。

（3）园区系统具有自调节性

政策的变化，技术跨越、产业的变迁等外界变化都意味着园区系统在涨落的冲击下作出积极反应，进行自我调整，亦即面对外界的冲击，园区系统不但要承担维持系统振荡而不瓦解的任务，而且要充当扶持、放大良性涨落，抑制、衰减恶性涨落的控制角色。

3. 园区具有人造系统的特定功能和明确的目的性

各类园区都是为某种特定目标设立的系统。有的园区只有一个目标，如出口加工区是为了达到规范加工贸易，将所有新增出口加工贸易项目划入海关设定的封闭监管区内进行特殊监管而设立的特区。有的园区有两个目标，如经济特区是兼有自由贸易区和出口加工区功能的综合性特区。有的园区却有几个目标，如保税区是以扩大对外贸易服务，拓展加工出口、转口贸易易、过疆贸易服务，开展为贸易服务的加工整理、包装、运输、仓储和商品展出等业务为主的保税贸易区；科技园区是以科技和工业技术为基础，利用国内外资金、技术和生产条件，以发展高新技术产业为目的社会组织形式；经济技术开发区具有引进外资、引进技术、扩大就业和出口创汇四个总目标和若干次级目标。

4.园区具有层次性系统特征

一般来说，系统是由一些子系统或分系统构成的，而系统本身又是更大系统中的一个子系统，任何系统都是由层次结构组成。园区做为人造系统同样具有层次属性。从经济运行上看，园区可划分为区域宏观经济运行和微观经济运行两个层次；从管理上看，园区经济又可分为企业层管理、产业层管理和园区层管理三个层次。

5.园区具有系统的环境适应性特征

园区系统为适应环境变化和自身发展的需要，逐渐形成了适应其发展的自我调节系统。这种自我调节，可以在一定程度上协调园区基本矛盾各个方面的关系，提高园区应对各种矛盾的能力。园区系统的环境适应性体现在与系统外界的能量、信息交换中。做为一个开放性系统园区与所在区域甚至整个国家经济环境存在错综复杂的关系。

（二）园区系统与区域系统的耦合机理

园区的竞争优势来自它与区域的有机耦合。耦合是物理学的一个基本概念，是指两个或两个以上的系统或运动方式之间通过各种相互作用而彼此影响以至联合起来的现象，是在各子系统之间的良性互动下，相互依赖、相互协调、相互促进的动态关联关系。我们可以把园区与区域发展两个系统通过各自的耦合元素产生相互作用彼此影响的现象，称为园区与区域发展耦合。具体表现在以下几个方面：

1.园区系统与外部环境系统的耦合

环境是维持和保证系统存在和发展的外部因素的总和。园区依托外界技术系统、经济系统和社会系统而存在，是技术、经济、社会三大系统交汇而成的一个特殊子系统。显然，三大系统是园区形成和发展的"环境"。园区正是通过与三大系统之间的密切联系、相互作用和广泛的信息、物质交流，使园区深深地耦合到外界环境中，并成为"环境"的一部分。

2.园区系统与区域经济增长的耦合

园区经济做为区域经济的"增长极"，其作用主要体现在极化效应和扩散效应上。在极化过程阶段，园区以其较强的经济实力和优势条件将周围的自然和社会经济潜力吸引过来，从而使区域经济由孤立、分散的匀质无序状态走向局部聚集不平衡发展的低级有序状态，并形成了对其他区域空间的势差，这种势差构成了园区扩散效应的基础；在扩散过程阶段，园区内企业对区域投资或进行其他技术援助，带动区域的经济增长和结构的优化，从而使园区形成的集聚逐步向全区域推进和扩张，最终走向区域经济相对均衡发展的高级有序状态。

3.产业关联性与园区经济的耦合

园区经济一般都有特定的功能分区，每个功能区内都有一定的主导核心企业，通过这些主导核心企业的衍生、裂变、创新与被模仿而逐步形成产业簇群。园区内的市场需求是园区产业或企业集聚的触发因子，而产业簇群的核心是产业之间、企业之间及企业与其他机构之间的关联性及互补性。园区内一旦有某个领域的产业或企业出现，随即与之相关的原材料、零部件、零配件供应、产品制作、配套产品、销售渠道甚至最终用户上、中、下游产业的外围支持体系就会在空间分布上不断地趋向集中。云集于园区内的各产业、企业通过合作与交流，寻求规模经济、寻求互动式学习与创新，寻求在产业价值链上新的机会。正是园区内产业集聚所发挥出的规模经济，范围经济和强大的溢出效应，带动园区和园区所在区域经济的发展。

4.园区与整合区域资源的耦合

园区要素的投入不仅包括一般意义上的自然资源、资本、劳动力，还包括企业家资源和人才资源及地方政府、行业协会、金融机构、教育机构等对园区产业发展的协同效应。园区通过一定的制度安排，将区内的软、硬资源进行整合、优化，从而实现资源的"帕累托最优"，壮大园区实力；当发展到一定程度后，园区不仅注意整合本地资源，而且积极开拓外部资源，利用外部市场，扩大园区的辐射面和外界影响力，形成区域动态竞争优势，实现本土化资源与全球化资源的耦合。

5.园区与区域市场运行效率的耦合

在园区内，无论是主产品的生产，还是附属行业的配套服务，都天然形成严格而精细的分工，因而降低了因转换生产加工环节而必须付出的成本，提高了劳动生产率。同时，由于空间聚集，经济活动竞争性增强，市场变得日趋发达和完善，市场运行效率提高，而高效率的市场运行正是区域经济发展的不竭动力。

6.园区经济与区域经济负效应的耦合

园区经济带来的产业集聚一方面使园区内企业的生产成本和交易成本降低，获得集聚正效应；另一方面，高度集聚又使得园区所在区域人口激增，出现地价上涨、交通拥挤、环境污染等问题，产生集聚负效应，使园区企业效益下滑，进而影响园区和区域经济发展。

7.园区内技术进步与技术创新的耦合

园区内关联企业由于地理位置接近、联系频繁，便于现场参观和面对面的聚会、交流，有利于企业迅速了解市场需求和科技变化，推动相关企业的合作创新，促进群体创新能力的提升。同时，园区聚群机制又使企业在园区内很容易找到创新所需要的人才、资金、设备和工具等各类资源，为创新提供有利条件，推动园区创新。

（三）园区经济系统结构

任何系统都具有一定的结构，系统结构表现为系统要素的组合、集成和总和。诸多要素借助于结构形成系统。园区经济做为一个相对独立的区域经济系统，同样具有反映自身各组成要素排列次序和组合关系的结构。

1.园区系统的基本要素

园区系统的基本要素主要包括技术、人才、资本、信息、政策等。这些基本要素都是园区形成和发展不可缺少的部分。技术通常是指人类改造和利用自然及创造和控制人工自然的能力、方法、手段的总和。技术是构成园区系统的基本要素，离开技术，产品就会在市场上失去竞争力，企业也将被市场所淘汰。人才是推动园区发展最重要的资源，也是构成园区诸要素中最具有活力的要素。一般而言，园区系统的人才包括研究开发人才、经营管理人才和创业人才三大类。资本是园区发展的基础，园区的开发特别是园区公共产品的提供（如基础设施建设）主要靠资本来支撑。信息是园区行为主体进行决策的基本依据，没有来自各种渠道的信息源，园区行为主体就无法进行正常的决策活动。政策既是园区发展的推动者，也是园区各行为主体的约束者。正是政府政策的作用，才有园区产生的可能；也正是政府优惠政策的支持，才有企业向园区的集聚行为。

2. 园区系统的行为主体

虽然不同园区其起源、管理体制、运行机制和产业类型不同，但从系统论的角度来看，其行为主体却有着共性，一般由政府（或政府派出机构）、企业、大学与研究机构等组成。政府是园区公共产品和公共服务的提供者，政府不仅通过公众权力掌握和控制着大量的法律和政策资源，而且具有很大的资源配置权和裁量权。政府对园区进行管理主要通过两种方式，一种是政府直接参与园区管理，如成立园区领导小组对园区直接进行管理；另一种是间接参与园区管理，如根据政府统一规划，由政府独家或联合多家机构发起组建园区开发公司，具体负责园区的开发建设。园区中数量最多的行为主体是企业，园区企业既是园区经济的"细胞"，也是园区创新活力的源泉。大学与研究机构是园区人才和知识资源的主渠道，也是园区的主要创新来源。

3. 园区系统的基本构成

园区系统的基本构成一般可以分为组织、运营、支撑三大部分。也就是说，园区经济系统是由组织、运营、支撑三大子系统构成的。其中，组织部分是指园区内具有决策、执行、咨询、监控等职能的管理机构和从事研发、生产、营销活动的业务机构，以及它们之间的相互关系。运营部分是指园区内的行为主体及园区内各个部门的运转方式和运行机制。支撑部分是指园区内基础设施建设及园区内孵化器、金融等社会综合服务体系。园区组织系统主要包括园区行为主体、园区管理机构、园区业务机构，以及它们之间的相互关系。园区组织系统的职能主要是：制定、实施有关法律、法规和政策规定，按照有关权限管理园区税务、人事、财政、土地规划与开发、基础设施建设等相关事务，同时实施并开展园区的研发、产销等业务活动。园区运营系统主要包括园区行为主体从事生产、技术创新或贸易等活动，并把成果转化为产品，推向市场的运行机制，以及园区内各个部门工作的运转方式。园区支撑系统是保障和维持园区系统运转和发展的子系统，主要包括基础设施和社区服务等部分。

（四）园区经济系统功能

园区做为特定的区位与聚集经济载体，它的功能不只体现在其孕育、演进和发展过程中，更主要的是通过经济的集约化发展推动区域创新来彰显。园区系统最重要的功能是创造有别于一般区域的高效经济循环体系。该循环体系在完成经济发展功能的同时，还体现出如下功能：

1. 聚合功能

一方面由于政府对园区实行特殊的政策，即园区是公共政策在区域的集中，必然导致资源向园区聚集，出现倾斜性配置，形成"洼地效应"。洼地效应的结果进一步强化了园区企业在获得资源方面的比较优势，如低土地转让金、税收减免、特殊用工制度等，这有利于聚集产业，形成区域经济的增长极。另一方面，在园区内，各个企业由于具有共性和互补性，依靠其系统组合而形成产业集群。园区最重要的功能就是为产业集群的形成提供系统的支持，包括市场服务体系、技术开发体系、政府支持体系、区域创新网络等。

2.创新功能

园区做为一种社会组织形式,其本身就是创新的产物,是国家创新系统在地理上的一个重要"结点",也是区域创新网络的一个核心地理单元。正如创新论者所指出的:"园区正是这样一种通过相互作用实现创新的发生器和转化器。"因此,正是园区借助创新网络形成的持续不断的创新流,才使得园区成为区域经济持续增长的核心动力,成为"推动创新技术渗透到区域经济各系统,并产生倍增效益推动经济高质量发展的转化中心"。

园区创新功能突出表现在以下三个方面:

（1）技术创新

技术创新主要是指园区创新主体（企业）通过创新决策、研究开发、技术转化和技术扩散等环节或阶段,在高层次上实现技术和各种生产要素的重新组合及其社会化,最终达到改变技术创新主体的经济地位和社会地位的社会行动或行动系统。技术创新是园区创新的重要内容,园区经济的发展正是通过园区经济体系内在的"创造性"来实现的,这种创造性的基本内涵就是建立一种新的生产函数或供应函数,在生产体系中引入生产要素和生产条件形成一种新的组合,即技术创新,它包括产品创新、工艺创新、市场创新、资源开发创新、组织与管理创新。从这个意义上讲,技术创新是园区经济体系的核心,园区的价值功能主要体现在园区企业的技术创新上。

（2）管理创新

园区的形成和发展可分为两类,一类是政府主导的,另一类是自发形成的。政府主导的园区是通过政府的政策引导、推动而形成的,属外生型园区,园区启动和发展的动力主要依赖导入或嵌入的外部力量,如依赖外来生产要素的驱动而不是内生产要素的拉动。自发形成的园区是市场经济通过"看不见的手"的调控,以自组织形式演化而来,属内生型园区,园区发展的动力是市场机制的自发作用和集群效应的拉动。从园区建设主要任务来看,前者的主要任务是园区规划、基础设施建设,通过土地、税收等方面的政策优惠并结合当地的资源优势大量引进生产要素和企业,而后者的主要任务是通过制度创新,优化环境,促进和加强企业的关联,推进企业间既竞争又合作的网络建设和社会资本形成;从经济效应来看,前者企业间的投入产出联系较少,产业链条短、环节少,园区产业配套不足,还未形成紧密的内部协作关系,园区的优势主要体现在企业在地理上的"扎堆",由于共享基础设施和供应充足的劳动力市场而形成外部规模经济,而后者由于企业间物质联系密切,形成了比较严密的专业化分工。企业间协作机制较健全,协作氛围较浓,而且逐渐过渡到技术联系和信息联系上来,其主要效应是关联效应和网络效应;从企业规模来看,前者企业数量少,规模小,而后者企业数量多,规模也大。

然而,做为一种特殊的区域经济,园区的活动都受到所在地方政府和中央政府决策的影响,即政府以直接或间接的方式参与了所有园区的管理,即使是那些专门针对园区的特殊政策,也是政府管理政策的一部分。因此,从广义上理解,所有的园区都是政府管理型的,但对有的园区而言,政府管理又是间接的,即政府没有直接干预园区的内部事务,政府的间接管理则成为园区外部政策环境的一部分,从这个角度来理解,又是非政府管理型。无论是政府管理型还是非政府管理型,园区管理一般具有五个基本特征:第一,激励性。园区管理更多带有正的鼓励、支持,而不是约束、惩治。管理的目的是广泛引进人才、资金和技术,构建一种激励机制，形成一个特殊环境，促进园区的研发活动和产业化；第二，科层性。园区管理可分为三个科层，即做为经济领域的一般管理、做为专业园区的专门管理、做为园区具体活动的事务管理。这种科层性反映了园区当地各种垂直社会关系；第三，预期性。一方面表现在希望通过制度安排，实现园区快速发展；另一方面表现在当园区并不存在某种活动或某些社会关系时，于是就通过管理来催生、刺激适应园区发展的各种研发和生产活动的出现，形成新的社会关系；第四，探索性。园区是区域内各种自然、技术、经济、政治因素组合而成的，有着独特的个性和不可复制性，这就需要不断地探索个性化的管理模式；第五，综合性。体现在管理事务和管理手段两个方面。园区正是通过这种管理模式的创新，推动着政府职能的转变和机构改革，并给其他区域经济管理带来示范作用。

（3）制度创新

制度做为人们行为的游戏规则，具有激励和约束创新网络中各行为主体产生合作信任的功能。制度创新与园区之间存在着互动关系。一方面园区是制度创新的结果，一个运行良好且持续成长的园区，依赖于动态、兼容和不断学习的制度系统，它为持续"创新流"的形成和维持提供了可靠的激励保障。正如制度经济学家所说的，制度和技术及其他资本一样都是一种稀缺的发展资源，在区域经济发展过程中都不是不可缺少的。或者说，制度是推进经济发展或阻滞经济发展的一大要素。持续创新使园区充满"创新的空气"，有利于技术及其相关知识的交流与传播。另一方面，园区发展的实践又为园区制度创新注入了动力。比如园区管委会权力的设限，"园中园"的管理，园区企业的知识产权制度安排等，这些在实践中出现的问题都需要通过制度创新来回答。

3. 孵化功能

园区做为集聚创新成果和新创企业并为其提供生存和发展所需的共享服务项目的系统空间，不但设有独立的企业孵化器，其本身也是一个扩大了的孵化器。因此，园区的局部优化环境尤其是以企业孵化器为核心的综合支撑服务系统，具有对创新成果、新创企业和创业者较强的孵化功能。

一方面，园区具有较好的研究、开发、中试、综合服务等优越条件和基于政策、组织、管理等的整体优势，这使园区在孵企业能以较低的生产成本和交易成本维持其创业过程，在不确定性的创业过程中降低风险，提高成活率。研究表明，园区创新活动的成功率远远高于缺乏创新环境的区域。

另一方面，园区企业孵化器做为一种介于市场与企业之间的特殊的经济技术组织形态，通过提供一系列创新成果或新创企业发展所需要的管理支持和资源网络，帮助和促进创新成果或新创企业成长和发展，当创新成果经过企业孵化器完成从实验阶段向批量生产阶段转变时，或者当新创企业或创业者经过孵化成熟起来并形成一种参与全球化竞争的能力时，园区企业孵化器不仅完成了其孵化使命，自身也获得规模经济，提升了孵化能力。

4. 示范功能

主要是指园区的管理体制、组织和分配制度、经营理念、创新观念、高额市场回报等成为社会其他企业或机构革新和仿效的"样板"。

第一，园区是区域创新中最活跃的区域，其研发、中试和产业化的模式和经验都对毗邻区域具有借鉴意义。比如，园区的孵化器模式就对某些幼稚产业的发展具有参照意义。

第二，园区是政府新政策的试验区，政府拟推行的对外开放政策，人事制度改革、咨询市场管理等，往往先在园区试行，积累经验后再推广。如过去只在高新区享受到的税收减免政策，现在许多地方政府为了吸引投资，纷纷出台了本地区的税收减免政策。

第三，园区企业都是外来或衍生的，这些企业从建立之初就按现代企业制度运作，并从外界输入先进的管理经验，可以为毗邻地区企业进行管理创新提供范本。

第四，由于政府的重视和"后发"优势，园区一般都是按高标准进行规划建设的，在基础设施、市政建设等方面都走在前面，甚至成为周边城市建设的榜样。

第五，有利于园区行为主体相互之间进行交流与协作的良好氛围和根植于本地的勇于创新、敢于冒险、宽容失败、追求效率、直面竞争的文化认同，不仅成为吸引产业聚集的关键因素，成为园区永续发展的动力，而且也为周边地区所效仿。

5. 扩散功能

扩散是创新进行空间传播或转移的过程。扩散理论认为，一项创新由于能够提高系统运行的效率和创造出更高的价值，便在创新者与周围的空间里产生"位势差"，而周围地区的模仿、学习和借鉴则会使创新向外扩散，从而有助于消除这种差异。距离与位势是影响扩散的两个最主要的因素。扩散能力和速度与距离成反比，即距离创新源越近，创新扩散的速度越快、程度越深，这就是所谓的"近邻效应"；而扩散与位势的关系则比较复杂，创新者与接受者之间的位势必须适度，差距过小，则扩散不太明显，甚至不会发生，差距过大，则有可能由于接受者的技术层次太低而无法完成扩散过程。园区扩散功能表现为园区内的人才、技术，产品、信息、组织等资源集聚后，与园区外产生位势差，区内的创新产品、创新技术、创新企业便沿着这种位势差向外扩散。

第二节 开放经济提高了产品和要素的自由流动

从对外开放的发展规律看，经济一体化组织通常会从削减成员间贸易壁垒、在区域内实现商品自由流动起步，首先实现货物贸易自由化，然后随着市场一体化的不断发展，逐步实现服务贸易自由化、投资自由化、人员流动自由化、资本进出自由化，进而实现经济上的全面一体化。开放经济下商品和要素的流动使得不同成员国之间的市场连为一体，实现了经济资源的更高水平配置，有效地促进了区域经济发展；同时，随着经济一体化程度的提高，经济体内的商品和要素在成员国之间的流动性也会相应提高，从而会不断提升区域内的经济效率。因此，商品和要素的自由流动体现了开放经济的内在属性，是开放经济的本质特点。根据开放经济的本质特点，开放经济是指一国就特定物理区域或经济领域，通过单方面降低对外部经济体的各类经贸限制或与外部经济体签订双边／多边经贸合约，实现各方市场和资源一体化发展的经济发展模式。

一、市场化改革与资源要素配置的内涵及关系

开放经济下市场化改革的内涵。改革开放之后,我国开始走上渐进式的市场化改革之路,从体制内改革到体制外改革,实现了国有企事业单位管理方式及经营方式的变化,也实现了市场经济制度的全面发展。如今,我国实施的是国有经济和私营经济的"双轨制"发展路线。不管是国企还是私企,只有进行市场化改革,才能适应新时代开放经济的发展。基于市场化改革,我国的财税政策、金融体系及外汇体制都实现了相应的改革,从而保障我国对外贸易的有序发展,也可为国内市场经济的活跃提供保障。简言之,开放经济下的市场化改革是我国融入国际市场的必由之路,这种市场化改革最终的落脚点是企业。

开放经济下资源要素配置的内涵。开放经济背景下,我国社会经济体制发生了全面的变革,配合市场经济的发展,我国形成了公平、开放的市场竞争模式,国内国外经济贸易处于持续活跃的发展状态中。任何行业及企业的发展都必须要有相应的资源,通过资源的投入来实现最终的经济效益。在开放经济下,资源要素基于市场需求来进行配置,尤其是在大量资源开放管制之后,我国民营经济得到了快速的发展。综合资源要素的配置情况来看,当前市场紧缺的资源要素主要是人才、资金、技术这三个方面。

开放经济下的市场化改革与资源要素配置的关系。现代企业想得到更好的发展,就必须明确市场化改革与资源要素配置之间的关系,资源要素的科学合理配置对于行业及企业来说有十分重要的作用,在开放经济下,市场化改革也需要相应的资源。市场越开放,资源越丰富,但是资源是有一定的倾斜度的,好的资源会向有实力的行业及企业靠拢。而且在市场经济模式下,资源要素具有很强的流动性,其同时形成了"双向选择、择优配置"的模式。比如人才资源,在企业挑选人才的同时,人才也在挑选企业。因此,在市场化改革的过程中,我国也在实施供给侧结构性改革,以推动资源要素的科学合理配置,既加强政府调控,又确保市场自身的调节,最终合力推动我国社会经济的发展。

二、自贸试验区引领中国高水平开放

当前中国正在推进的新一轮高水平开放是推动中国经济转型和全面深化改革的现实需要,是中国经济社会发展的必然选择。

(一)自贸试验区与高水平开放关系的审视

从学理上重新审视自由贸易区和自由贸易试验区的内涵差异,认识新时代背景下我国高水平开放的内在要求,才能建立中国自贸试验区引领高水平开放的辩证关系。

1. 自由贸易区——贸易自由化的一种形态

贸易自由化的理论源于亚当·斯密和大卫·李嘉图的比较优势理论,即对于一个国家来说,不仅生产具有绝对优势的产品有利于增加本国福利,生产具有相对比较优势的产品也是有利的,通过贸易互通有无,各国都能提高财富总量。20世纪三四十年代以来,发达国家逐渐降低贸易壁垒,贸易自由化主要通过两种途径实现,一种是通过世界贸易组织,在非歧视的基础上相互削减国与国之间的贸易壁垒,任意两个成员国之间达成的关税减让协议将无条件地扩展到所有其他的成员国。一种是几个国家以地域为基础组成小集团,签订区域贸易协定。在这种区

域贸易协定中，只有签订协定的成员国之间降低贸易壁垒，而对非成员国的贸易壁垒则相对较高。每个成员国自己决定所采用的国内贸易政策，但每个国家的贸易政策都要给予协定内其他成员国优惠待遇。

区域贸易协定根据贸易自由化层次不同，分为关税同盟、共同市场、经济联盟和自由贸易区等。自由贸易区（Free Trade Area，简称FTA）是区域贸易协定的一种，几个贸易国之间通过达成协议，相互取消所有的关税和非关税贸易壁垒而形成经济一体化组织。成员经济体内的厂商可以自由输出和输入商品，但每个成员国仍保留自己对非成员国的一系列贸易限制。与通常意义上自由贸易区相区别的是中国的自由贸易试验区（Free Trade Zone，简称FTZ），是在中国境内划出一部分区域，该区域实施的海关监管制度与其他区域不同，进出口的货物关税政策也与其他区域不同，被认为是在关境以外，是中国对外开放的一种特殊的功能区域。其"境内关外"的特性，能大大提升贸易自由化和投资便利化，有利于吸引更多外商投资企业和扩大贸易量，因此称为自由贸易试验区。

2. 自贸试验区：引领高水平开放的必然选择

改革开放以来，中国推动的商品和要素流动型开放，是在经济全球化发展的特定阶段和背景下展开的，中国以低端要素加入全球价值链，即通过加工贸易方式，为跨国公司做代工，加入全球价值链中，从而形成了发展导向型经济体制。自由贸易下的开放，贸易的基础是要素禀赋的差异，通过劳动、资本、技术等要素的流动带来经济的增长，表现为贸易双方国民财富的增长。这是经济体由封闭到开放的过程，也是经过全球多个国家开放实践检验的发展过程。

这一阶段开放的本质是商品和要素流动。当开放发展到一定程度，参与开放的经济体要素流动性已经足够充分，由要素流动带来的经济发展红利将会越来越有限。加上第三轮经济全球化发展积累的一些问题，如发展失衡、公平赤字、数字鸿沟等，在世界经济周期性因素作用下得到放大，进而引发了当前的"逆全球化思潮"的兴起和贸易保护主义的抬头，致力于营造法治化、国际化、便利化的营商环境将成为开放的主旋律，经济全球化从以往的商品和要素型开放向制度型开放转变，以制度创新为核心的改革创新探索，与新时代高水平开放的总体要求高度一致，也是更高水平开放的深刻内涵。在这样的时代背景下，中国2020年经济工作会议指出，要适应新形势、把握新特点，进一步扩大对外开放，要推动由商品和要素流动型开放向规则等制度型开放转变。钱克明（2019）、徐康宁（2019）、崔卫杰（2019）在探讨制度型开放内涵和意义的基础上，认为制度型开放是自贸试验区建设的核心内涵。荀克宁（2019）、李思敏（2020）认为自贸试验区建设的实践为对外开放提供了更高层次的制度环境，从而在更高起点上支持和促进贸易投资自由化。张二震等（2019）、戴翔（2019）通过研究发现，自贸试验区建设形成与国际高标准经济规则接轨的基本制度框架和行政管理体系，提出自贸试验区引领制度型开放的路径。

自贸试验区自建设之始，就一直强调对标国际先进规则，紧紧围绕制度创新这一核心任务进行改革创新的实践和探索，在全国层面就有300多项制度创新成果得到复制推广，从多方面重塑中国高水平开放的规则体制，形成了大量制度创新成果。同时，自贸试验区围绕投资、贸易、金融、事中事后监管等方面，提出了各具特色、具有系统性集成性的改革试点任务，对制度型开放的引领作用进一步增强。可以说，自贸试验区建设以制度创新为核心，适应了中国由商品和要素流动型开放向规则等制度型开放转变的需要，具有制度型高水平开放的时代特征。

（二）自贸试验区引领高水平开放平台作用的审视

高水平开放建设是区域经济发展到现阶段的必然选择，自贸试验区建设本身就是高水平开放制度发展更为完善的高级形态，是高水平开放发展的平台。从2013年首设上海自贸试验区以来，中国自贸试验区建设布局逐步完善，在前期"1+3+7+1"的基础上，进一步扩容为"1+3+7+1+6"的新格局。自贸试验区在高水平开放发展的制度环境优化、平台建设助推、开放规模扩大、开放深度发展、开放格局重塑中都发挥着引领带动作用。

1. 自贸试验区对高水平开放发展制度环境的优化作用

自贸试验区是国家的试验田，更是制度创新的高地。自贸试验区建设以提升营商环境、降低贸易门槛、提高贸易便利化程度、加快区域经济一体化、提高对外开放程度为主要目标，在"投资便利化、贸易市场化、金融自由化、行政管理深度简化"等方面共同营造市场自由化、国际化的营商环境，提升对外开放水平。自贸试验区是高水平开放的平台，是高水平开放的重要组成部分。高水平开放建设依托自贸试验区，带动对外开放协同发展，所以自贸试验区是高水平开放建设的最佳助攻。

以河南自贸试验区为例，2019年河南自贸试验区出台行政管理体制、贸易便利化、投资便利化等多个领域的具有自身特色的措施，为企业注册融资、企业发展提供便利条件。在金融市场方面，降低企业注册资本、深化离岸金融市场改革、放宽外汇管理、开放融资租赁等；在服务领域，政府起到带头作用，实施"一窗受理、综合服务"措施，带动服务行业优化自身服务。同时，自贸试验区不仅对周边优势资源具有"虹吸效应"，还可以通过优化高水平开放营商环境产生"空间溢出效应"，带动其发展。

2. 自贸试验区对高水平区域经济发展的助推作用

从高水平开放概念的提出到实施，开放定位不断提升，已成为对外开放的总规划，成为探索开放发展的新模式。自贸试验区与高水平开放发展之间具有支撑与引领关系，自贸试验区支撑高水平开放建设，同时引领经济的高质量开放发展，构成对外开放发展载体。从2013年，中国（上海）自由贸易试验区成立至今，自贸试验区已累计复制推广了223项制度创新成果，"企业名称自主申报制度""生产型出口企业出口退税服务前置""中欧班列集拼集运"等创新做法已在全国落地，有力地疏通了堵点，带动全国营商环境优化，带动当地经济增长。2019年上海自贸试验区实现一般公共预算收入588.6亿元，外商直接投资实际到位资金金额79.63亿美元，规模以上工业总产值4652.35亿元。其中，自由贸易账户功能不断拓展，实现本外币一体化管理，成为境外融资、结售汇便利化等许多重要金融改革的基础。在对经济辐射带动作用上，自贸试验区也围绕各自战略定位、结合资源禀赋和比较优势，开展差别化的探索，在制度创新、服务产业高质量发展方面，开展差别化探索。截至2019年8月底，河南自贸区郑州片区新增注册企业达到50099家，注册资本5873.8亿元，是自贸试验区成立前的近3倍，平均每天入区企业80余家。自贸试验区成立两年多来，郑州片区新签约重大项目128个，签约总金额2508.5亿元；新开工项目79个，总投资金额2150亿元；32个项目竣工投产，其中，投资额亿元以上项目101个，世界知名企业日本住友商事株式会社、美国利宝保险有限公司、世邦魏理仕、独角兽公司 APUS 全球第二总部、宝能郑州中心等一批项目落地建设。郑州片区累计实现合同利用外资 9.8 亿美元、实际利用外资 9.5 亿美元,片区有进出口企业 2004 家,实现进出口总额 490.1 亿元,累计实现税收 803.1 亿元。

3. 自贸试验区对高水平开放的贸易规模扩大作用

自贸试验区自建设以来,对外商投资实行准入前国民待遇加负面清单管理制度,进一步减少或取消外商投资准入限制,提高开放度和透明度。积极有效引进境外资金、先进技术和高端人才,提升利用外资综合质量。大力引进国际组织和机构、金融总部、区域性总部入驻自贸试验区。构建对外投资合作服务平台。改革境外投资管理方式,将自贸试验区建设成为企业"走出去"的窗口和综合服务平台。对一般境外投资项目和设立企业实行备案制,属省级管理权限的,由自贸试验区负责备案管理,极大提升对外贸易的规模。

以河南省为例,2010 年—2019 年河南外贸进出口总值由 1783151 万美元跃升至 8247439 万美元,2019 年河南的对外贸易进出口总额稳居中部六省第一位,增速高于全国 0.2 个百分点。在 2016 年进出口总额增速下滑的情况下,2017 年进出口总额实现 9.01% 的快速增长。这一年进出口的增长与自贸试验区的成立密切相关,自贸试验区成立当年就实施多个贸易便利化措施,加快推进国际贸易"单一窗口"和"信息互换、监管互认、执法互助"大通关建设,完善"一站式"服务体系;稳步推行"一次申报、分步处置"通关模式,对进出口货物实行"进口直通、出口直放",提高通关效率,有效压缩通关放行时间。与此同时,开放为经济社会发展注入了强大动力和活力,河南的经济总量于 2010 年、2013 年、2016 年先后跨越 2 万亿元、3 万亿元、4 万亿元台阶,2019 年首次突破 5 万亿元,融入全球经济大循环的进程也在加快。2019 年,全省新设外资企业 214 家,实际吸收外资 187.3 亿美元,增长 4.6%。河南把发展放到全国大棋盘中谋划推动,在对接大局中探路子,推动对外开放不断迈上新台阶,逐步构建起河南高水平开放的框架体系。

4. 自贸试验区对高水平开放深度发展的助推作用

在前四批批复的 12 个自贸试验区所在省份的 2019 年政府工作报告中,自贸试验区改革被多次列为重点任务,各自贸试验区根据自身特色功能定位,主要提出以下深化改革措施。首先,已有的自贸试验区升级扩容。比如上海自贸试验区 2014 年第一次扩容,面积由最初的 28.78 平方千米扩展到 120.72 平方千米。首次扩容之后,新增企业数量快速增加。2019 年 8 月,上海自贸试验区再度扩容,面积接近 120 平方千米的临港新片区被定位为"新的经济功能区",可以看作是自由港功能试验田。截至 2019 年 6 月底,上海自贸区共计新设企业逾 5.5 万户,是前 20 年同一区域设立企业数的 1.5 倍。新设企业中,外资企业占比从挂牌初期的 5% 上升到目前的 20% 左右。根据规划,临港新片区到 2035 年,区域生产总值将超过 1 万亿元,相当于再造一个目前的浦东新区。由此可以看出,扩容的经济集聚效应十分显著。此外,广东自贸试验区正在进行扩容探索,天津自贸试验区要全力打造自贸试验区升级版,完成"深改方案"128 项制度创新任务。其次,加强贸易便利化。浙江、福建、湖北和河南表示将进一步优化贸易投资环境,提升贸易便利化水平。再次,互联互通释放红利,四川和陕西等中西部地区将利用自贸试验区优势,畅通开放渠道,促进与周边国家的互联互通。最后,加速自由贸易港建设,海南将推进自由贸易港建设,争取在旅游业、现代服务业、高新技术产业等部分领域、部分园区探索实施自由贸易港部分政策。

5.自贸试验区对高水平开放新格局形成的作用

中国的对外开放路径经历了从保税区模式到综合保税区模式，再到如今的自贸试验区模式的探索过程。2013年9月至2019年8月，中国已经分多批次批准了18个自贸试验区，初步形成了"1+3+7+1+6"的基本格局，形成了东西南北中协调、陆海统筹的开放态势，推动形成了中国新一轮全面开放格局。2013年中国第一个自贸试验区——中国（上海）自由贸易试验区的成立，形成第一个经济增长极点，在上海自贸试验区原有海关特殊监管区的基础上，通过经济增长极化效应，由东向西扇形扩区辐射，增加陆家嘴、张江、金桥、世博4个片区次级贸易开放制度增长极，通过点扩散模式扩大贸易开放。与此同时，中国又分别增加第二梯队和第三梯队的自贸试验区，广东、天津、福建、重庆、四川、陕西、湖北、浙江、辽宁、河南、海南、山东、江苏、广西、河北、云南、黑龙江17个自贸试验区，这每一个自贸试验区都是一个区位节点。在节点的基础上，再沿长江经济带轴线、丝绸之路经济带轴线、21世纪海上丝绸之路经济带轴线扩散至轴线发展阶段，在轴线之间的贸易中以点带面，形成贸易开放的网格，实现可复制可推广创新经验向全国复制推广，在更大范围实现更高水平开放。可以说，自贸试验区是高水平发展战略布局中的重要节点，也是高水平开放连接跨市、跨区、跨省协同发展的"接力棒"。在高水平开放发展中，以自贸试验区为重要支撑节点，形成以点带面、协同联动区域经济，形成高水平全方位开放的新格局。

三、资源要素配置效率的影响因素分析

（一）经济发展方式转变导致的资源要素配置问题

在我国开放经济背景下市场化改革并不是简简单单就能实现的，从改革开放开始到现在，市场化改革处于不断的深化状态，国际市场环境复杂多变，我国当前的经济发展方式有了很大的转变。第一、二产业在我国经济建设中的比重减小，第三产业的比重不断增加，第一、二产业对于人力资源的需求降低，第三产业开始代替第一、二产业来吸收更多的底层劳动力。这种变化使我国各类资源要素在各行各业中的配置比重也在不断变化。第一、二产业更加依赖于科学技术及自动化机械设备的应用，第三产业则需要更多高素质人才来提高产业效率，但是各行业所需要的关键资源要素都十分短缺。

（二）中西部基础设施建设问题影响资源要素配给

虽然我国当前经济实力较改革开放之前有了很大的提升，但是中西部地区基础设施建设上的滞后也影响了资源要素的配给，更多优秀的资源要素流入东部地区，而且形成了固定的"循环模式"，资金、人才、技术在东部地区的集中，深化了我国东西部地区经济发展不平衡的矛盾。在开放经济背景下，想要提高资源要素配置效率必须意识到这方面的问题。就当前来看，我国政府出台的一系列支持中西部地区发展的政策，目的就是让中西部地区吸引更多的投资、人才和技术等资源要素。

（三）企业自身缺乏竞争力影响资源要素的获取

在开放经济背景下，我国市场经济变得更为活跃，越来越多的企业参与国际市场竞争，但

是我国企业中只有很少一部分参与到高端国际市场竞争中，大多都是在抢占中低端制造业市场，吸纳了大量的劳动力资源及原材料资源。在这种发展模式下，企业缺乏在国际市场上的核心竞争力，极容易被其他企业所替代，也很难获取国际市场中的高端资源要素，比如人才资源及资金资源。而在国内开展业务的企业则处于更为激烈的市场竞争中，竞争力弱的企业可能很快被市场所淘汰。

（四）新兴技术资源要素开发动力不足

在开放经济背景下，新兴技术资源要素仍属于市场中的紧缺资源，这类资源要素与资金要素、人才要素往往捆绑在一起，在雄厚资金及技术人才的合力支持下，才能够创造出更多新兴技术。这些新兴技术可以在现代市场中发挥出强大的竞争力，能够让企业迅速攀登到行业的顶端。但是受到多方面因素的影响，我国当前在新兴技术资源要素方面的开发动力不足，影响了市场化改革的发展速度。

四、提升资源要素配置效率的路径

（一）适应市场经济提高资源要素配置效率

在开放经济背景下，想要持续推进我国市场化改革必须科学合理地开展市场资源要素配置，提高资源要素的配置效率，及时为有需求的行业、企业提供资源支持。从市场经济发展来看，市场需求推动市场供应，我国当前第三产业发展迅速，很多社会资源要素都输入到第三产业中，但是第一、二产业做为国民经济支柱产业理应得到更多优质的资源。尤其是我国第一产业关系到国计民生，相应的政策性优势却不足以支持更多资源要素的流入。所以要推进市场化改革，需要按照市场经济的发展规律来提高资源要素配置效率，发挥出第一、二产业的市场活力，创造更多的经济效益，让更多资源流通到第一、二产业中。

（二）开发区域经济增长点优化资源要素配给

我国中西部地区经济发展相对东部地区落后，但是我国中西部地区资源丰富，在开放经济背景下，我国的市场化改革需要更加公平，这就需要推动中西部地区加强开放区域经济增长点，找到自己最具优势的地方加以开放。我国中西部地区形成了诸多具有特色的城市，缺乏的是"以点带面"的区域经济发展能力，想让城市发挥出必要的经济带动性，就需要为其提供更多的资源要素配给。尤其是通过金融支持为中西部区域提供基础设施建设的资金，为中西部区域经济增长提供必要的基础设施支持，推动中西部地区产业规模的扩大，这样中西部地区企业就可以基于自身优势来吸引更多的人才。

（三）增强企业获取全球资源要素的能力

在我国国有企业开展市场化改革的背景下，国企积极参与国际市场竞争，取得了一定的成果，但是我国的民营企业在发展过程中遇到很多困难，很多民营企业缺乏完善的发展体系，抗风险能力不强，从根本上来说是因为这些企业没有足够的能力来吸引充足的资源要素，比如民营企业的人才流失率比较高，企业的发展就会出现很多不确定因素。在开放经济下，企业必须要提高自身的核心竞争力，这样才能增强获取全球资源要素的能力，同时也能够推动我国资源要素配给效率的提高。

推动新兴产业发展，创新资源要素配置。我国经济增长的核心动力是最新、最前沿的科学技术，通过高新技术可以实现产业结构的升级。当前，我国大力支持新兴技术行业发展，尤其是智能化产业的发展，增强新兴产业的普惠性特征，让全社会形成支持新兴产业发展的趋势，这就吸引了大量的资金、人才向新兴技术产业靠拢。很多科技类企业都是中小型企业，在有了足够的资源支持后，它们可以实现快速发展。在推进新兴产业发展的过程中，我国的国际竞争力才会更强，这对于提高资源要素的配置效率也有积极的推动作用。

第三节 "园区＋开放"双轮驱动区内企业发展

"园区＋开放"经济是一个国家或地区为提高本国或某一区域经济运行水平，通过在本国关境内划定专属试点园区，以推进对内改革和对外开放为主要试点内容的经济发展模式。

一、"园区＋开放"经济模式的特点

"园区＋开放"经济既包含园区经济和开放经济的基本内涵，又不是园区经济和开放经济的简单叠加，是一个新的经济发展模式。在当前新形势下，各大自贸试验区属于新时期的"园区＋开放"经济。

（一）各大自贸试验区均是在国家层面的政策支持下设立

我国各家自贸试验区的设立是在国务院出台专门"总体规划"和国家相关部委出台专项支持政策进行指导基础上建设实施的，自贸试验区具有国家层面的政策支持。

（二）各大自贸试验区具有综合化和特色化的特点

具体到不同批次和不同地域的自贸试验区，各家自贸试验区特色明显。以我国最先设立的四大自贸试验区为例，其任务措施和战略定位不但体现了促进政府职能转变、投资领域开放、贸易方式转变、金融开放创新等，还体现出各自不同的特色。

（三）各大自贸试验区在地域范围上都有明确界限

自贸试验区是我国面向世界单方面建立的具有试点性质的开放区域，开放的地域范围通常在120平方公里左右。

（四）各大自贸试验区政策环境与区外均存在显著差异

各大自贸试验区在贸易、投资、金融、政府职能等方面出台了大量吸引国内外企业和投资者入驻的优惠政策的同时，实行区内区外严格区别管理机制，形成了有别于区外的相对特殊的政策环境。

（五）各大自贸试验区在国内外企业的市场管理上，执行更加国际化的市场规定

我国各大自贸试验区普遍执行负面清单制度，只要不在负面清单内的投资行为，国内和国外企业均接受统一的规则体系和准入制度，国内企业和外资企业都具有同等的市场地位。

（六）各大自贸试验区均有系统的建设规划和健全的园区管理机构

在自贸试验区建设过程中，从国家到地方不仅出台了大量政策对自贸试验区进行整体规划和明确定位，自贸试验区内部也建立了自贸试验区管理委员会领导下的，职能健全的园区管理和服务机构。

二、"园区+开放"经济模式的优势

（一）"园区+开放"经济具备园区经济的核心优势

"园区+开放"经济具备园区经济的核心优势，但不同于单纯的园区经济。

一方面，"园区+开放"经济是在特定区域内执行特殊政策，不仅从形式上表现出园区经济的基本特征，而且可以形成产业集群，使区内不同企业之间形成外部规模效应，具备园区经济促进企业成长和经济发展的核心优势和本质特点。

另一方面，"园区+开放"经济与单纯的园区经济存在显著不同。

首先，与园区经济主要发展当地经济不同，"园区+开放"经济是国家行为，体现国家层面的总体发展意图。

其次，与园区经济专注本园区的发展不同，"园区+开放"经济除了要将自身建设好以外，还具有试点性质，可以将区内的政策实现全国性推广。

再次，与园区经济直接通过产业政策促进企业成长不同，"园区+开放"经济的政策措施更加多元，很多优惠政策内容涉及市场经济规则和政府职能转变，是更加具有综合意义的经济发展模式。

（二）"园区+开放"经济具备开放经济的核心优势

"园区+开放"经济具备开放经济的核心优势，但不同于单纯的开放经济。

一方面，"园区+开放"经济是一个国家和地区在一定范围内，与外部市场形成了经济一体化的相关机制，在一定程度上实现了商品和要素的自由流动，因此具备开放经济的核心优势和特点。

另一方面，"园区+开放"经济与单纯的开放经济不同，首先，它不是不同国家或地区之间通过签订协议而建立的自由贸易区，而是一个主权国家在自身境内单独设立的开放区域；其次，"园区+开放"经济不是全国性的开放，而是在开放地域上限制在一国境内的某一特定区域；再次，"园区+开放"经济通常不是一国针对特定其他国家和地区的地区经济联盟，而是对世界上所有经济体实施的非排他性开放。

第六章　新时期自贸试验区企业发展的策略

第一节　构建产业集群内的竞合关系

在新时期战略推进过程中，自贸试验区依托自身产业集群优势，集聚了较多市场化经营主体，区内企业可以通过优化同业之间的竞争与合作，实现更好的发展。

一、利用专业的分工体系

在自贸试验区内，企业同业之间可以形成更加紧密的联系，这为企业实现专业化的生产经营提供了条件。此外，由于园区内同行业企业紧密共生发展，可以更好地促进当地专业化人才市场的培育，从而为区内企业提供更多具有更高专业化能力的人才。

（一）要素聚集推动产业聚集的路径

从要素聚集层面找到构建产业聚集的路径，要先了解要素聚集发展的三个阶段。园区经济中，要素聚集发展有三个阶段，分别是初始阶段、发展阶段和提升阶段。

在要素聚集的初始阶段，国外企业入驻园区的最大原因是优惠政策和基础设施。在此阶段，相对于分散的单个企业来讲，园区内企业由于地理上的集中而形成了规模优势，可以提高生产效率降低生产成本。不过，这个阶段对企业的吸引力主要源于优惠政策和基础设施，劳动力和资本渐渐开始聚集。然而，地理位置上的邻居，并没有使这些企业形成真正的产业聚集效应，而仅仅是不同行业企业或者同行业企业之间单纯的资源共享关系。同时，园区内的企业对地域的依附性还不强，园区外投资环境的变动极有可能引起企业的迁移。

在要素聚集的发展阶段，园区企业依托诸如区位优势、产业基础、市场规范等条件，向某一产业发展，园区初步形成了产业网络、较完备的服务设施、集中的专业信息共享等，渐渐形成了技术聚集，同时伴随制度的不断聚集。此后，企业之间横向、纵向及多元化协作明显增多，并逐步形成既竞争又合作的关系。相对于要素聚集初始阶段，产业之间的关联性明显增强，但总体而言，这一阶段产业关联还是比较薄弱的。

在要素聚集的提升阶段，园区企业之间竞争与合作并存的关系越来越紧密，产业关联性越来越强，企业发展的协同效应较明显，产业发展的专业化和规模优势同时出现，园区内产业创新体系逐步完善，产业聚集逐渐形成。

要素聚集包括劳动力、资本、技术和制度等要素的聚集，现阶段我国园区产业聚集主要以传统要素为主，即以劳动力和资本要素为主，制度供给和技术创新对产业聚集的驱动作用不足。这表明我国园区产业聚集还处于低端发展水平，为了改变这种状况，今后要转变产业聚集的方式，即从产业规模聚集转向产业质量聚集，从而推动园区经济可持续发展。

（二）产业聚集推动园区经济发展的实现路径

在现阶段我国园区经济的发展中，产业规模聚集对其影响作用较大，而产业质量聚集的影响作用相对较小，因此，在推动产业规模聚集的同时，推动产业质量聚集的提升，也是未来园区经济发展需要注意的问题之一。

第一，从产业规模聚集角度来看，产业聚集推动园区经济发展，不但意味着在一定区域内有组织、制度、技术和企业的相对集中，而且在生产效率、交易成本、产业组织优化等方面都具有明显的竞争力。所以，产业规模聚集推动园区经济发展，一方面，企业聚集的形成，其规模、效率，以及对资源的整合和新陈代谢的能力都决定了园区的规模、效率和可持续发展；另一方面，企业聚集带来的聚集经济、外部经济、范围经济等又构成了园区经济的重要内容。

产业规模聚集能够为企业提供高品质而专业的投入，比如人力、资金、硬件、行政、科技等基础设施及天然资源等。规模聚集首先可以提高园区企业生产效率，充分利用规模效应的外部性，从聚集中获得最大益处，还能保证企业不用牺牲大规模企业所缺少的柔韧性。比如，产业聚集可以降低企业间搜寻成本，降低交易费用，还可以与园区内企业间建立起信息共享机制，降低了信息获取成本，通过形成企业集群，提高议价能力，便于以较低的价格从交易对手处获得产品或服务，还能利用产业集群形成巨大的磁场效应，可以吸引专业人才的不断涌入，便于企业找到多元化的人才，较大地降低了用人成本。其次，在园区各种技术、创新等信息传播速度很快，有利于企业避免信息孤岛，及时改进技术或工艺，加强创新，以提高集聚区内企业的持续创新能力，并渐渐朝向产业质量聚集转变。此外，产业规模聚集便于企业与竞争对手进行比较，有利于促进园区内企业的充分有效竞争，获得竞争优势。

第二，从产业质量聚集角度来看，专利申请的数量代表了一个地区创新能力的程度。产业规模聚集发展到一定阶段后，会因产品技术趋同、转换成本过高、劳动力和地价等要素成本上升、本地竞争过度等原因遭遇许多阻碍，或者因为模仿导致的同质性竞争而使企业利润降低、创新动力不足等，要实现可持续发展必须进行产业链的升级，要实现从产业规模聚集到质量聚集的转变。产业转向质量聚集的过程主要依赖于某一特定产业的企业大量集聚于某个园区并通过这些集聚促进企业的创新和产品附加值的增加。产业质量聚集主要依靠专利、技术的创新来增加产值，而产业规模聚集主要依靠聚合大量劳动力来增加产值，这也是产业规模聚集和产业质量聚集的主要区别所在。产业规模聚集向产业质量聚集的升级过程，是处在集聚创新网络环境之中，其出发点和落脚点都是产业聚集整体附加值的提高及市场竞争力的增强。这个过程的本质特征是创新，通过创新获取更多的附加值，通过创新提升园区在全球价值链上的位势和竞争力。

产业质量聚集推动园区经济发展。这是一个动态的过程，其内涵主要包括以下几方面：主体是那些具有创新能力的企业。前提是这些企业拥有一定的创新资源。目的是降低成本、提高产品附加值和增强竞争力。手段是通过加强与内外部的信息沟通和交流，不断地获取创新所需的信息、技术、知识等，并不断进行技术、工艺的改进。结果是促进园区经济的发展。但在这种创新的过程中，有主导方也会有追随者，但主要是依靠具有较强控制力的企业来主导实现的，因为这些大企业往往具有更强的技术创新能力，其会将开发的技术与方法沿着产业链进行扩散，通过提升为其配套生产的中小企业的技术创新水平而提升整个园区的技术水平。还有一种创新方式，即在全球化的便利条件下，全球的产业链可以建立起有机联系，产业链中的外商企业能够为园区带来新的设计、更高的质量要求及计划标准，也增加了企业进入国际市场的机会，通过产业链之间的协作、竞争，园区将不断形成自我创新能力。第三种方式也是最原始的方式，就是通过园区企业自身的不断积累，或者母公司的投入，政府直接投入而获得创新资源，在与上下游企业或同类企业间的交流、合作中形成了创新能力。

二、利用创新环境

产业园区为企业之间资本、技术、人力资源等生产要素的灵活组合提供了更多和更方便的条件，使更多企业能够利用更加集中的资源，实现更多的创新性技术突破，产生更多的创新成果。自贸试验区内部地理、文化和机构的接近使得隐性知识在同业间的传播更加容易，可以更好地实现企业的技术创新和孕育新的经营模式。

（一）增强园区企业的聚集功能

1. 优化园区企业聚集发展政策

对于园区企业聚集首先应该明确其产业和技术类型，这样就明确了园区企业聚集的方向。而对于园区发展的产业和技术类型的选择，需要结合园区所在地区的传统产业、人文环境、地理优势、自然资源、交通网络和公共基础设施来确定。具体采取的优化政策措施，如增加所得税、增值税等税收优惠政策，加大财政扶持力度，并且保证这些措施的贯彻落实。此外还要制定科学的土地使用政策，完善园区的配套设施。整合园区内的各种资源为企业提供便利，同时还要明确企业入驻园区的选择机制，规范完善环境监测和保护机制等。

2. 创新园区企业聚集运行的机制

要保障园区企业聚集的高效有序运行，促进要素聚集推动产业聚集发展，还需要建立科学合理的园区企业聚集运行机制。运行机制的合理建立，要以园区的产业特点和园区所在区域产业布局的需要做为背景，具体来说，需要建立优质企业的准入制度；对于劳动力聚集来说，需要建立高素质的技术研发人员、管理人才、熟练技术工人的引进制度；对于技术聚集来说，需要完善企业间的竞争合作机制，激发企业技术创新，提升企业核心竞争力，提高企业生产率；此外，建立良好的信息沟通交流机制，提高信息传播效率，为知识、技术和管理经验的迅速流通创造便利通道，以此加强企业之间的交流和合作。

3. 建立园区企业聚集平台

园区技术聚集、技术创新不能单单依靠企业来完成，做为园区的管理者，应该助力园区企业的聚集合作。主要就是要建立信息聚合平台，通过将产业链企业、科研机构、高校、金融机构、中介组织等聚合在同一平台，以最低的成本实现资源共享。在此平台之上，科研机构和高校能够发挥知识储备优势，金融机构可以提供资金支持，产业链之间可以分享项目及市场信息，中介组织能够加速技术创新成果的商品化，从而实现多家共赢的局面。

4. 完善园区中介服务体系

研发创新后，科技成果的转化离不开科技中介服务体系的支持，中介服务体系的不断完善，可以带动技术创新信息在园区内的传播，增强了园区企业技术创新组织、机构间的合作与交流。该体系应当面向市场，服务于园区内技术创新的企业、机构和组织。为了提高服务水平和质量，各中介组织应加大对工作人员的培训力度，逐步提高工作人员的素质。同时，规范科技中介组织的行为，保障服务体系的健康发展。科技中介服务体系要特别注重园区内中小企业的技术需求，鼓励中小企业的科技创新和可持续发展。

（二）提升园区产业聚集的水平

园区中相互依存的产业体系对于园区产业聚集的发展非常重要，园区政府应引导促进相互依存的产业体系在园区内建立与发展。首先，要大力提高园区产业配套能力。比如建立园区核心企业，这些由大中型企业发展起来的核心企业可以衍生出其他关联企业的产业分工协作体系。其次，要采取措施增强企业根植性。比如对于国外企业或合资企业，应提供政策咨询、配套基础设施等，让这些企业尽快融入园区产业社会分工网络中去。第三，要因地制宜开展园区产业建设。比如遵循园区所在地区的资源环境优势和产业基础优势，发展具有区域特色的产业聚集。因为不结合当地具体情况，单纯发展园区产业，往往会出现园区产业聚集内的产业同构现象。

园区政府应引导促进产业关联度高的主导产业在园区内建立与发展。首先，园区选择的主导产业需要能够带动相关产业和周边地区经济发展，该产业有良好的产业发展前景，该产业能够发挥当地的产业优势，该产业具有良好知识溢出效应，能够带动园区其他产业共同进行技术创新等。其次，园区做为区域经济发展的重要平台，应当在国防、能源、芯片、空间技术等方面有所侧重，这也是结合国家的整体利益考虑。这些产业由于风险高、投入大、技术难度大，不容易开展，但做为战略性产业，条件具备的园区应当将这些产业发展为主导产业，从而提高国家整体竞争实力。第三，为提高国家和区域产业的国际竞争实力，园区主导产业应该选择可以有效实现国际资本、人才、技术融合的产业。这样的产业生产的产品能够具备较强国际竞争力，提升国家出口产品的产业等级。第四，园区主导产业的选择应该结合当地气候条件、地理位置、交通状况、物产资源和人力素质等，结合园区所在城市的区域整体规划和政策来决定。

综上，园区产业体系、主导产业的选择能够促进园区产业聚集水平的提升。营造创新创业环境、集聚科技创新资源、提升自主创新能力、培育自主创新产业、辐射带动区域经济发展是国家设立园区的根本宗旨，不过地方政府建立园区仍然存在只重视产业规模聚集，只重视短期经济效益的现象。因此，我国园区发展应当将区域产业发展优势和国家经济战略结合起来，用国家宏观经济发展战略引导园区发展；同时园区发展应紧密结合当前国家宏观调控政策和相关产业政策，找准自身优势，定位自身在全球资源配置价值链中的最佳位置，形成特色化、差异化竞争优势。

（三）完善园区的市场服务体系

1.拓展金融服务渠道

结合我国国情，可以考虑采取税收优惠鼓励银行向园区企业放贷、开设中小企业银行、建立中小企业发展准备金、发展民间金融机构等方式来拓宽对园区内企业的金融服务渠道。同时，应逐步与资本市场进行对接，建立和完善风险投资机制，首先是建立多元化的投资主体，可以是民营企业也可以是外资企业。其次完善这些风险投资主体的退出机制，实现资本的迅速动态流通。此外，还要进一步完善产权交易市场，降低企业交易的成本。

2.完善物流服务体系

良好物流体系的建立需要物流企业、政府部门、行业协会和社会各界力量的大力协作。对企业来讲，应该充分利用专业分工的优势，将物流业务外包给专业的物流企业完成，与此同时加强外包业务的监管，注意风险的防范，而自身集中力量发展优势产业。从政府来说，提供公共产品是其职责，但也应充分认识到完善物流体系是加快园区产业聚集的一个重要举措，具体包括建造区域性物流中心，加快物流业的信息化建设等。

3.要培育中介服务组织

中介组织做为独立于企业及政府的第三方，以其专业能力专门为市场主体提供服务，其承担着构筑市场主体之间、政府与市场主体之间桥梁的重大角色。中介服务组织也可称作经纪人或中间商，他们利用专业知识鉴定识别产品质量，在促使买卖双方产品信息对称，促进竞争透明、充分，避免过度竞争非常有效。政府若在培育中介服务组织上多发挥作用，可以使园区中买卖双方由于信息不对称产生的不利决策状况得到改善。

三、利用同业竞争环境

在产业园区，一方面，自贸试验区内产权集群明显，区内的同业竞争会促使企业"优胜劣汰"和不断提升效率及技术创新；另一方面，区内企业由于地域的接近和管理者的密切关系，可以方便地通过互相交流、共建供应链体系等方式，在彼此间建立密切的协作关系，实现多家企业的市场联动发展。

（一）强化园区发展规划和产业引导

政府应改变在园区管理中的角色，变"保姆"为"助产士"。由于我国的国情，在园区建立发展之初其都是政府主导下的产物，所以园区的发展受到了政府过多的保护和干预。比如，为了完成招商指标，园区出现对入园企业的盲目选择及过分优惠的政策。还有为了完成政绩要求，出现一些违反园区发展规律的扭曲行为。园区的发展需要制定符合聚集规律的发展规划及合理的产业引导政策，这就需要根据园区发展的不同阶段采取不同的产业引导政策及优惠措施，使园区的发展建立在对企业自身投资选择规律的基础上。

（二）加大园区政策引导和评价考核

园区经济的发展与区域经济发展，甚至与国民经济发展都是紧密相连的，由此可见园区经济发展的重要性。然而，目前园区管理中仍然存在着评估不合理、机制不够规范等问题，解决这些问题做好园区政策引导和评价考核工作显得非常重要。

1.需要强化园区的政策引导

对于园区的发展，政府部门应该将科学规划做为调整区域产业结构、加快转变经济发展方式的重要内容，在园区的土地使用、规划建设和环境保护等方面进行积极的规范引导。比如对于土地使用，应该明确是用来建设科研院所、园区企业培育基地还是相关科技基础设施。还有对于园区规划要有科学性，规划要长远，要本着提高园区企业自主创新能力的目标，将规划内容与具体制度流程相结合,在专门协调机构的监督下,保证政策执行的有效性和连续性。

2.需要建立科学合理的评价考核体系

目前,园区的考核体系注重考察知识创新能力、国际化竞争能力、集聚化生产能力和可持续发展能力等,然而还存在着某些评价指标的可执行性不高,没有考虑到各个园区的实际情况等。所以,政府应从各个园区的实际出发,完善园区的绩效评估体系,制定差别化评估标准,科学引导、有力落实,推动园区经济发展的良性循环。

(三)完善产学研合作机制

园区的技术聚集、产业质量聚集都离不开科技创新,而科技创新活动依托园区的企业、科研机构和高校。所以,园区需要进一步促进高校、园区企业、科研机构的沟通、交流和合作,整合教学、研发和生产资源,发挥高校的人才优势、科研机构解决疑难问题的能力,帮助企业实现科技突破和创新,有效提高企业的生产率。此外,科研机构和高校可以做为园区企业的智囊,省去企业自主研发的成本,帮助企业实现利润增长。同时,高校、科研机构和企业之间可以实现科研带动产业,产业回报科研的模式,实现共赢局面。

然而,阻碍产学研互助合作最大的问题在于,我国高校和研发机构是中央及地方财政拨款来维持运营,这种模式下,高校和科研机构的积极性并不能充分地调动起来。所以,需要不断鼓励高校、研发机构不断进行内部机制创新,转换角色定位,拓宽资金来源渠道,鼓励高校和科研机构与园区企业合作。这样,不但高校、科研机构能获得更多的科技研发的资金来源、丰富融资手段,还能够使高校和科研机构紧贴市场前沿,了解目前的市场需求,开发出时代需要的科技产品,加快研究成果的快速转化,充分调动科技人员进行技术创新的积极性。实现园区、高校、研发机构间分工合作、优势互补、利益共享的格局。

(四)加大中央和地方政府的互动配合

园区的发展既有利于地方经济的发展,也有利于国家整体经济实力的提升。在园区发展过程中,中央的政策往往从宏观角度、国家战略层面来考虑,而地方的政策往往重视区域、地方的经济效益,如果两者相结合,有可能形成协同效益,就能够实现整体辐射局部、局部带动整体的双赢局面。这种理想状态需要中央和地方政府形成互动配合的局面。

首先,建立地方政府和中央相关部门的沟通协调机制。定期召集中央相关部门和地方政府、园区管委会相关人员的座谈会,共同讨论园区发展方向、面对问题及可行性方案。

其次,中央相关部门应定期征集地方政府、园区管委会对园区未来发展的思路和看法。在征集这些资料后,针对各个园区的发展实际和具体情况,进行差别化指导,统筹规划,立足园区健康发展。

第三,地方政府要充分考虑实现国家战略的重要性,服从中央的布局和指导,完成发展目标,将园区的科技转化能力、科技创新能力、科技创新氛围做为考核指标,大力发展园区经济。

第二节 加强和改进金融结构的合作

金融改革与创新是我国自贸试验区落实新时期政策沟通、设施联通、贸易畅通、资金融通、民心相通目标的主要途径和基本内容，从我国早期成立的四大自贸试验区营商环境中可以看到，金融领域是自贸试验区实施改革和开放的重点。

一、金融开放创新政策

扩大金融业的对外开放和改革是自贸试验区政策的重要内容。金融开放创新主要分为两个方面，一方面促进开放，降低准入门槛，引进金融资源，另一方面为加强金融改革，促进制度创新。

（一）金融开放政策

降低准入门槛，引进金融机构。有关自贸试验区降低准入门槛的政策中，"负面清单"制度是最著名、最具代表性的一项。上海自贸试验区率先提出要探索实行"负面清单管理模式"，并于2013年9月发布了第一版"负面清单"，此后负面清单经历了多次瘦身，截至2021年版本，负面清单的特别管理措施已经由起初的190条减少到了27条，特别是其中的金融业准入的负面清单早已在2020年版本中清零，开放度及透明度越来越大。到现在，各个自贸试验区都建立了"准入前国民待遇+负面清单"的市场准入机制，对符合资格的民营企业和外国企业更加开放，既鼓励银行业、证券业、保险业等传统的功能类金融机构，也大力引进公募基金、再保险、互联网金融、科技金融、境外股权投资公司等新型金融机构的入驻，促使区域内金融机构数量增加、种类多样，有利于更好地发挥规模经济效力，深化金融集聚效应。

引进国际化平台，健全金融基础设施。自贸试验区的金融开放政策条例中，除去直接针对金融机构的引入政策外，也鼓励各类配套的金融基础设施的引入，尤其是努力引进各类国际化的金融基础设施和平台，有利于帮助境外投资者参与我国国内金融市场的各类交易，提升我国金融市场的服务性功能。例如上海自贸试验区"金改40条"中，支持中国外汇交易中心、上海证券交易所建立"国际金融资产交易平台"，鼓励上海期货交易所建立"上海国际能源交易中心"等；天津自贸试验区设立了亚投行第一个境外总部功能中心——亚投行数据综合业务基地；广东自贸试验区首个具有国际影响力的金融论坛活动——国际金融论坛（IFF）全球年会等。

扩大人才准入，加强人才引进。人才是金融业最重要的资源之一，吸引金融人才在区内落户，是促进区内金融业发展和集聚的重要举措。各自贸试验区纷纷在其政策方案中重点强调关于金融人才的引进与落户措施，通常这类政策都包括提供居住便利、打造宜居环境、提供跨境金融服务及帮助相关人才的子女就学和健康管理等内容，为境内外金融人才在区内工作和生活提供了一体化的服务机制，有利于吸引金融人才，为金融集聚提供人才支撑。

（二）金融制度改革

制度的改革创新是自贸试验区建设的核心内容，在金融板块，自贸试验区同样具有众多制度创新，其中，有利于金融集聚的金融制度创新主要涵盖了跨境金融领域和金融监管领域。

前两批自贸试验区设立后颁布的金融政策条文有助于形成更好的境内外资金流通，降低金融企业的跨境资金成本，提升资金流通效率，为跨境金融提供制度支撑。

（1）建立境内外双向资金流通的工具体系

"自由贸易账户（FT账户）"制度做为重要的境内外资金流通基础设施，是金融开放的工具支撑，是后续颁布的资本项目可兑换、人民币国际化等制度创新的基础。FT账户体系的建立使银行账户中的本外币交易系统得以突破，实现了客户、银行、监管三方的统一，实现了相同账户内的可自由兑换，拓宽了国内在岸与离岸市场的资金流通通道（任春杨，2019）。

（2）提供境内外资金流通便利化的政策支持

投融资汇兑便利、人民币跨境使用、外汇管理改革等一系列相关金融制度的提出，通过简化手续、放松管制、提高效率、系统监督，为资金在境内外两个市场流入流出提供了政策支持，无论是出于境内外投融资的目的、实体经济交割的目的或是关联企业间资金调配的目的，在允许的范围内都能使资金流通更通畅，大大降低了资金成本。

（3）建设金融监管制度

良好的金融监管措施有利于降低金融企业的资金成本，若金融机构对区域内的金融安全抱有信心，则非常有利于吸引金融类企业的入驻和金融资源的流入。各自贸试验区在大力促进金融制度改革的同时，不忘金融安全环境的建设，上海、广东、天津、福建四大自贸试验区的《总体方案》中，无一例外地都设计了专门的板块讲述监管相关政策。同时人行公布的《指导意见》中更是对金融监管做出细化，强调了关于反洗钱、跨境资本流动风险管控、金融消费权益保护等内容，探索建立完善的金融监管框架、加强金融监管能力建设、强化金融协调监管等金融监管机制，将事前监管转为事中事后监管，为自贸试验区内的金融活动提供了强大的安全保障。

二、贸易投资自由化便利化政策

贸易投资自由化便利化相关政策促进了当地贸易投资的发展，拓宽了自贸试验区区内金融机构的业务范畴，降低了资金成本，有利于放宽对金融业务的管制，拓展新型对外业务，从而拓展金融机构的盈利空间，加强金融机构的盈利能力，有利于间接促进金融集聚地形成。

（一）一般性跨境业务的拓展

各自贸试验区均在一定程度上放宽了各金融机构跨境业务的范畴，例如上海自贸试验区提出了"鼓励证券期货经营机构参与境外证券期货和衍生品交易试点"，"允许基金管理公司子公司开展跨境资产管理、境外投资顾问业务"等业务拓展内容，广东自贸试验区率先推动实现了"六个跨境"创新。同时，人民银行也在其公布的各自贸试验区金融发展指导意见中提出支持区内的商业银行、公募基金、证券期货等，扩大相应的离岸业务范畴，对跨境资产管理业务进行试点，鼓励参与境外证券期货和衍生品交易试点等。

（二）与国家战略相结合的跨境业务拓展

各自贸试验区将进一步强化支持投融资功能，为境内外有关机构发行的融资、投资、建设等提供帮助，为新时期重大工程建设提供资金保障，大力发展出口信用保险、工程建设保险、海外投资保险等国际金融服务，并与金融发展中国家加强贸易往来。

三、转变政府职能政策

自贸试验区通过转变政府职能的相关政策，促进了自贸试验区内营商环境的改善，有利于优化政府供给，降低金融企业经营成本，吸引金融资源的集中。

（一）加强自贸试验区制度创新系统集成

自贸试验区改革开放涉及诸多领域及部门。改革进入深水区，更是牵一发动全身，改革创新整体性与协同性的重要性日益凸显。在制度设计上，应注重系统集成，进一步加强不同改革领域和各项制度之间的内在联系，完善管理体制和工作推进机制。

1.完善与开放型经济相匹配的制度创新体系

目前我国自贸试验区在投资、贸易、金融开放等领域已取得重要进展，要聚焦这些重点领域，进一步深化和完善。

（1）完善以负面清单管理为核心的投资管理制度创新

在建立安全审查制度的同时，减少禁止和限制外商投资行业的数量，除股权限制外，有针对性地采取最惠国待遇、业绩要求、高管和董事会等限制方式。在形式上应与国际标准对接，包括六大核心要素：部门、子部门、行业分类、保留条款的类型、政府层级、措施，还应进一步提高负面清单变动程序的透明度。

（2）完善以贸易便利化为重点的贸易监管制度创新

继续深化国际贸易"单一窗口"建设，进一步提高通关效率。深化货物状态分类监管，考虑货物来源地和进出区不同流向、用途等因素，推动货物状态分类更加合理化，使监管模式更加灵活弹性。

（3）积极审慎推进金融开放创新

金融开放创新有其特殊性，暂时不一定在面上推开。上海自贸试验区应当在这方面发挥先行先试功能，拓展自由贸易账户功能，加快面向国际的金融交易平台建设，探索建立人民币国际化服务中心。

（4）加快建立符合国际惯例的税收制度

目前我国自贸试验区鼓励离岸业务发展的税制设计仍是空白，境外股权投资税收制度与发达国家相比差距很大，建议尽快建立鼓励离岸业务和境外股权投资发展的税收制度，对离岸贸易和离岸金融业务实行低税率。

2.完善与市场化改革相适应的政府治理体系

对外开放和市场化进程越深入，越要求政府管理有大的突破。要适应开放型经济发展的要求，切实加快政府职能转变步伐，构建法治政府与服务型政府。

（1）推进简政放权向纵深发展

积极开展市场准入负面清单制度试点，赋予市场主体更多的主动权。深化商事登记制度改革,提高行政许可事项的透明度和可预期性,破解企业准入"能进不能做"的制度瓶颈。

(2)构建全方位的事中事后监管制度

促进不同部门间的信息交流和资源共享,推进统一市场监管和综合执法,提高监管效能。进一步完善公共信用体系,加大违法违规行为惩戒力度,提高失信成本。

(3)加大政府服务管理创新力度

推行"互联网＋政务服务"模式,以信息化手段推动政府服务管理流程再造。积极推广PPP模式,充分发挥社会资本在参与公益性事业投资运营中的作用,提高公共服务供给效率。

3.完善与自贸试验区相配套的法治保障体系

建议在国家层面制定《中国自由贸易试验区法》,提高自贸试验区立法的统一性和权威性,并对各地自贸试验区法治建设中存在的深层次问题加强立法指导。改变目前自贸试验区相关法律事项"一事一议"的做法,针对自贸试验区专门制定便捷的暂停相关法律法规实施的程序,促进相关改革举措尽快落实。除司法诉讼外,积极发展仲裁、协商、调解等多元化争议解决机制,尤其是完善仲裁机制,充分发挥其高效便捷的优势。健全国际性法律服务体系特别是国际法律查明机制,为自贸试验区法院商事审判提供境外法律查明服务。加强境内外法律服务业合作,吸引境外知名法律服务机构入驻,加强法律服务人才培训。

(二)推进高标准国际投资贸易规则先行先试

应立足于国际形势的变化,在风险可控的条件下,在自贸试验区率先开展一系列重要议题的改革试验,为我国参与国际经贸谈判积累经验,发挥先行先试效应。

1.推进最新经贸谈判议题的改革试验

未来全球经济治理规则面临新的变化,如果TPP协定不能生效,协定相关各国将寻找替代方案,这在一定程度上给中国积极参与和推动的区域全面经济伙伴关系协定(RCEP)提供了契机,迫切要求自贸试验区加大高标准投资贸易规则试验力度,更好地发挥先行先试作用,对符合我国改革目标的议题率先试验。

(1)探索构建竞争中立制度

特别是建立公平竞争审查制度,在法规政策制定中对相关措施是否可能导致不公平竞争进行审查,并对现行法规政策中不符合竞争中立原则的内容进行清理。对竞争性国有企业要逐步取消在项目获地、融资等方面的优惠待遇,提高自主竞争能力。

(2)加大知识产权和环境保护力度

自贸试验区应实施更严格的知识产权保护和执法制度,完善环境监管执法体系,推行环境保护协议制度,鼓励企业与政府部门签订高于法定要求的改善环境协议。

(3)探索建立投资者异议审查制度

当投资者认为相关法规规章或文件违反我国加入的国际条约、国际惯例时,可提出异议审查申请,从而为我国参与国际经贸谈判提供参考。

2.完善对外开放的风险防控体系

借鉴发达国家经验,在扩大开放的同时,加强风险监测和事中事后监管,提高风险防控能力。

（1）完善产业风险防控制度

尤其是加快健全国家安全审查制度和反垄断审查协助工作机制。在地方事权范围内加强相关部门协作，提高信息互通、协同研判、执法协助水平，确保落到实处。配合国家有关部门建立与开放环境相匹配的产业预警体系，及时发布产业预警信息，采取有效应对措施，防止外资过度进入对国内产业安全造成损害。

（2）完善金融风险防控制度

按照宏观审慎评估体系要求，建立与自贸试验区金融开放创新相适应的金融综合监管机制，加强对大规模短期资本跨境流动的监测分析，强化跨部门、跨行业金融业务监管协调和信息共享，提高金融风险协同管控能力。

（三）注重自贸试验区与重大国家战略协同联动

自贸试验区在国家战略中具有独特的重要地位，要从整体视角出发，充分发挥自贸试验区与长江经济带等国家战略的联动效应，形成相互支撑、相互促进的局面。

1. 强化支点作用

自贸试验区在新时期建设中承担着不可替代的独特功能，应当成为辐射和服务的枢纽平台。

（1）构建贸易服务枢纽

结合亚太自由贸易区建设，构建面向未来的"互联网+跨境自贸区"数字化网络，为互联网跨境贸易企业构建物联网、云计算、大数据、电子认证和产品追溯等公共服务平台。探索实施自贸区融合发展战略，促进构建综合交通枢纽。

（2）构建金融服务枢纽

上海自贸试验区在这方面承担着尤为重要的功能，应依托上海国际金融中心建设，充分发挥亚投行与金砖银行的作用，加强与金融中心的合作，打造服务的跨境投融资平台。

2. 充分发挥对长江经济带的辐射带动效应

加大自贸试验区制度创新力度，推出更多可复制、可推广的创新举措，推动创新成果在长江流域推广和共享。深入推进国际贸易"单一窗口"建设，加快推进电子口岸跨部门共建共管，优化口岸监管和通关流程，推进长江流域口岸通关合作，推动长江经济带通关一体化。拓宽境外投资者参与境内金融市场的渠道，提升金融市场配置境内外资源的功能，为长江经济带企业提供更为便利的金融服务。加强长江经济带地区间的互联互通，包括基础设施、信用信息和企业信息等方面的共融共通。

3. 加强与其他重大国家战略的联动

目前我国的自贸试验区，分别承担着相应的国家战略功能。例如，天津自贸试验区主要是服务京津冀协同发展，广东自贸试验区立足于深化内地与港澳经济合作，福建自贸试验区立足于深化两岸经济合作。在新设自贸试验区的7个省份中，辽宁主要是着眼于提升东北老工业基地整体竞争力，浙江主要是探索建设舟山自由贸易港区和推动大宗商品贸易自由化，湖北主要是发挥在中部崛起和长江经济带建设中的示范作用，重庆主要是带动西部大开发战略深入实施，四川主要是打造内陆开放型经济高地，河南主要是建设服务于新时期建设的现代综合交通枢纽，陕西主要是充分发挥对西部大开发的带动作用。在自贸试验区建设中，除加强与长江经济带联动外，还要与其他重大国家战略紧密结合，明确自贸试验区在特定国家战略中应承担的功能，并采取针对性的战略举措，充分发挥辐射带动作用。

（四）统筹全国各自贸试验区联动协作和差别化试验探索

我国自由贸易区建设已进入联动推进的新阶段，要在国家层面统筹指导下，形成各具特色、有机互补的试点格局。

1. 鼓励自贸试验区凸显自身特色

目前，全国各个自贸试验区所在区位各不相同，既有沿海又有内地，既有东部又有中西部。在制度创新过程中，既要加强统一指导，又要充分发挥各地的积极性和主动性，鼓励各个自贸试验区根据自身实际，推进差别化试验与错位发展。为此，要进一步加大简政放权的力度，对能下放到地方和自贸试验区的权力要尽可能下放，给予自贸试验区更大的自主权和创新空间。同时，建议设立自贸试验区改革创新的容错机制，激发地方政府的创新积极性，减少后顾之忧，为激励其大胆创新提供制度保障。

2. 加强各个自贸试验区联动协作

自贸试验区建设不少问题有其共性。各个自贸试验区在制度创新过程中，应加强共性问题的交流，及时沟通有关信息，提高制度创新的整体效率。不同自贸试验区的制度创新既要有所侧重，又要加强统筹考虑和互联互通，是否可以允许企业在某个自贸试验区注册登记后，到其他自贸试验区也享受同等待遇，目前一个自贸试验区是120平方公里左右，如果全国自贸试验区加在一起，我国很大的国土范围已对标国际经贸规则，由此形成的制度创新整体效应是巨大的。

四、差异化探索政策

由于各自贸试验区的经济基础、产业基础及地理区位的不同，因此各自贸试验区同样具有差异化探索政策，借助各自独特的地理区位和产业特色，借助实体产业的集聚，产生相应的金融需求，提供金融产业发挥其服务性功能的空间，从而促进金融资源的集中，有利于当地形成自己的金融特色，促进当地金融业务的拓展，吸引了相当一批有关的金融机构和金融产业的入驻。

（一）结合区位优势

上海、天津、福建、广东自贸试验区都结合自身特殊的地理区位，对自身的制度创新和金融开放政策进行了差异化探索。在四大自贸试验区的《总体方案》中，上海自贸试验区希望借助自身"国际金融中心"的早期定位继续大力促进金融业的发展，形成国际化、市场化、法治化的全球金融中心；天津自贸试验区推动实施"京津冀协同发展战略"，加强区域金融协作，承接央企金融资源；广东自贸试验区积极推动"适应粤港澳服务贸易自由化"的金融创新，支持港资澳资金融企业在区内的入驻和发展；福建自贸试验区积极推动"两岸金融合作"，结合自身与中国台湾地区的联系，积极吸引台资金融企业在大陆发展，促进金融服务业对台资进一步开放。

（二）结合特色产业

除地理区位的不同之外，各自贸试验区同样借助自身的特色产业，对当地的金融产业及金融政策进行了一系列的升级创新。以天津自贸试验区为例，结合当地天津港和滨海国际机场的优势，天津原本就是我国重要的融资租赁业中心，集聚了大量的融资租赁产业，截至2021年，天津市具有全球第二大飞机租赁聚集区的地位，是重要的高端装备租赁中心。相应的，天津自贸试验区最突出的一项金融改革措施就是融资租赁，通过"开展经营性租赁收取外币租金业务""开展外资融资租赁公司外债便利化试点"等制度改革措施，充分利用金融租赁业的聚集与辐射效应，促进了当地金融产业和金融资源的集聚。

总体来看，自贸试验区的政策兼具三种视角：从微观角度来看，这些政策降低了准入门槛，引进了金融机构、金融平台、金融人才，促进了金融要素在区内的集聚；从中观角度来看，拓宽了金融业务范畴，降低了企业的资金成本，提升了金融机构入驻的意愿；从宏观角度来看，完善了金融市场，建立健全区内的金融制度体系，增强了金融服务能力，保障了金融安全环境，从而从整体上形成了全面的金融生态环境，最终促进了自贸试验区内金融集聚地形成。

第三节 推动区域经济一体化的国际经验

一、国内企业国际化发展策略

（一）企业国际化发展的战略意义

1.当今世界经济已经进入了全球化的时代

这个大家可以从自己的日常生活和工作当中发现，全球化的影响无处不在。进口的生活用品，进口的生产原料，机器设备，高新技术等，都来自全球各地的公司；而中国，近年来更是海外投资的主力，在2015年成为世界第二大对外投资国；出口贸易更是在2020年创造了历史新高。

而在十多年前，大家耳熟能详的，是中国制造，全球工厂等，这都是中国打开国门后从海外涌进来的跨国公司，中国提供了极具比较优势的劳动力市场及巨大的消费市场，成为全世界最为开放的市场之一。尤其是2001年中国加入WTO后，跨国品牌蜂拥而至，国内市场的国际化竞争已经十分激烈。

你中有我，我中有你，已经成为世界经济主流力量的运营模式。经济全球化是企业国际化的根本驱动力。我们应该充分认识事实，并且主动去拥抱趋势。

2.产业升级转型在全球范围内配置资源的需要

当今世界经济处于全球化的时代，在全球范围内配置资源是提升产品和企业竞争力的重要武器，埃森哲公司和《经济学人》信息部联合针对亚洲企业国际化进行的调研显示，超过一半的企业希望通过国际化在价值链上拥有更多的主导权。

而技术和产业的转型在近些年更是突飞猛进地发展,中国正在向制造4.0的时代前进,以环保绿色新能源为主导的科技和生化技术是未来发展的重点,也将会影响到所有的产业升级转型。

3.应对贸易保护主义是企业化解关税壁垒威胁的选择

全球贸易预警组织的数据显示,中国是全球受贸易保护措施伤害最严重的国家,在2008年金融危机之后,贸易保护主义大有抬头之势,中国企业遭遇到了越来越多的反倾销、反补贴、反规避、反垄断及技术限制等各种壁垒,在这样的情况下,进行到东道国海外投资是一种选择。

4.企业成为世界级公司的需要

企业进行海外投资或并购的国际化行为,主要是为了寻求资源、技术、品牌、管理和市场,开拓海外市场,寻求战略资源,从而不断增强自身实力,形成其核心竞争能力,塑造国际品牌,实现企业利润的最大化。

陈清泰先生也提出:通过引进来走出去,培育一批具有全球意义的龙头企业也是中国工业化必须实现的目标。这些企业不仅仅有世界级的规模,更重要的是拥有全球视野、战略思维能力的企业领袖和经营团队,有集成和整合全球资源的能力,成为全球产业链、价值链的组织者。有这样目标的跨国公司,必须是在国际化经营过程中不断成长和提高的优秀企业。

(二)中国企业国际化发展进程

每一个企业的国际化发展都离不开国家政策的引导和支持,在过去的四十多年,中国企业走出去的进程可以分为图6-1展示的五个阶段。

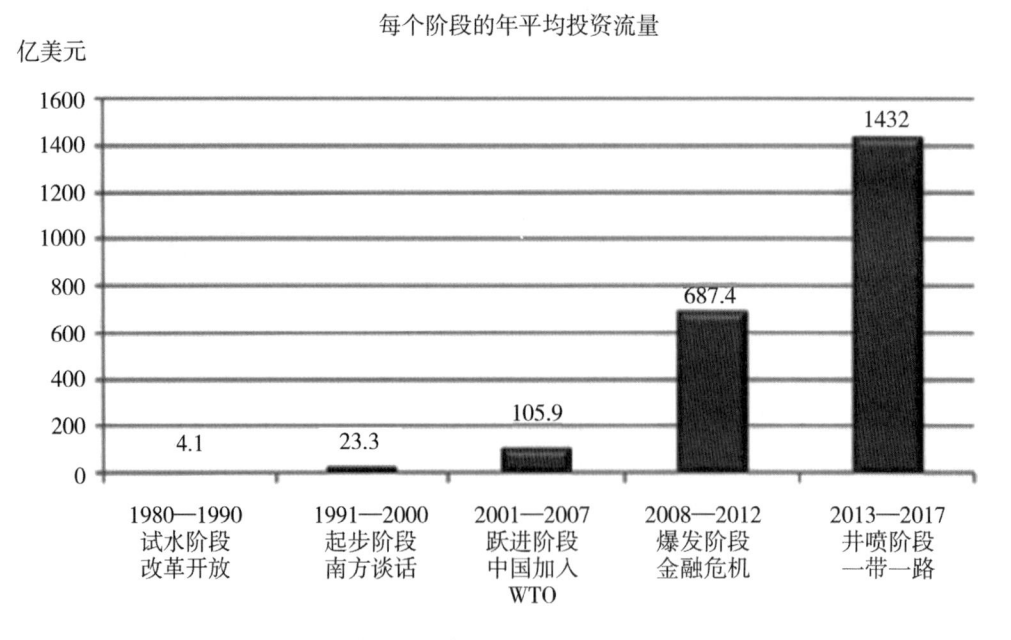

每个阶段的年平均投资流量

亿美元

阶段	年平均投资流量(亿美元)
1980—1990 试水阶段 改革开放	4.1
1991—2000 起步阶段 南方谈话	23.3
2001—2007 跃进阶段 中国加入WTO	105.9
2008—2012 爆发阶段 金融危机	687.4
2013—2017 井喷阶段 一带一路	1432

图6-1 中国企业国际化进程

从这五个阶段解读下来,我们清晰地看到了中国企业的投资领域从传统的生产资源类发展到科技、互联网、信息等高新产业,直接参与世界各国包括发达国家公司的重组并购当中,已成为世界经济舞台的主要参与者。

由于中国不断完善的投资环境和政策支持，中国在对外投资和吸引外资方面有望保持高位。

（三）中国企业国际化发展模式

根据每个企业不同的发展阶段、行业特点和企业国际化目的，中国企业国际化主要可以分为如下五种模式：

1. 市场战略模式

根据国务院发展研究中心企业研究所课题组所做的研究显示，在中国 500 强走出去的企业当中，开拓海外市场是最直接最明显的目标。这一类的企业都会选择市场战略模式，主要包括：国内知名品牌在海外自建销售网络，或并购海外企业获得海外销售渠道，自建生产基地，或者做专业的 OEM 制造商等模式，主要进行这类模式选择的行业是汽车、电子、交通和家电等行业。

2. 资本战略模式

资本战略模式刚开始主要是国有大型企业改制的需要，最典型的是发行 H 股在海外融资，实现国际化的目的。青岛啤酒是中国第一家海外上市的公司；但到近期，资本战略主要是互联网的新技术企业，如以新浪为代表的一批企业；新势力造车企业，如蔚来、小鹏等。

3. 技术战略模式

随着中国企业的成长，参与国际分工的逐渐深入，中国的企业尤其是高新技术企业主动在全球寻找先进的技术来源，在互联网、信息产业、通讯、汽车等行业中，通过跨国并购技术公司、境外设立研发中心等方式，实现研发业务的全球化运作，获取最先进的技术资源，帮助公司获得核心竞争能力。

4. 资源战略模式

资源战略模式是原生型的海外拓展模式，主要集中在石油、煤炭、钢铁等行业。

5. 混合模式

每个企业的国际化发展之路都是循序渐进的，根据不同的阶段会采取不同的发展战略。比如说很多企业刚开始是市场战略模式进入，随着发展，会进入资本战略或者技术战略，实现公司更加全面的国际化发展，从而反哺母公司在整体战略定位、管理体系、经营能力和抗风险能力方面的全面提高。

（四）中国企业国际化拓展战略制定考量要素

通过对大量海外案例的总结，一个企业决定要走向海外的时候，必须要考量的因素主要有以下三个方面：

1. 国际化的愿景

绝大多数有海外业务的公司，其国际化发展都是公司的战略发展板块之一，是公司的长期愿景。

而企业国际化发展的动因，往往是内外机缘的共同作用，内部动机是企业的发展阶段，需要寻求新的经济增长点；而外因是国家和政策的导向，以及国际竞争环境的变化。当内外动机结合在一起的时候，会产生比较明确的国际化发展动机，这个时候的国际化动机往往是比较方向性的，比较主观。企业这个时候，应该根据公司发展的愿景，结合公司的主营业务和市场机会，去制定或者审视国际化的短期和长期目标。跨洋出海的业务应该符合发展战略的要求，是公司的主营业务的发展，而不要轻易尝试不熟悉的领域。

这里一再强调公司国际化的愿景，因为一旦启动国际化的业务，公司的战略规划路径、资源分配、组织架构都将会发生相应的变化。而企业国际化发展是否能够见到成效，是一个较长周期的过程，在这个成长过程中，如何分配资源处理国内业务和国际业务的关系，是需要明确的国际化目标和愿景做支撑的。否则，国际化的进程，在企业内部就已经受到了很大的阻力，就更加难以见到成效。根据愿景制定的中长期国际化目标给企业带来明确的人才储备要求、技术研发能力要求、跨区域跨文化的组织管理能力要求。

2. 对目的国情况的深刻了解

这个深刻了解来自两个方面，一方面是硬性要素分析，这包括：市场机会及特点；新产品机会或现有产品改造适应性分析；成本分析；供应链分析；行业和劳动力情况；法律法规分析。另一个方面是软性要素分析：政治经济特点、文化、社会意识形态。硬性要素的分析，是十分量化的，通过项目的可行性分析报告可以完成，而软性要素的影响是无形且巨大的，它很难量化体现在你的可研报告里面，但它会无时不在地体现在公司运营的各种关系中。比如说，印度尼西亚，当地的人之间的交往比较礼貌，而当地人对外国人的交往更是谨慎和礼貌，一般从来不当面拒绝别人，但这并不意味他表示同意。

因此，在商务沟通上，造成很多在印尼的外资公司的外籍管理人员与当地人沟通的理解差异，从而耽误工作的进度。这种情况就要求驻外的管理人员要学会多次沟通、侧面沟通等方式，去保证大家双方理解的一致性。

3. 企业对自己的了解和评估

企业国际化准确度的评估有两个维度，一个维度就是国际化业绩经营指标，而这个和企业国际化的短期、中期和长期目标形成了一个闭环，第二个维度是企业国际化运营能力，这个能力的准备是要依据企业短期中期长期目标投入资源的，比如说，短期目标是出口，那企业是否有能够从事出口业务的合格人才？产品是否有比较竞争优势？是否满足目标国的需求及法规的要求？如果没有满足，企业是否有技术改进的能力？

中国做为后发国家，在国际化经营中，会遇到非常大的软性阻力，比如说发达国家的抵触和发展中国家的不信任，这需要中国的企业在国际化的发展中，有明确的发展规划和定力，扎实地做好国际化征途中的基础工作，以学习的姿态、充分沟通和互相尊重为法宝，不断达成目标。

（五）国际化企业与东道国商务互动关系的特点

做为一个海外公司，在东道国的眼里，就是一家本地的外资公司或者合资公司。绝大多数国家都是会用政策吸引外资到本国来投资发展经济，因为这个可以解决政府最关心的就业问题。

做为一家外资公司，首先需要理顺公司内部的各种关系。首当其冲的是劳资关系。绝大多数的企业设立海外公司，主要是派驻核心管理人员，大多数的公司成员都是本地化招聘，公司势必是由不同文化、不同语言、不同阶层的中外员工组成，因此，有清晰的劳动人事政策、薪酬政策等各类管理规定，在员工加入公司之前就有明确的沟通同时有章可查是非常重要的。人们都重视一种事前已经达成的约定。因此，人事政策是不能随意变更的。同时，人力资源总监的角色应该是由东道国本地人担任，这比较有利于员工的沟通。

另外，公司官方语言的约定，也是十分重要的，语言是沟通的基础，如果是到母语不是英语的国家设立分公司，约定公司官方语言更为重要。有很多的沟通障碍，不是达成目标决策上的不一致，而是在一开始的沟通上，对问题的理解都没有统一。如果大家拿到的是两个问题，又怎么可能得出同样的答案呢？根据当地发展的目标，去设定海外公司的价值观和愿景，要使这个愿景和当地员工发展的需求契合起来，而不能仅拿中国总公司的愿景放在海外公司的墙上。当地的员工是无法理解这个愿景和他有什么关系的，自然也很难形成价值观的引导。内部关系的良好管理，是增强企业活力和竞争力的重要部分。而外部关系，更是生存和发展的需要。

1. 海外东道国的市场营销

第一，中国企业和中国品牌的海外营销，第一要务是打造信任度。

产品（或服务）是核心，是一切商业活动的基础和载体；质量是中国产品进入世界市场的保障，是打造国际品牌的基本要求，是持续发展的基石；品牌定位，中国品牌的推广必须说好品牌故事。

中国品牌在世界上留下的印象相对低端，这对于迅猛发展的中国企业而言是一个需要努力去扭转的局面。企业需要挖掘更多的品牌故事，增加品牌的可信度。同时，要设计产品与品牌的关系，现在与发展的关系。品牌的内涵往往是国内总部已经确定的，而东道国投放的产品是诠释品牌的实物载体，需要把品牌故事和产品互动起来，不断深入品牌感知印象，形成与竞品的区隔。

口碑管理，建立社群，很多国家可以利用华人社区搭建口碑管理的平台，引导舆论。同时必须快速响应顾客需求，听取当地市场和用户的声音，及时调整包括产品和品牌在内的营销策略。

第二，传播与推广，就用他们的语言，说能够扣动他们心灵扳机的话。

传播与推广，其实就是与顾客的对话和交流，因此第一要务，是要用本地化思维，用他们的语言，说能够扣动他们心灵扳机的话。

尊重东道国的文化，遵循主流价值观导向，在推广时才能与当地人民同频。尊重东道国宗教禁忌、商业禁忌，不要在这些方面试图标新立异。

了解东道国受众的主要媒体接受方式，不要想当然运用目前中国的主流传播形式。比如说：目前中国的自媒体和网络传播，在世界上都是领先的，不要想当然地认为，在海外其他国家，这也是最好用的传播渠道。实际上，很多的国家，网络并没有中国发达，区域发展又不平衡，有些区域还是电视或者甚至报纸是主要的广告媒介。这些要经过充分的调研，切忌想当然，用中国的经验主义进行判断。

第三，渠道为王——建立攻不可破的本地商业关系。

渠道是公司产品（或服务）在当地推广的落脚点，是产品（或服务）直接面对顾客的窗口，是顾客对产品（或服务）及品牌和企业产生认知的实体载体。

管理有序、步调统一、欣欣向荣的终端展示是企业/品牌强大的有力背书。

建立有竞争力的渠道关系需要充分考虑：社会经济基础制度，同业竞争生态，渠道业态，合作愿景，业务发展机会，利益分配关系。

建立强有力的渠道需要关注渠道之间的关系，包括：厂商，商商，商客，厂客等之间；而各种主体的关系，其内涵也是东道国的文化属性；比如厂商关系，在欧美国家和在东南亚国家，是不一样的；欧美更注重契约关系、合同关系、东南亚国家非常重视熟人关系、圈层关系等。

与本地商业伙伴充分合作，建立共赢的发展模式，是公司持续发展的基石。

2. 第二类关系是公司与东道国的商业关系管理

海外公司的经营无法脱离本地的商业合作伙伴，建立与当地商业合作伙伴良好的商业关系，维护与竞争伙伴合规的竞争关系，是企业在海外生存发展之道。

但做为一个空降的外资独资或合资公司，即使得到了政府的各种支持政策支持，但在经营过程中，依然会受到各种不一致的国民条款的限制，非常消耗企业的精力。在这方面，出去的企业需要做好充分的准备。

比如说，金融关系，做为企业的血液，是时时刻刻存在联系的；在企业是否能够拿到当地银行的金融贷款利率和金融政策支持上，当地银行往往都是单独针对你的企业出台政策的，这就造成你的融资成本比当地的企业高，竞争力下降。所以，大型跨国企业往往一直使用它们国家的跨国银行。但是，如果你的产品在消费领域，在个体的消费信贷领域，一般都是由当地的银行垄断。刚开始的时候他们甚至都不为你的产品提供消费贷款，或者提供高于别的竞品利率的金融产品，这会严重降低产品的竞争能力。这是需要企业和金融机构不断地沟通，谈判，逐渐建立信任关系，才有可能获取到相同的或者更优的政策去支持公司竞争力的提高。

3. 公司与东道国的公共关系管理

取得东道国政府的支持，是设立国际公司的敲门砖；对于设立海外分支机构的国际化公司而言，需要在该国生产经营，必须得到政府相关部门、行业协会的认可和支持，对于到东道国设立公司，东道国政府一般都是非常欢迎的，因为可以带动经济发展和解决就业问题，而政府也会提供一定的支持。因此，深刻领悟东道国政策，并与相关的部门密切联系，会极大地支持企业所获得的各种配套政策，并能及时了解政府信息，调整企业经营的内容。

再者，企业的社会责任，也是很多国家和民众都愈发重视的企业综合能力的体现，一个能够承担东道国社会责任的公司，会无形中提升企业的实力认知及公众的好感认可度。

这几类关系，在东道国经营的海外公司必须加以重视，并有专人或机构来管理这些公共关系，以保证公司的正常经营。

（六）国际化人才资质要求

中国的企业在对外投资和海外经营上也走过了数十年的历程，CCG全球化研究课题组，为调查中国企业海外发展的现状，在2018年进行了企业全球化调查，在对影响企业全球化经营与发展因素调查中，国际经营人才的欠缺与来自国内同行的竞争，成为中国企业海外经营最大的掣肘因素。

紧随其后的是文化差异的冲突，这样的冲突每天都会存在，无时无刻不影响着企业的经营；根据兰尼尔的报告，超过三分之二的国外业务夭折的关键原因是"不能确保适应东道国文化的挑战"。由此也可以看出，充分的沟通和互相尊重是解决文化冲突的不二法宝。

再次，国际竞争力不强，融资难，企业管理水平低等，都体现企业缺乏国际合作经验，在当地与金融、行业、供应商等的各种商业关系管理能力不足，使企业在当地的经营困局难以突破。

企业设立海外公司，一般都会派驻中高层管理人员或专业技术人员，因此，选派的这些人员首先要有专业能力和领导能力。

但是，对于一个去到陌生国度任职的中高级管理人员，仅仅有专业能力和领导能力是不足够的，还必须具备一些性格特征，甚至是家庭的特征。这些重要的性格特征包括：

1. 坦诚对待陌生文化，宽容地对待陌生的行为；
2. 自己适应陌生行为的能力；
3. 在陌生环境中发现并保持兴趣；
4. 随机应变地处理非预期的环境影响的能力；
5. 对不同文化的敏感性。

对陌生的文化有敏感性并且能够宽容地对待这些行为，是一名管理人员在海外任职必须要注意的。

从对国际化人才要求的特征来看，派驻海外的管理人员既要有主营业务的专业素质，更要有开放、包容、坚强、投入的心理特征。

二、打造自贸试验区开放的竞争环境

自贸试验区开放的竞争环境有助于企业树立统筹兼顾的管理理念，保持好业务发展的结构和节奏。

第一，以自贸试验区建设倒逼经济体制改革，夯实高水平开放的制度基础。

把自贸试验区建设纳入高水平开放建设之中，通过自贸试验区先进的贸易规则，辐射带动周边资金、人才、科技等的流动。

首先，破除国内各区域间的体制壁垒。自贸试验区与高水平开放战略协同发展，涉及各个部门之间、各个区域间的协同合作，单一部门或单一地区是无法有效推动两者协同发展的，因此，需从国家战略层面出发，通过统筹安排、协调各方，避免在自贸试验区发展过程中与高水平开放建设中出现战略、发展定位错误，最大限度地发挥国家政策的引导作用。

其次，自贸试验区与高水平开放战略建设协同发展过程中，不可避免地出现地方保护主义的阻挠，要正确处理各级部门间的关系，协调各方利益，确保自贸试验区发挥其"示范、带动、引领"作用。

最后，要将自贸试验区的规则制度应用到更大的开放领域。中国的对外贸易市场以欧美等国家为主，这些国家对外贸易政策的稍许变化就会给对外贸易带来较大影响，从而影响经济的稳定,因此应该积极挖掘培育新兴贸易市场,使得对外贸易市场更趋多元化,以便有效分散贸易争端带来的风险,增强对外贸易在国际市场上的话语权,让对外贸易走上稳定发展的道路。将自贸试验区的先进规则在一开始就应用到新兴贸易市场,在贸易之初就在较高的制度层面夯实高水平开放的制度基础。

第二,以自贸试验区建设优化产业结构,打造高水平开放竞争新优势。

首先,以自贸试验区建设优化产业秩序,构建现代化产业结构体系。要合理编制高水平开放战略产业结构体系,利用自贸试验区制度优势,有效整合区域内产业项目,共商共建共享,减少重复建设,避免低效竞争。

其次,打造高水平开放发展产业分工合作链条,促进区域间有序协作。中国各区域正处于不同工业化发展阶段,加强区域产业合作、有序承接产业转移体系,有助于自贸试验区发挥自身带动作用,促进高水平开放战略协同发展。

最后,构建重点产业协同实施载体,加快其与自贸试验区沟通合作。各区域主导产业协同发展,提升高水平开放战略产业链条竞争能力,充分利用自贸试验区开放平台,有助于提升高水平开放战略产业发展水平。

第三,以自贸试验区建设助推开放平台建设,增强高水平开放支撑力。

一是借助自贸试验区对外开放平台,发展国际水陆空联合物流业务,鼓励国际物流公司合并重组,提升国际物流运输能力,形成一批具有国际竞争力的大型物流集团。

二是整合高水平开放物流资源,提升物流运输效率。以河南为例,河南的自贸试验区拥有保税物流园区、出口加工区、跨境电子商务示范区等多个对外开放平台,这些平台本身有极强的物流辐射功能,可借助自贸试验区特殊的优惠政策,探索更多先进的规则,将原有的物流功能融合,比如建立中欧班列运输服务平台,促使中欧班列与高水平开放战略运输体系对接。整合各地中欧班列运输信息,建立信息互通平台,营造公平公正、有序竞争的市场环境。合理规划中欧班列运输线路,对接高水平开放战略物流运输体系,使其成为高水平开放战略与自贸试验区协同对接的重要平台等,在一个更高的规则平台上发展对外开放。

第四,以自贸试验区建设打造国际一流营商环境,提升高水平开放影响力。

在全球化发展迅速的今天,一个地区融入全球产业链条的关键,是有效对接国际通行规则和贸易标准,而高标准国际化营商环境的建设是关键内容。为此,应建成以政务、监管、金融、法律为主体的服务体系,营造法治化国际化便利化的营商环境。

一要积极探索构建营商环境建设体系。以营商环境评价排名前列的国家和地区为标杆,引进国际先进理念和领先标准,试点开展外商投资营商环境评价,定期发布营商环境评价报告。

二要积极创新综合监管新模式。在市场主体领域,率先建成综合监管平台;在项目建设领域,按照建设阶段梳理风险点,组织开展精准监管。

三要大力推行政务服务新模式。推出多证合一,开展投资项目承诺制。实行证照分离、"一址多照、一照多址"、住所集中地注册等商事改革。压缩企业开办时间,达到国内先进水平。

四要加大知识产权保护力度。严厉打击侵权假冒行为,加大对外商投资企业反映较多的侵犯商业秘密、商标恶意抢注和商业标识混淆不正当竞争、专利侵权假冒、网络盗版侵权等知识产权侵权违法行为的惩治力度。

五要保护外商投资合法权益。要为外商投诉受理机构正常开展工作提供必要的人员、经费保障，不断完善信息通畅、处置高效的全省外商投诉处理工作机制。

第五，以自贸试验区建设促进科技创新，筑牢高水平要素驱动力。

科技创新是区域协同发展的关键动力，也是自贸试验区与高水平开放战略协同对接的重要因素。首先，构建跨区科技创新平台，创新资源共享。建议由各级政府牵头，利用自贸试验区制度优势，逐渐形成以企业为核心，高校、科研院所共同参与的多元化创新主体。同时，加强各区域间联系，加快科技信息、科技创新资源、科技创新成果等流通，助力自贸试验区与高水平开放战略协同发展。其次，通过自贸试验区，联合外部力量共同承担大型科技项目。在区域内构建产学研科技创新团队，并根据自身需求，利用自贸试验区优势，引进国外先进人才，指导团队科技研发，承担跨区大型科技项目。最后，发挥科技中介作用。结合高水平开放战略与自贸试验区科技中介现状，建立健全科技中介发展机制；优化科技中介市场环境，规范科技中介人员行为。

三、加速推进数字经济转型发展

面对我国数字经济发展的薄弱环节和具体矛盾，自贸试验区应充分发挥其在产业基础、制度创新等方面的优势，破解体制机制障碍，探索推动建立我国数字经济由大到强的制度体系。

（一）引领核心技术突破，把握数字经济的自主权

数字经济核心技术体现了一个国家的科技创新能力。我国数字经济领域部分核心技术仍受制于人，在共性关键技术、现代工程技术等方面发展不足，在基础理论研究和产业创新方面比较薄弱。

1. 布局数字经济核心技术攻关

发挥我国社会主义集中力量办大事的制度优势，集中攻关突破一批关键核心技术，比如高端芯片及其设备、操作系统、工业软件等，打破国外技术垄断。在这一过程中，自贸试验区应加强科技创新总体规划布局，特别是上海、北京、深圳、武汉、浙江等在信息技术软硬件创新方面有较强积累的自贸试验区，围绕数字经济领域的"卡脖子"环节，前瞻性布局数学、物理、化学等重点领域的基础研究，结合市场需求科学确定芯片、操作体系等核心关键技术的突破路径，加快布局量子科技、6G未来网络、生物与信息技术融合等，促进基础科学研究和应用技术突破协同推进。

2. 发挥政府科技创新引导作用

建立针对基础研究的平稳持久的投入机制，规划建设一批国家级科技城、科技园区，布局重大科技创新中心、协同创新中心等科技创新平台，推动科技创新要素加速集聚聚合、科技创新成果快速转化。放大政府科技创新引导基金作用，聚焦数字经济的基础研究和核心技术突破进行重点投资，引导激发企业形成创新合力。政府和关键领域的部门更要发挥示范作用，加快推进桌面操作系统和芯片的国产化替代过程。建立健全知识产权保护机制，通过对研究机构、企业和个人的科技创新成果赋予财产保护，进而激发社会的智力创新、技术创新。

3. 发挥市场机制促进科技创新

充分整合人才、资源、资金等各类要素资源，用市场化方式、产业化思维推动重点领域关键环节的突破创新。加快推进产业链上下游的联动创新、协同创新，强化科技政策支持，调动市场主体积极参与建立多层次产学研协同创新体系，形成协同研发创新的联盟体系。充分发挥我国超大规模市场和巨大的内需优势，为国产数字经济核心技术应用提供更加丰富和更加广阔的应用场景，加快产业更新迭代，在市场化的应用推广中实现关键核心芯片、操作系统和工业软件的不断完善。

（二）主动承担压力测试，争取数字经济国际话语权

数字经济国际规则话语权的博弈，归根结底是数字经济发展实力的博弈，是国内数字经济规制国际化的过程。自贸试验区应发挥自身在数字经济领域的先发优势，在国内外规则对接中发挥压力测试作用。

1. 主动对标国际规则

在做好电子支付等优势领域国内规则国际化的同时，做好现有国际规则在国内的试点实施测试，为我国参与数字经济国际规则谈判提供实践参考。我国于2021年申请加入《数字经济伙伴关系协定》（DEPA），DEPA是当前世界上最系统化的区域数字经济协定之一，其采用模块化方式提出具有前瞻性的16个部分数字经济规则，并允许各国根据实际选择其中的模块进行参与。这为世界各国参加DEPA提供了更多的灵活性，为数字经济的国际化提供了新模式。

2. 先行开展试点试验

海南自由贸易港总体方案在数据安全有序流动领域明确了"在确保数据流动安全可控的前提下，扩大数据领域开放"的任务。

浙江自由贸易试验区扩展区域方案中明确"加强数字经济领域国际规则、标准研究制定，推动标准行业互信互认""试点开展数据跨境流动安全评估"等任务。

上海和北京自贸试验区都明确了数据隐私保护、跨境数据流动等方面的试验任务。其他自贸试验区在总体方案中虽然没有明确针对我国数字经济相关领域薄弱环节开展系统试验，但也可以根据自身实际，在数据分级分类管理、数据保护、数据跨境流动监管、数字服务税等重点方面进行深入探索，建设符合我国国情的数据隐私保护、数据跨境流动和数据本地化等方面的规制。

3. 支持企业走向国际市场

自贸试验区应支持优势数字企业的全球化布局，通过企业的全球化带动我国数字经济规则国际化，参与数字经济先发国家市场竞争中，并了解、适应其数字经济规则，为国内相关规则的修订完善提供经验。参与到数字经济后发国家的市场竞争中，在出口数字商品、服务的同时，帮助这些国家建立符合本国实际的数字经济规则，实现不同国家之间在数字经济国际规则上的趋同，并在此基础上结合我国数字经济发展实际，提出能够集聚更多国际共识的方案，提升数字经济国际规则博弈中的话语权。

（三）完善法律法规体系，促进数字经济有序发展

我国数字经济快速发展取得巨大成就的同时，大数据杀熟、虚假刷单、网络盗版侵权等问

题也开始显现。这些问题产生的根源在于数字经济的法律体系缺位，政府数字治理落后于数字经济的发展。数字经济的健康发展既需要促进发展，也需要加强规范监管。自贸试验区改革实践为《中华人民共和国外商投资法》《营业性演出管理条例》《外商投资电信企业管理规定》等十余部法律法规的制定、修改提供了重要经验。

1. 加强公共数据开放管理领域的探索

建设数据开放先行试点平台，建立公共部门各领域数据的开放标准、开放规则和共享规则，消除部门数据共享的壁垒，畅通各部门数据共享通道，允许商业企业接入公共数据共享平台并在合规范围内进行使用，形成公共信息资源及时共享的体制机制和制度经验。

2. 加强数据交易等领域的制度探索

北京国际大数据交易所、上海数据交易所等在数据交易、数据跨境流动、数据保护等方面进行先行探索，其他自贸试验区也可在数据交易领域结合实际开展有本地特色的探索实践，构建数据流动和交易相关运行机制，建立多方联动、高效便捷的数据跨境流转监管制度。针对数字经济新特点和数据要素流动的新要求，应完善知识产权保护机制，开展数据版权保护方面的探索，加强互联网背景下文学、影视、影音、科学创造等知识产权保护。

3. 加强探索数字经济监管体制机制探索

坚持包容审慎原则，探索建立适应数字经济发展的监管体系。数字经济的新模式新业态新场景不断涌现，保持数字经济活跃发展的态势，就要对数字经济的创新保持包容态度，对新出现的数字经济新形式探索采用"沙盒监管"等新方式。

4. 加强数字经济背景下消费者权益的保护

消费者购买服务和产品过程中个人信息、消费行为均留存在经营者或者平台企业上，应从隐私保护角度完善相关机制，明确这些信息的所有权、使用权及使用方式，避免重复过度使用消费者消费行为等信息。

（四）发挥市场机制作用，培育壮大数字企业群落

数字经济由大到强离不开数字企业的持续繁荣，数字企业群落的不断壮大为数字经济制度创新、科技创新和产业迭代升级提供试验主体。自贸试验区应充分发挥市场机制的作用，建设更适于数字经济发展的产业环境、制度环境，加快推动数字经济壮大。

1. 加快布局以5G、物联网、工业互联网等为代表的数字基础设施建设

数字基础设施是数字经济培育壮大的底座，是数据存储、传输的平台，建设水平决定着一个国家和地区未来数字经济的发展水平。以自贸试验区为核心，以前瞻性、系统性思维统筹谋划数字基础设施建设的规划布局，形成符合地区当前产业发展特点和未来产业规划需要的顶层设计。应充分发挥有为政府和有效市场的作用，针对经营性数字基础设施，积极发挥政府资金作用，引导社会资本参与数字经济基础设施建设，鼓励不同市场主体协同配合，合力推进数字基础设施建设。

2. 加快推进数字新技术应用和发展

根据自贸试验区科研和产业基础，大力发展自动驾驶技术等数字化出行产业。通过工业互联网平台推动生产车间由要素驱动向数据驱动转变，打造智能制造新业态。探索碳中和数字能

源服务，借助数字信息技术开发新一代储能平台和能源系统，加快推动数字经济园区建设，制定相关政策机制，大力营造数字经济发展的良好氛围。以我国超大规模市场的海量数据为支撑，充分利用大数据和人工智能等技术，推动跨领域跨平台的科技创新和业态创新，不断培育数字经济新模式、创新数字经济应用新场景。

3.培育壮大数字消费市场

数字经济是消费者驱动型经济，数字经济新业态新模式是使用现代数字技术个性化解决消费者需求。一方面，应加快生产型企业的数字化转型，打通研发设计、生产加工和产业销售的数据链路，探索根据消费者需求开展定制化产业生产。另一方面，加快服务型企业向数字化转型，通过要素资源向数字转移、要素传输向网上转移，推出个性化订制服务，催生更多应用新场景，并以此发掘市场的消费潜力，支持数字新兴业态发展和鼓励数字消费行为，通过政策引导推动消费群体壮大，推动消费向更高层次跃升。

（五）带动区域协同联动，推动数字经济协调发展

自贸试验区遍布我国东中西部，涵盖了我国主要经济发展区域，自贸试验区间加强协同联动、共同开展数字经济领域的制度创新、规划协同、产业互动，便于形成全国统一的制度体系、流通体系、商品和服务市场，有利于我国加快建设全国统一大市场。

1.区域联动推进制度创新

自贸试验区在制度创新方面可采用联盟或联合体形式，比如组建京津冀、长三角、大湾区等区域性自贸试验区制度创新联合体，或数字经济制度创新联盟，比如长三角数字经济产业联盟。在数字经济体制机制创新方面，及时互通有无、共同突破，加快各地区制度创新的协调联动，促进区域内互相借鉴、互相赶超，推动数字经济薄弱地区借鉴先进地区经验。同时，扩大试验样本，验证创新经验对我国数字经济的普适性。

2.区域协同推动产业发展

自贸试验区应结合自身重点试验任务和实际，考虑与区域内其他城市在数字经济领域的错位发展。比如京津冀等地数字经济规划应发挥区域互补优势，推动区域协调发展，避免出现同质化竞争。推动跨区域协同发展，我国的"东数西算"工程就是东部地区和西部地区协同发展的典范，在西部地区布局建设云计算、大数据中心等，带动当地产业投资增长和数字基础设施完善，通过互联网将东部产生的海量数据运到西部运算，解决了东部算力紧张的问题，为东西部地区自贸试验区在规划上的协同提供借鉴。应加强不同区域自贸试验区间在产业上的协同，东西部地区是我国数字经济发展差距最大的区域，也是最具有协同合作前景的区域，东部地区在数字核心技术、数字产品制造等科技创新领域的优势，可向西部地区自贸试验区转移，建立联合创新中心。数字平台企业可在西部地区布局分中心，完善数字经济流通体系，拓展业务规模，带动西部企业向数字化转型。同时，西部地区的特有产品也可借助数字经济销售到东部地区乃至全国各地。

3.强化产业协同合作

在数字经济产业孵化上共建产业园区、产业平台，推动数字经济项目落地，并结合不同地区的资源优势延伸拓展产业链，优化数字经济产业布局。

此外，同一区域内的不同自贸试验区间，同一自贸试验区的不同片区间也应加强产业上的协同合作，引领不同区域间产业链的延伸拓展对接，不断拓展区域间产业合作的深度和广度，进而推动我国数字经济在更大范围内实现均衡发展。

第七章 自由贸易试验区建设典型案例

第一节 上海自贸试验区

一、上海自贸试验区概述

（一）上海自贸试验区的建设背景

上海自贸试验区建设是中国在应对对外贸易冲击加剧、全球信息化加快的国际形势下，主动开放门户、谋求经济发展的关键决策。自 2001 年 12 月正式加入 WTO 以来，中国经济发展迅速，进出口贸易也得以大幅度增长。而倍感威胁的欧美日三大经济体为了应对这种威胁，绕过 WTO 建立在贸易和投资等方面有着更高要求的新规则，推动形成更大范围的双边或者多边的自由贸易协定（Free Trademark Agreements，FTAs），其中跨太平洋伙伴关系协定（Trans-Pacific Partnership Agreement，TPP）和跨大西洋贸易与投资伙伴协定（Transatlantic Trade and Investment Partnership，TTIP）是较为有影响力的两个 FTAs。截至 2017 年 12 月，TPP 和 TTIP 已经涵盖了超过 39 个国家、62% 的世界 GDP 经济体量（巴曙松和白海峰，2014）。欧美日试图通过这种贸易新规则的建立加快推动高标准的贸易便利化和投资自由化。TPP 的谈判将中国排除在外，使得中国对外经济将受到极大冲击（赵娜，2014）。为了缓解可能出现的危机，中国有必要建立"属于自己"的自由贸易区域，以适应国际新规则的贸易制度体系。然而，对于新一轮的游戏规则，如果整个国家所有区域都探索贸易规则存在一定的困难，因此先建立自贸试验区的试点，主动开放门户，加大贸易自由度，做一个对接的小窗口，这样比较稳妥，同时，这对中国突破欧美日贸易壁垒也有着非常重要的意义。此外，随着信息化、网络化、全球化、专业化的不断推进，企业的业务模式在不断转变，新模式不断涌现。一方面，随着计算机网络技术应用的普及，网络通信技术的发展进一步加快，导致与货物相关的服务生产呈现全球分段化的趋势。另一方面，各种服务平台型企业大量涌现，服务经济显得越发重要。企业商业模式的不断创新，专业化分工体系的越来越细化及许多企业要求系统服务提供商为其提供完整的功能性服务等新需求的出现，市场准入问题日益凸显。同时信息、通信技术的不断变化，新商业形态的不断出现，商业模式的不断更新，导致了其商业业态和商业模式很难找到对应的产业目录。而这种新型商业业态和新型商业模式往往诞生于多个产业，又很难归类。为此，我们必须要有一种更加宽松的自由贸易环境，主动适应跨国公司在业务发展模式上的变化和推出的新型商业模式，不断探索新的服务监管模式，谋求发展的主动。

上海自贸试验区建设是在经济增速减缓、经济结构亟待转型的国内发展趋势下，寻求新的经济增长点、注入发展新活力的重要措施。在过去的20多年的时间里，我国GDP年均增长10%左右，2010年中国的GDP总量超过日本成为世界第二大经济体。然而，2012年以后，中国经济的增速有所减缓，由10%左右的高速增长转向8%的中高速增长。这也预示着，中国经济发展中的主要矛盾已经从总量矛盾转为结构矛盾，未来中国经济发展的着力点需要由速度转向结构（洪银兴，2014）。而在经济结构调整的过程中，产业结构的低级化和不合理则是需要重点关注的（周茂等，2016），而服务业和制造业面临的问题和突破方向是重中之重（黄永春等，2013）。自贸试验区建设将为提升中国的制造业及服务业发展水平探路。此外，当前严重依赖出口已明显动力不足，因此，中国亟须从其他方面入手为中国经济注入新活力。房地产业曾一度成为整个中国经济的宠儿。房地产的发展既带动了投资又拉动了内需。在初始发展时期，大力发展房地产业能够推动经济的发展，抑制通货膨胀。然而由于我国经济发展依赖房地产业发展严重，形成了以政府、地产商、银行为主的三方利益集团。政府不断规划新城区，改造旧城区，出售土地获得巨额财政收入；地产商从银行融资买地建楼，然后高价卖楼赚取利润；银行通过放贷给地产商和消费者来获取高额利息收入。在这样一种利益链的驱动下，各方联合在一起共同推动房价上涨，使我国的房地产业泡沫急剧膨胀，产业失衡严重，经济形势危急。为了避免这种形势的恶化，也是为了中国经济长远利益的考虑，国家已经对房地产实施了调整政策，而且调整政策应该会一直延续下去。在这种调整下，经济增速势必下滑。为此，国家急需通过改革谋取新的经济增长点。

可以说，建立上海自贸试验区是在新形势下推进改革开放的重大举措。在推动政府职能转变的同时，上海自贸试验区建设推进贸易发展方式创新和投资自由化，有助于打开中国外贸新局面，激发经济新的增长点，推动经济结构转型，注入发展新活力，进一步推进政治、经济改革，打造高效简约的行政管理体制。

（二）上海自贸试验区的成立和扩容

2013年9月，上海自贸试验区正式挂牌运营。在发展过程中，其采用"区域化"管理，包括上海市洋山保税港区、浦东机场综合保税区、外高桥保税物流园区及外高桥保税区4个海关特殊监管区域和外高桥港、洋山港、浦东空港三个枢纽港。2014年12月28日，上海自贸试验区实施了第一次扩容，增加了陆家嘴金融片区、金桥开发片区和张江高科技片区。2019年8月6日，上海自贸试验区再一次扩容，增设临港新片区，至此上海自贸试验区由最初的28.78平方公里发展到近240.72平方公里。

上海自贸试验区的不断扩容，旨在建立更为成熟的投资自由化和贸易便利化体系，建立更多开放的功能平台，建立更具有强大国际市场影响力和竞争力的特殊经济功能区，形成更加成熟的创新制度成果，创造全球高端资源要素配置的核心功能。这无疑是中国对外开放的重要举措，对于在新形势下形成对外开放新格局有着十分重要的意义。

（三）上海自贸试验区的经济发展成效

上海自贸试验区在促进区域对外开放程度，扩大进出口贸易的同时，由于地域的限制，自贸试验区依然有些领域尚未充分地发挥其创新制度的政策红利，其辐射和示范功能仍有进一步完善的空间。这也是自贸试验区不断扩大的直接原因。

1. 对周边环境的经济辐射

自从上海自由贸易区正式挂牌成立以后，国家通过加快对于经济自由贸易区的建设，逐步地扩大内陆对外开放的质量和水平进一步来支持和肯定上海自由贸易区的经济发展模式。上海自由贸易区的建设与发展，势必会给周边环境的经济带来巨大的辐射效应。上海自由贸易区发展的核心部分主要是金融业和服务业。

在投资领域方面，上海自由贸易区在开放服务业，构建对外的投资服务来促进和开放上海自由贸易区的服务业，是为了打造帮助各样的投资者能够平等进入市场的平台，这个举措在一定程度上能够调整长江三角洲（主要包括有上海、江苏及浙江）整个的经济圈的所有的现代化服务业的经济发展模板。

另外上海自由贸易区，具有的吸附高端投资的功能也会在一定程度上带领着整个经济圈实现优化升级，有效地利用外资发展经济，制造业向周边城市的转移也会带动周边城市经济效益的增加，促进周边区域、城市现代化的服务产业转型和升级。

在商业环境方面，上海通过权利公平、机会公平和规则公平的要求形成了良好的公平利益分配的格局。在贸易发展部分，上海自贸区的贸易改革辐射着长江三角洲经济圈，服务着广阔的腹地，主要定位是要成功建成国际型的贸易中心，在对内辐射方面，上海自由贸易区同时向国内的城市实现了经济辐射，引领着国内企业积极走出国门，大幅度大区域地进行国际性的经营活动。

2. 政府职能转变的"制度红利"效应

上海自由贸易区的"制度红利"主要体现在制度创新方面，而不是传统意义上的政府给予政策方面的优惠。实现在社会主义市场经济方面，具有更加法制的、更加透明的市场准入规则，实现市场更加高速和有效地配置资源，经济要素和资源要素的流通更加有效率。

上海自由贸易区试验田的建立建设是为了经济的可持续发展、长远发展，而伴随着市场经济的不断完善与发展，当前已有的政府管理制度和监管模式已经不能够满足我国经济开放性发展的需求，"制度红利"就是要强化政府职能的转变，改革政府的行政审批制度，实现政府管理和监管模式的双重改革与创新。上海自由贸易区实现的"制度红利"也必须是可以复制的，不具有唯一性，其成功之处在其他的城市是可以推广应用的，从而实现制度上的突破和创新。"制度红利"就体现在制度的创新方面，通过制度上的转变与创新来推动经济的发展，"制度红利"带来的效应还包括直接效应和间接效应，比如通过海关改革降低上海自由贸易区的企业物流成本，或者上海自由贸易区能够节省从审批到登记的部分时间，实现自由贸易区内的企业家们的稳定预期，真正地实现有效地配置资源，企业成为市场真正意义的主体。

3. 经济区内的"示范"效应

上海自由贸易区的成立和发展及相关的改革措施对全国的改革起着一定的示范作用。上海自由贸易试验区就是通过实验和实施新政策，逐步实验国际贸易中的新的规则与制度、标准，逐步地为国家经济进行多边合作与发展提供经验，为国家与其他国家的经济交往提供参考，并且在一定程度上为中国参与到国际新的经贸规则提供重要的支撑，从而为中国经济实现更大程度与意义上的发展，恢复国家经济发展活力提供重要的示范。

上海自由贸易区实施的相关政策和发展对中国服务业的进一步对外开放也起着一定的带头和示范作用。国家服务业的不断扩大，质量方面也获得了大幅度的提升，上海自贸区在艰难的国际和国内形势下实现服务业的对外开放，全方位地提升服务业水平，已经在优化国家的产业结构、实现经济可持续发展方面起到了重要的带头作用。

除此之外，上海自由贸易区的示范效应包括引起了多地的自由贸易区概念股的兴起。上海自贸区取得的经验与成果应当扩散至全国（大陆境内），实现上海自由贸易区试验的可复制与推广，并且带动着天津自贸区开始申报，其余各个区域政府也不断地开始申报设立建设自由贸易区。

二、上海自贸试验区的制度创新

2017年3月30日，国务院印发《全面深化中国（上海）自由贸易试验区改革开放方案》，这是继2013年9月第一次发布实施上海自贸试验区总体方案和2015年4月发布进一步深化上海自贸试验区改革开放方案后的又一次调整和深化。根据《方案》，上海自贸试验区要对照国际最高标准和自由贸易园区的最佳水平，全面深化改革开放。落实贸易便利化新规则，加强与国际通行规则的融合；进一步促进政府职能转变，创建提高政府治理能力的先行区；进一步地放宽投资准入，建立开放型经济风险压力试验区。发挥上海自贸试验区做为第一个试验点的先发优势，探索积累更多制度创新的先进经验，充分发挥"试验田"的作用。

（一）推动贸易发展方式创新

在"积极推进贸易监管制度创新"方面，相关措施主要包括创新贸易便利化规则、创新贸易合作发展模式和探索具有国际竞争力的离岸税收安排三个方面。

1. 创新贸易便利化规则

一方面，提高国际贸易的透明度和便利化程度。改革创新贸易通关的各个环节，公开通关流程中货物的平均放行时间，推进通关所涵盖的港口运输、卸货、作业和清关等所有业务的无纸化程序运行，在法律许可和风险可控的前提下，取消一系列不必要的监管程序；另一方面，扶持新型贸易形态，积极培育高新技术产业，推动服务贸易发展，促进新旧动能的转化，促进在国际贸易中价值链向更为高端的一端发展。

2. 创新贸易合作发展模式

积极推进国际贸易"单一窗口"建设，企业可以通过"单一窗口"一次性递交各管理部门要求的标准化电子信息，监管部门将处理情况再通过"单一平台"反馈给申请人。国际贸易单一窗口建设是一国推进贸易便利化的基础设施，破解货物通关运作中存在的体制机制性障碍，对提升贸易便利化产生重要的推动作用。

3. 探索具有国际竞争力的离岸税收安排

立足实际贸易和服务背景，结合服务贸易创新试点工作，支持试验区内企业发展离岸业务，研究探索服务贸易创新试点，扩大税收政策安排。

（二）加快政府职能转变

加快政府职能转变、营造公平竞争的市场环境的措施最多，包括完善以简政放权为重点的行政管理体制、深化创新事中事后监管体制机制和优化信息互联共享的政府服务体系三个方面。

1. 完善以简政放权为重点的行政管理体制

改革行政审批制度，在平衡政府的调控能力和社会便利程度的基础上，减少不必要的行政审批程序。激发市场活力，在明晰政府和市场关系的基础上，把应由市场调节的真正放回市场。推进规范大部门改革，在重视部门的整体性和部门间的均衡性的前提下，统筹自贸试验区内各部门的协调机制。

2. 深化创新事中事后监管体制机制

审批部门做好事前把关，监督部门做到事中监管，执法部门抓好事后执法。进一步改革市场监管和城市管理体制，创新监管规则，健全执法管理体制，推进综合监管和分类执法改革，建设便捷的行政审批体制、精准的监督管理体系及高效的综合执法体制，拓展监管领域。规范细化企业经营异常名录管理，将名录所涵盖的信息扩大到市场监督以外的行政管理部门，对经营异常的企业实行"双通报、双反馈、双跟踪"的市场准入许可管理办法和"双随机、双评估、双公开"的市场监督管理体系。实行市场领导者第一责任制。推动社会多元共同治理体系，促进市场主体自律，激发市场活力，形成权责分明、便捷高效、多元协调的监管体系。

3. 优化信息互联共享的政府服务体系

运用大数据和"互联网+"等新技术，构建"互联网+政府服务"平台，旨在满足企业需求，创新政府服务方式，拓宽政府服务渠道，提升政府服务透明化、便利化水平，提高政府现代化服务能力。探索建立公共信用信息与金融信用信息互补机制。探索形成市场信用标准体系，培育和发展信用信息专业服务市场。

（三）促进投资领域开放

在加快投资领域开放方面，实行准入前国民待遇，建立外商投资准入负面清单管理模式，实施构建对外投资服务促进体系，建立更加开放透明的市场准入管理模式。

1. 实行准入前国民待遇

给予外资投资企业和投资者不低于国内投资企业和投资者的国民待遇，在自贸试验区内优化外商投资项目申报程序，改革项目变更核准标准、外商投资企业商务备案程序和工商登记等环节，提升申报、审批、核准的效率，营造更加公平透明的外商投资环境，促进外商投资的便利化，提升自贸试验区内跨境贸易能力。

2. 实施构建对外投资服务促进体系

创新自贸试验区外商投资促进工作机制，提高外商投资项目质量。支持企业按国际惯例的股权激励分配机制，创新境外投资事后备案管理。支持以非货币性资产对外投资，改革境外投资管理制度，促进境外投资合理有序地进行。

第二节　天津自贸试验区

一、加快天津自贸试验区建设的重大意义

天津自贸试验区的设立是天津继京津冀协同发展、滨海新区开发开放之后又一次难得的

重大历史机遇。通过发展、建设自贸试验区，以开放促改革、促发展、促转型，发挥市场在资源配置中的决定性作用，在更高层面上推动和深化金融改革创新，有利于进一步提升天津的开放型经济水平，对天津经济更有质量、更有效益、更可持续的发展具有非常重要的支持和促进作用。

（一）为深化改革创新注入生机与活力

当前，贸易投资自由化与区域经济一体化已经成为一种趋势，也成为全球经济增长的新动力。设立自贸试验区既是我国进一步深化改革开放的国际化战略需要，也是我国加快经济结构调整和转型升级的战略需要，其重要意义主要有三点：一是有利于自贸试验区形成与国际经贸通行规则相互衔接的基本制度框架，成为我国进一步融入经济全球化的重要载体；二是有利于培育我国面向全球的竞争新优势，拓展经济增长的新空间，打造中国经济"升级版"；三是为全面深化改革和开放探索新思路与新途径，形成可复制可推广的经验，为下一步深化改革开放打好基础，更好地服务全国发展。

（二）始终坚持服务实体经济的本质要求

从性质和功能来讲，自贸试验区就是常说的"境内关外、功能突出"的经济自由区，其核心作用是投资贸易而不是金融本身。《国务院关于印发中国（天津）自由贸易试验区总体方案的通知》明确提出，将自贸试验区建设成为贸易自由、投资便利、高端产业集聚、金融服务完善、辐射带动效应明显的国际一流自由贸易园区。其核心要求就是，最大限度地促进投资贸易便利化，更好地服务实体经济发展。天津自贸试验区所有发展探索和先行先试，包括金融改革创新，都要在坚持服务实体经济这一大前提下进行，切忌为金融而金融、为创新而创新，要始终保持自贸试验区金融改革的正确方向。

二、推动天津自贸试验区金融改革创新的主要举措

2015年12月9日，中国人民银行发布《中国人民银行关于金融支持中国（天津）自由贸易试验区建设的指导意见》，在扩大人民币跨境使用、深化外汇管理改革、促进融资租赁业发展和支持京津冀协同发展等方面实现了突破。在制定和实施天津"金改30条"的过程中，中国人民银行天津分行坚持金融改革创新"为国家试制度、为地方谋发展"的总体原则，坚持以制度创新为核心，实现可复制可推广的努力方向，坚持以开放促改革促发展促转型、服务实体经济发展的根本要求，对天津自贸试验区金融改革创新进行了多角度、立体化、宽视野的研究与实践，主要体现在以下四个方面。

（一）突出问题导向，聚焦政策突破创新

1. 加强组织领导

天津成立了天津自贸试验区金融改革创新工作领导小组，突出抓机制建设和组织推动，结合不同阶段的工作任务，明确责任、时限和目标，狠抓措施落实；特别是对于涉及改革创新的重大问题和关键节点，积极向中国人民银行总行、国家外汇管理局争取政策支持，凝聚攻坚克难合力。

2.深入调查研究

坚持理论与实际相结合,深刻领会中央和总行精神,准确把握自贸试验区金融改革创新的实质与内涵,广泛开展了一系列多层次、接地气、务实可行的市场调研,特别是针对多个市场主体开展座谈研讨,倾听市场声音,面向市场要需求、寻突破、求创新,为天津"金改30条"的制定和实施提供了有力支撑。

3.谋划创新项目

坚持以制度创新为核心,拓宽思路和视野,紧紧围绕"主体、账户、资金、权力"寻求政策突破,特别是对每一项创新政策的可行性,都从政策层面和操作层面做了反复论证。从实践情况来看,天津"金改30条"实现了中央精神与天津实际的有机融合,体现了金融创新服务实体经济的本质要求,凸显了天津特色和优势。

(二)深化金融创新,形成森林绿地效应

1.以先行先试积累经验

天津在推动金融创新试点上具备良好的环境和条件,中国人民银行天津分行在认真总结以往试点经验的基础上,选取了七项与现行政策没有冲突、不存在争议且风险可控的金融创新项目,在一定范围内组织开展了先行先试,并以此为契机完善了政策措施,为天津"金改30条"的顺利实施积累了经验、夯实了基础。

2.以创新案例引领示范

为更加全面、立体地展示天津"金改30条"的实施效果,加快实现创新政策效用最大化,中国人民银行天津分行将其细化为69项具体措施,并逐条逐项地梳理实施情况,向社会发布了九个政策突破力度大、社会规模效应显著的金融创新案例,创新业务的示范带动作用得到了充分发挥。

3.以特色政策集聚效应

坚持金融创新服务国家战略、支持地方发展的重要原则,将推动京津冀一体化、促进租赁业快速发展同深化天津自贸试验区金融改革创新有机结合,创新性地提出20余项支持政策,特别是在融资性租赁收取外币资金、开展外汇资金集中运营、实施外债意愿结汇等方面实现了重大突破,东疆港成为全国唯一获批开展经营性租赁业务收取外币租金试点的区域。同时,着力从机制建设、资源共享、项目开发等方面搭建平台,促进跨区域金融交流与合作,不断增强创新政策叠加效应和社会影响力。

(三)注重政策引领,增强辐射力和凝聚力

1.拓宽宣传平台

为了让社会公众及时了解和熟悉天津自贸试验区的金融创新政策,中国人民银行天津分行充分运用网络、视频、微信、博客等科技手段不断加大宣介力度,同时,充分借助地方政府、新闻媒体、权威杂志的力量,先后组织开展了政策发布会、创新成果展示、跨省跨国专题路演、创新研讨论坛等40余场次的宣传推介活动,把天津自贸试验区金融改革创新的优势和特色宣传出去,提高知名度和影响力。

2.加大培训力度

加强与地方政府、金融监管部门、金融机构和企业的联动互动，分层次、有步骤地组织开展了50余场次的专题培训，向金融机构印发了五个指导性文件，召开金融机构座谈会、开展实地调研等30余场次，指导和规范市场主体用好用活用足政策，发挥创新政策最大效应。

3.强化评估机制

建立了天津"金改30条"实施效果跟踪反馈和定期评估机制，以自评估为主，借助第三方评估，配合总行评估，先后组织对天津"金改30条"的适用性、规范性和可操作性等方面进行了5次全面客观的评估工作，及时发现和解决推动实施过程中存在的问题，合理借鉴政府部门、市场主体和专家学者等的意见建议，积极向中国人民银行总行、国家外汇管理局争取政策支持。

（四）切实防范风险，优化金融发展环境

在推动天津"金改30条"落地实施过程中，中国人民银行天津分行始终坚持促改革与防风险并重，从多个维度和视角研究建立金融风险防控体系，筑牢风险底线。

1.建立指标体系

结合天津自贸试验区的特点，深入分析在金融制度与业务创新、区域金融统计、跨境资金流动、反洗钱等重点领域或薄弱环节的潜在风险，并从宏观到微观、机构到个人、区内到区外等不同角度，初步建立起务实管用、针对性强、操作性强的监测指标体系，强化监测分析与预警。

2.强化核查手段

将传统监测手段与现代核查技术有机结合，探索搭建了针对不同市场主体、行业特点和业务种类的风险预警、防范化解体系和应急预案，灵活运用负面清单、约见会谈等监管手段，督促指导市场主体切实把握好创新政策的内涵、边界和尺度。

3.凝聚监管合力

通过构建内部监管机制、强化创新业务指导、建立跨部门协作机制等手段，增强市场主体风险防范意识和能力，为稳妥有序地推进金融改革创新创造有利条件。

三、天津自贸试验区建设成效

（一）持续深化"放管服"改革

天津自贸试验区累计获得800余项事权下放，登记流程方便快捷。"企业开办一窗通"服务平台正式上线运行，市内企业开办通过网上一窗受理，信息共享，实现一网通办，开办时间压缩至1个工作日内。率先实施经营许可"一址多证"、民非机构"多项合一"等改革探索。持续深化"一制三化"改革，推进"无人审批超市"、承诺制审批、建设项目联合审批。出台环境影响评价告知承诺制改革实施办法，实现"零审批"管理。天津自贸试验区三个片区全部设立了行政审批局。建立了综合受理单一窗口，实现了审批服务的全流程便利化。

（二）开展多项税收政策试点

制定下发《贯彻落实〈国务院关于支持自由贸易试验区深化改革创新若干措施的通知〉任

务分工》，允许自贸试验区创新推出与国际接轨的税收服务举措。成功开展了租赁公司进口大飞机进口税收优惠试点、融资租赁货物出口退税试点等多项税收政策试点。在全国率先实现了平行进口汽车入区保税仓储，突破了汽车"落地征税"的限制。此外，在全国率先设立邮轮母港进境免税店，率先试运行"全国电子仓单系统"，在完成非保税货物质押融资基础上，出台全国首个保税货物仓单质押融资业务监管办法。

（三）加快落实外商投资负面清单

全面放开飞机、船舶、汽车等先进制造业外资准入，文化、电信、教育等服务业加速开放。外资准入前国民待遇加负面清单管理全面落地，外商投资项目核准缩短至3个工作日，负面清单特别管理措施从2013年的190条缩减到2019年上半年的37条，下降80%以上。以负面清单管理为核心，对3亿美元以下、一般类境外投资项目由原来的核准改为备案制管理，办结时间缩短至1天，目前99%以上的外商投资企业通过备案设立。投资便利化方面，实行外商投资企业网上登记系统，打通了天津工商登记与商务部备案系统信息交换和数据共享通道。2018年，区内新设外商投资企业436家，累计新增外商投资企业2473家。备案境外投资机构54家，境外中方实际投资额6.8亿美元，占境外中方协议投资额的40%。

（四）积极推动贸易便利化

转变传统贸易监管方式，率先上线国际贸易"单一窗口"，开展"加工贸易自主核销"、航空维修RFID物联网、试验用特殊物品准入、出口货物专利纠纷担保等监管服务模式创新。率先实现与国家单一窗口标准版集成对接及用户统一身份认证，并先后完成全国首单进口货物报关、首单既报关又报检货物申报放行、全国首单船舶"一单三报"功能对接和应用，实现与国家11个部委信息系统互联和数据共享。贸易便利化方面，先后出台80多项贸易便利化措施。东疆保税港区率先实施了以"提前报关、码头验放"为主要内容的通关流程和物流流程综合优化（双优化）改革，口岸通关服务效率大幅提升。

（五）加快推进金融创新

在全国率先开展飞机离岸租赁对外债权登记业务和共享外债额度便利化试点，出台全国首个商业保理行业监管办法、保税租赁业务管理办法。"金改30条"准予实施政策全部落地。出台天津自贸试验区银行业市场准入报告类事项清单。创新推出预付款融资物流金融新模式。创新租赁资产证券化业务模式，资产证券化（ABS）产品发行由审批制改为备案制，打通了租赁业企业直接融资渠道，为租赁公司提供新的资金来源，减轻对银行贷款的依赖，更直接有效地破解实体企业"融资难、融资贵"的问题。

（六）建立健全法制保障体系

《中国（天津）自由贸易试验区条例》顺利实施，国家部委和市级各部门落实出台近200个配套支持文件。中国贸仲、海仲设立自贸试验区仲裁中心。设立知识产权法庭、自贸试验区法庭和检察室，建立涉自贸试验区商事纠纷诉调对接机制。天津市仲裁委成立自贸试验区知识产权仲裁中心和国际仲裁中心，形成了多元化商事法律服务体系。成立华北知识产权运营中心，构建了"1+N"运营体系，在专利技术转移转化、"互联网+"专利跨区域流转等方面开展的特色工作颇具成效。

四、市场主体对天津自贸试验区金融改革创新的评价

在天津自贸试验区挂牌一周年之际，为深入了解市场主体对自贸试验区金融改革创新情况的评价，以及在执行自贸试验区金融改革政策中存在的问题、进一步政策需求与建议，中国人民银行天津分行向天津市金融工作局等单位及专家学者发函了解自贸试验区金融改革试点评估情况，并组织召开三场天津自贸试验区金融改革工作座谈会，天津自贸试验区三个片区、开发区、滨海高新区、中新生态城六家管委会及中介服务机构、银行、企业等27位代表参加了座谈会。

（一）政府部门的观点摘要

天津市金融工作局等政府部门表示，在国家金融管理部门的大力支持下，天津自贸试验区金融改革试点工作已取得积极进展，在制度创新、机构设立、业务创新和金融生态环境建设方面取得突破。

1. 金融监管部门创新政策陆续出台落地

2015年12月，中国人民银行发布"金改30条"；中国人民银行天津分行发布深化外汇管理改革和扩大人民币跨境使用等配套细则。这些政策覆盖面广、含金量高、政策突破多、支持力度大。目前天津自贸试验区基本形成了以扩大人民币跨境使用、深化外汇管理改革、促进金融机构和业务开放、提升租赁业发展水平为重点，以做好金融风险防控工作为基础，以推动京津冀区域金融市场一体化为发展方向的金融创新制度。

2. 金融机构体系进一步完善

继2015年4月21日自贸试验区挂牌当天30家金融机构入驻后，自贸试验区金融机构体系建设持续推进。目前，自贸试验区累计设立各级持牌金融机构123家，其中银行业机构104家，包括10家法人和94家分支机构；保险业机构16家，包括2家法人和14家分支机构；证券业总分支机构3家。

3. 金融业务创新取得积极突破

"金改30条"及配套政策出台后多部门联动，面向自贸试验区内企业、滨海新区企业、市内国企、民企、港澳台企、融资租赁企业、金融高管等，开展9场专题培训，有2000余人参训，为自贸试验区金融创新业务落地营造了良好氛围。目前，直接投资外汇登记下放银行办理等十多项金融创新政策已取得明显成效。

4. 金融生态环境建设取得积极突破

推进自贸试验区金融基础设施建设，健全完善动产融资有关规定，探索建立金融纠纷司法替代性解决机制，加大自贸试验区金融改革创新宣传力度，持续改善自贸试验区金融生态环境。

总体来说，自贸试验区已经成为天津金融改革创新的有效载体，自贸试验区金融改革创新已经成为天津金融业发展的新名片。

（二）金融机构的观点摘要

天津市金融机构紧紧抓住天津自贸试验区建设、京津冀协同发展、滨海新区开发开放等重大国家战略，超前谋划、主动作为，促进产品创新、服务创新、管理创新，为自贸试验区内企业提供丰富的产品和优质的服务，在经济新常态下更好地服务实体经济发展。

中国工商银行天津分行贯彻"先行先试、可复制、可推广"的创新原则，在天津自贸试验区内相继办理了跨境人民币借款、跨境双向人民币资金池、跨境人民币投融资等创新业务。中国农业银行天津分行辖属21家支行实现自贸企业开户全面突破，通过主动对接客户、创新业务品种、优化业务流程，成功营销千余家自贸试验区企业和近2/3的平行进口汽车试点平台及企业落户该行，实现了国内首笔跨境联合租赁业务、系统内首笔以飞机为标的物的外币银赁通保理业务等多项创新。

中国银行天津分行为中国飞机租赁有限公司搭建了全国首个租赁公司项下外币资金集中运营试点，本外币资金池项目的成功落地为企业提供了全球统一视图，实现了全球化、区域化、本地化的资金统一调拨和集中管理，为"走出去"企业跨境发展树立了标杆，为企业后续海外拓展和全球资金运作提供了保障。

中国建设银行天津分行与纽约分行境内外联动，为天津自贸试验区一大型租赁企业下属的SPV公司发放了两笔金额共计6670万美元的飞机融资转贷款；办理了扩大全口径跨境融资宏观审慎管理试点政策在天津自贸试验区落地后的首笔金额为2000万美元的中资企业跨境借款业务，为企业大幅节省了融资成本。

中国交通银行天津分行大力推进平行进口汽车业务，以项目制形式依托平行进口汽车行业龙头，在其对下游经销商进口车辆进行监管和做出回购承诺的基础上，依托"报关一点通"平台信息共享，为平行进口汽车经销商制定了供应链金融服务方案。

（三）专家学者的观点摘要

天津滨海综合发展研究院认为，天津自贸试验区"金改30条"的最大特点是围绕天津市的产业优势，在促进租赁业发展方面提出了相应的金融支持政策，为天津融资租赁业进一步健康发展起到了很好的促进作用，取得了明显的政策成效。

1. 进一步促进了融资租赁业在东疆保税港区加速聚集

2016年以来，河北钢铁集团有限公司、中国铁建股份有限公司、联想集团、天津轨道交通集团有限公司等众多国内大型知名企业陆续在东疆保税港区设立了融资租赁公司。融资租赁业的境外招商也取得了显著的成果，全球航空租赁排名前十的AerCap、ALC、ACG、渣打银行租赁也已经或即将在东疆开展业务。汇金租赁、微百利租赁、艾诺租赁、菲利津蓉、万康租赁、麦合租赁、达银租赁等设备融资租赁总部落户东疆。随着"金改30条"相关政策细则落地，天津自贸试验区特别是东疆保税港区的融资租赁发展环境进一步优化。东疆保税港区做为国内融资租赁业聚集地，其地位将得到进一步巩固和加强。

2. 使天津融资租赁模式更加趋于成熟和专业化

除了产业规模的迅速扩大，天津融资租赁业的产业发展质量也在不断提升，目前已逐步形成飞机租赁、船舶海工租赁、基础设施和大型设备租赁、汽车租赁四大优势板块，涵盖了国内顶尖的金融租赁企业、外商投资租赁企业、内资试点租赁企业及飞机、船舶、海工设备租赁等国民经济重要领域，融资租赁产业集群的竞争优势正在形成。

3.推动天津融资租赁业务模式不断创新

东疆保税港区先后试点了单机单船公司、保税租赁模式、跨境资产包租赁、飞机发动机设备租赁、离岸出口租赁、转租赁等多种租赁模式，形成了"融资租赁＋金融租赁＋金融机构"多方联合的业务模式。多项创新业务取得突破，创造了第一单"联合租赁"、第一单"法税租赁"、第一家外资融资租赁公司开展外汇资金集中运营试点业务等多个"全国第一"，行业示范和引领作用进一步增强。

4.有效降低了企业的经营成本和业务风险

金融主管单位从企业实际需求出发，通过多项政策的叠加组合，有效降低了企业的经营成本和业务风险，如资本金、外债意愿结汇等业务使得企业合理选择结汇时点，实现结汇资金最大化；融资租赁类公司收取外币租金业务试点的落地实施，解决了企业资产负债币种错配导致汇兑风险较大的问题；境内外币支付售后回租价款等创新试点业务大幅降低了企业汇兑损失；外债实行意愿结汇改善了以往中资企业融资难、融资贵的状况，有效促进了企业融资便利化。

（四）企业的观点摘要

自贸试验区内的企业反映，随着"金改30条"逐步落地实施，贸易及投融资便利化程度大幅提高，企业资金使用效率显著提升，主要体现在以下七点。

1.直接投资外汇登记下放指定银行办理，行政审批时限由最多5个工作日缩减至申请当天办理完毕。

2.自贸试验区内A类企业货物贸易收入无须开立待核查账户，取消了银行对贸易收入进行联网核查的环节，企业资金使用效率最高提升90%以上。

3.推进外汇宏观审慎管理，拉平中外资企业境外融资的国民待遇，进一步拓宽了企业融资渠道。

4.深化自由贸易（FT）账户功能应用。自政策实施至2021年6月末，天津自贸试验区累计开立FT主账户超过900个，办理收支规模超过2000亿元人民币。有效推动天津首批全功能型跨境人民币资金池投入运营，办理资金池业务超过20亿元。积极推广"FT分公司模式"和"全功能型跨境人民币资金池"，满足区外及京津冀地区企业使用FT账户需求。

5.融资租赁类公司收取外币租金业务试点的落地实施有利于解决企业资产负债币种错配导致汇兑风险较大的问题，有效规避交易双方的汇率风险。自政策实施至2021年6月末，区内融资租赁公司收取外币租金业务规模超过46亿美元。支持区内各类租赁公司利用全口径跨境融资宏观审慎管理政策借用境外资金，稳步推进全国首个融资租赁公司外债便利化试点政策实施，自政策实施至2021年6月末，自贸区内5家融资租赁公司下设的55家区内特殊项目公司共享外债额度近25亿美元。

6.跨国公司人民币或外汇集中运营，为企业打通了集团境内外成员企业之间的资金调剂和归集渠道。参与试点的企业表示，平均资金周转率至少提高50%。

7.境内外币支付售后回租价款等创新试点业务使企业大幅降低汇兑损失、节约财务成本。

招银金融租赁在天津自贸试验区设立的 4 家 SPV 公司成功办理国内首笔境内外币支付售后回租设备价款试点业务，金额为 2 亿美元，预计为企业节约年度财务成本 210 万美元。

五、天津自贸试验区进一步开放创新遇到的瓶颈

设立以来，天津自贸试验区在简政放权、缩减负面清单等方面取得了重要进展，既激发了自贸试验区自身的发展活力，也有助于压缩全国版负面清单。不过，随着改革进入深水区，天津自贸试验区建设遇到了一些现实瓶颈，阻碍了改革的进一步推进。

（一）制度创新与实际需求有待进一步衔接

制度创新与现实生产和需求有待进一步衔接。在负面清单大幅减少的背景下，体制机制成为制约负面清单举措落实的主要因素之一。

理论上，企业可以自由进入负面清单之外的行业。不过，现实中负面清单管理制度的贯彻落实受到了一定程度的制约，仍然存在一些企业或机构虽在负面清单之外，但未享受市场进入的便利，需要进行审批才能进入。这在一定程度上削弱了负面清单的成效。此外，随着改革的持续推进，试验区的进一步开放处于系统化深水区，区内制度创新路径及方向性设计与现行法律法规仍然存在一定差距。深入推进贸易与投资的自由化便利化涉及现行法律法规的调整，而目前我国体制机制改革尚未实现大的突破，如税收政策，所以自贸试验区相比其他地区吸引实体进行贸易和投资的优势相对有限。需要探讨在自贸试验区范围内先行先试减税降费举措的可行性。容错机制需进一步完善。深入推进贸易和投资的自由化便利化不仅涉及体制机制的完善，在实际落实中更牵涉多部门之间的协调。容错机制不完善导致业务部门在协调对接方面可能存在错位或不匹配。目前我国容错机制尚未完全建立，机关部门人员落实改革创新举措存在怕错心理负担，政策执行中难免推诿拖延，导致审批缓慢滞后及创新政策落实不到位。

另外，自贸试验区管委会权限不高，无法及时调动资源，不利于工作的深入推进。随着改革的深入，部门之间协调的问题逐渐突出，体制约束与现实改革需求之间的错位也越来越突出。《中国（天津）自由贸易试验区条例》于 2016 年 1 月出台，该条例以规范性法律文件的形式明确规定了容错免责机制，如何抓紧落实条例相关精神，仍需要进一步研究解决。

（二）对外贸易伙伴多样化程度有待提高

对外贸易伙伴多样化程度有待提高。根据中国自由贸易区服务网的数据，截至 2019 年 10 月 20 日，我国已签署 17 个自贸协定，涉及 25 个国家和地区，中韩自贸协定在 2015 年正式签署，中日韩及中国和加拿大的自贸协定也正在加紧谈判或研究。天津自贸试验区与我国已签署自贸协议的国家（地区）之间的交流合作仍有进一步提升空间，辐射带动效果有待增强。京津冀协同发展是重大国家战略，服务京津冀协同发展是天津自贸试验区的重要使命，而因天津自贸试验区设立不足五年，其对周边区域的服务辐射和带动效应尚不显著。

此外，与长三角、珠三角相比，京津冀城市群市场化程度偏低，在疏解北京非首都功能的背景下，天津良好的基础设施、教育资源及自贸试验区的独特优势，对周边地区形成了较强的吸纳作用。自贸试验区与京津冀协同发展、雄安新区如何协调合作需要我们有针对性地进行研究。

（三）开放创新经验需要加强推广宣传

2019年7月，商务部发布的自由贸易试验区第三批31项"最佳实践案例"中，天津自贸试验区"平行进口汽车政府监管服务新模式"和"租赁资产证券化业务创新"两项入选，占6.45%。设立以来，天津自贸试验区金融创新案例占四大自贸区（上海、天津、广东及福建）创新案例的17%左右，改革创新的步伐仍有待加快。40多年的改革开放，我国经历了从打开国门到实行全方位对外开放。目前正逐步从以制造业为主的开放发展到以服务贸易为重点的开放，并向制度性、结构性开放推进。建设自贸试验区不能满足于做为经济全球化的参与者，更要发挥经济全球化推动者的作用，但是目前来自天津自贸试验区的开放创新声音不够洪亮，导致民众对自贸试验区开放成效的感知较弱，附近及当地居民对自贸试验区开放的获得感不强，参与程度也有待提高。

六、深化天津自贸试验区金融改革创新的改革思路

（一）加大对天津自贸试验区的政策支持力度

当前，天津自贸试验区正在加快推进金融改革创新，为更好地发挥天津自贸试验区的区位优势、资源优势和政策优势，满足市场主体多元化的金融需求、服务实体经济发展，应着力抓好以下三点。

一是将天津自贸试验区打造成为京津冀协同发展的高水平对外开放平台，增强天津自贸试验区金融创新政策对京冀两地的辐射作用，在设立京津冀协同发展基金、京津冀产业结构调整引导基金等方面给予政策倾斜。

二是充分考虑天津自贸试验区的区位特殊性和战略意义，加大对天津自贸试验区金融改革创新的政策支持力度，推动银行、证券、保险等领域金融政策的协调配合、协同发力，条件成熟时优先将上海自贸试验区"金改40条"中涉及银行、保险、证券等领域的创新政策复制到天津自贸试验区。

三是采取单边分步落地方式推进资本项目限额内可兑换政策实施。实行资本项目限额内可兑换政策是天津"金改30条"的一大亮点和优势，区内主体对该项政策给予了较高的期望。鉴于当前复杂严峻的国际收支及结售汇形势，建议按照宏观审慎原则，结合"控流出、扩流入"的政策精神，先行研究允许自贸试验区内主体开展跨境流入方向的限额内可兑换业务，待宏观条件具备时再全面落地限额内双向可兑换政策。

（二）增设天津自贸试验区曹妃甸片区

曹妃甸片区的设立将有利于京津冀协同发展战略的深入推进，同时有利于将曹妃甸打造成立足京津冀、面向东南亚推动区域经济合作的重要载体，成为探索京津冀新一轮对外开放的新途径。

（三）金融创新政策向京津冀或全国复制推广

按照国务院关于自贸试验区建设"为国家试制度"的总体要求，中国人民银行天津分行对天津"金改30条"已经落地且实施效果显著的创新政策进行了认真研究和梳理，建议将政策实施效果好、风险系数低、市场主体需求大的部分创新政策向京津冀或全国复制推广。主要有

6项：一是开展个人经常项下跨境人民币业务；二是金融机构和企业在境外发行人民币债券、募集资金；三是企业境外母公司在境内发行人民币债券；四是银行发放境外人民币贷款；五是融资租赁公司收取外币租金；六是支持银行发展人民币与外汇衍生产品服务。

（四）组建京津冀金融监管协调机构

当前，京津冀协同发展金融合作协调机制尚处于初级层面。在金融机构层面，一些金融机构已初步建立起内部协同发展机制，但这种跨地区的联系与合作多局限于系统内部，跨机构的交流合作机制尚未完全建立；在政府层面，各地在落实金融支持京津冀协同发展方面还不能对区域内的金融资源进行综合协调部署与优化配置；在金融监管层面，虽然三地金融监管部门在业务方面由上级部门统一领导，但在实际工作过程中由于认知水平和掌握尺度的差异，存在着监管标准不一致的问题，不利于三地金融机构实现产品和服务的有效对接与合作。因此，国家有关部委应加快对金融支持京津冀协同发展的顶层设计，组建京津冀金融监管协调机构，一方面推动京津冀金融监管信息共享，实现工作机制、程序、标准等方面的有效衔接；另一方面加强对各金融机构支持京津冀协同发展的专业指导，及时发布最新的金融政策，推动政府部门、金融监管部门、金融机构和企业之间形成合力，共同促进区域金融发展，更好地支持京津冀一体化持续发展。

（五）积极促进天津融资租赁业发展

近年来，天津融资租赁业取得了长足发展，市场规模扩大，企业竞争力显著提高，初步形成了租赁业的聚集区和创新基地。但从融资租赁业的发展情况来看，目前仍然面临着一些制约因素。建议国家和有关部门考虑天津租赁业的发展实际，给予更多的政策支持：一是建立全国统一的租赁物登记制度，从法律上明确租赁物权属，应在中国人民银行融资租赁登记公示系统进行统一登记查询，解决目前租赁物登记制度效力不足的问题，如多头登记、无法登记、查询不便等；二是借鉴爱尔兰、新加坡等世界租赁业中心的经验，在融资租赁业所得税减免、租赁物加速折旧等方面加大支持力度，提升国际竞争力；三是完善租赁业管理制度，特别是统一内外资融资租赁业准入门槛、经营范围、资金使用、交易规则、监管指标等内容，营造公平发展、规范发展的环境。

（六）健全完善自贸试验区金融风险防控体系

深化改革创新与防范金融风险是辩证统一的关系。在未来自贸试验区金融改革创新过程中，防范化解金融风险至关重要，可从以下几个方面着手。

一是强化金融机构内控制度建设，要求金融机构严格遵循"展业三原则"，完善业务真实性、合规性审查机制。

二是强化市场主体按照法律法规要求切实履行反洗钱、反恐融资、反逃税等义务，及时报送大额和可疑交易报告，防范非法资金跨境、跨区流动。

三是按照宏观审慎管理要求，探索在自贸试验区内建立和完善跨境资金流动风险监测预警指标体系，建立和完善系统性风险预警、防范和化解体系，守住不发生系统性、区域性金融风险的底线。

四是构建自贸试验区金融宏观审慎管理体系，完善跨行业、跨市场的金融风险监测评估机制,提升风险联合防范和处置能力。

五是探索建立本外币一体化管理机制,综合利用金融机构及企业主体的本外币数据信息,对企业、个人跨境收支进行全面监测、评价并实施分类管理。

六是加强自贸试验区金融消费权益保护,加强自贸试验区金融创新产品相关知识普及,重视风险教育,提高消费者的风险防范意识和自我保护能力。

自贸试验区建设是我国深化改革的重要举措,天津自贸试验区成立以来始终坚持"争当排头兵、争做试验田",特别是在扩大服务业开放、推进金融领域开放创新和提高开放型经济水平等方面勇于探索、大胆实践、先行先试,形成了一系列含金量高、突破力度大的创新政策,取得了很好的效果,为其他地区自贸试验区深化金融改革创新提供了有益借鉴和参考,充分发挥了"为国家试制度、为地方谋发展"、辐射带动其他地区的重要平台作用,实现了金融制度的创新性、金融政策的复制性、金融主体的多样性、金融服务的高效性、金融资金的便捷性和金融风控的安全性。为推动我国构建更高层次的开放型经济新体制,天津自贸试验区要进一步发挥我国金融改革创新前沿阵地的作用,特别是在加快资本项目可兑换和金融服务业全面开放,着力培育国际化和法治化的营商环境等方面,不断深化制度创新、业务创新和管理创新,努力形成更高层次促进贸易投融资便利和创新的政策支持体系,为我国进一步扩大开放和深化改革探索新思路和新途径,更好地为全国服务。

第三节 福建自贸试验区

福建自贸区自2015年挂牌成立以来,已走过7年多的历程。这一路中既有机遇又有挑战,既有上海自贸区的经验在前,又与同批天津、广东自贸区的相互辐射相互协同,这些都使得福建自贸区总体呈现出稳定前进的态势。总体来说福建自贸区的定位是促进对台经贸合作,在承接两岸经贸往来,在贸易便利化、金融创新、新兴服务业、跨境电商等方面起到优化促进作用。

一、福建自贸区试验区的发展环境

(一)福建自贸试验区概况

福建自贸试验区于2015年4月21日挂牌成立,总面积118.04平方公里,包括福州、厦门和平潭3个片区。其中福州片区,布局福州经济技术开发区和福州保税港区2个功能区,重点建设面向国际的先进制造业基地、闽台服务贸易与金融创新合作示范区等平台。厦门片区,涵盖了厦门空港、东渡港等主要口岸,以及海沧保税港区3个海关特殊监管区域,重在建设东南国际航运中心、闽台区域性金融服务中心和贸易中心。平潭片区布局3个功能区,重在建设两岸高端制造业融合发展平台、闽台共同家园和国际旅游岛。

(二)福建自贸试验区的区位环境

1. 自然环境优越

福建省位于我国东南沿海,与台湾隔海相望,毗邻香港和澳门,陆地面积121400km²,海域面积 136000km²，是中国面向亚太地区的主要窗口之一。福建气候温和，空气质量良好。森林覆盖率为 65.95%，排在全国第一位。大气、水和生态环境位居全国前茅。

2. 交通运输网络日臻完善

改革开放以来，福建全面推进港口航运、高速铁路、现代空港建设，现已形成立体综合交通体系。港口航运方面，福建自贸试验区拥有全省港口、岸线、航线资源较为优越的港区，例如海沧、江阴和平潭港区等，其中有 67 个万吨级以上深水泊位。目前，这些港区拓宽了运输业务模式，例如国际中转、海铁联运等，同时也拓展了配送、转口贸易等航运服务功能，开通至境外的航线已达 163 条。铁路运输方面，截至 2018 年 1 月，建成龙厦、福厦、温福、厦深、向莆、赣龙、合福复线 7 条快速铁路，福建省全境迈入高铁时代。目前全省铁路运营里程突破 3300 公里，其中快速铁路达 1570 公里，约占全国高铁通车里程的 1/10，达到全国领先水平。空港运输方面，福建自贸试验区现有 2 个机场（福州长乐国际机场和厦门高崎国际机场），已开通国际、国内航线 302 条，2016 年旅客吞吐量 3633 万人次。至 2020 年，全省已建成二类以上通用机场 10 个以上，通用航空公共服务实现地级城市全覆盖。在 2017 年 2 月，福州长乐国际机场开通福州至纽约航线，成为继北京、上海、广州之后，我国第四个可直飞纽约的内地机场。

3. 投资环境良好

在中国当前的新兴发展区域中，福建更具成长性和竞争力。2017 年福建 GDP 达 3.2 万亿元人民币，比上年增长 8.1%；人均 GDP8.3 万元，公共财政收入 4695 亿元，全年固定资产投资 26226.60 亿元，比上年增长 13.5%，外贸进出口贸易 11590 亿元，比上年增长 12.0%，工业增加值 13092 亿元，社会消费品零售总额 13013 亿元，比上年增长 11.5%。产业配套方面，处在两大经济发达区域的中间地带，在南边连接珠江三角洲，在北边连接长江三角洲，产业环境配套，已形成装备制造、石油化工、电子信息三大主导产业，以及新能源材料、文化创意等战略性新兴产业。

4. 拥有特殊的对台区位优势

福建与中国台湾隔海相望，具有地缘近、血缘亲的优势。福建自贸试验区结合国家战略和福建特点，加强与台湾地区的经济融合，全面深化两地经济合作，进一步发挥对台政策先行先试和龙头带动作用，进一步顺畅与台湾的交流通道，打造一体化的经济模式，促进贸易循环和文化融合，成为两岸交流合作的前沿平台。

二、福建自贸试验区的发展成效

（一）福建自贸区总体发展

福建自贸区自 2015 年挂牌成立以来，已走过 7 年多的历程。这一路中既有机遇又有挑战，既有上海自贸区的经验在前，又与同批天津、广东自贸区的相互辐射相互协同，这些都使得福建自贸区总体呈现出稳定前进的态势。总体来说福建自贸区的定位是促进对台经贸合作，在承接两岸经贸往来，在贸易便利化、金融创新、新兴服务业、跨境电商等方面起到优化促进作用。目前看来，闽台两地合作呈友好状态离不开 7 年多的自贸区探索发展，为了在之后长远蓝图中深化往来共同促进经济一体化高质量发展，探索研究福建自贸区的发展现状及福州、厦门、平潭三大自贸片区长短板与发展路径具有重要的战略意义,以期为今后的建设在总结过往经验的基础上找出对经济发展更有效的模式。

地处东南沿海,与宝岛隔海相望的地理优势使得福建自然承担起对台交流的重任,在两岸经贸布局中担任不可或缺的重要角色。截至 2020 年底,福建自贸试验区已形成一批具有自身特色的创新发展成果,在自贸区建设中发挥了良好的示范作用。

表 7-1 福建自贸区 2018-2020 年经济运行情况表

指标年份	2018	2019	2020
新设内、外资企业(户)	8618	15808	13810
注册资本(亿元人民币)	3016.1	3283.9	2724.6
税收收入(亿元人民币)	179.90	190.80	210.6
合同外资(亿美元)	60.79	43.8	20.62
实际利用外资(亿美元)	2.64	5.97	5.3

从表中可以看出,三年来福建自贸区内新设内、外资企业均保持高水平增长势头,税收收入连年递增,即使是在 2020 年,也稳住了发展态势。据福建自贸试验区办公室公布数据,2018 年全年福建自贸区区内企业进出口总额为 1773.4 亿元人民币,同比增长 8.2%,比全省高出 1.6%,占全省同期 14.4%;2019 年全年区内企业进出口总额超过 2100 亿元人民币,同比增长 23.1%,比全省高出 15.3%,占全省同期 16.4%。在 7 年多的发展探索中,自贸区的各项职能不断得到完善。例如,为了简化自贸区内新增内外资企业的注册经营流程,创新推出"三证合一、一照一码"的便利化措施,为了优化营商环境,实施了"一表申请、一口受理、一证三码"等制度创新,自 2020 年来,自贸片区管委会适时应变,实行线上办理各项审批,提供多种行政服务,保障工作的顺利进行,税务部门创新推出"非接触式"办税模式,实现既能顺利办税又防止人员集聚的现象出现;自贸区内金融机构也顺应事态变化,金融创新产品层出不穷,如海峡银行推出"复工贷"助力小微企业、无担保企业缓解疫情下资金周转困难的问题,对企业提供了利率优惠政策。自贸区各相关部门各项制度措施的创新、制定、协调、与时俱进使得福建自贸区的建设工作有序进行,稳定为地区经济作出贡献。

(二)福建自贸区服务贸易发展

近年来,福建先后制定出台了服务贸易、服务外包等方面的《意见》《措施》,明确了服务贸易重点发展领域等工作任务,也表明了福建对于大力发展服务贸易的决心,其中自贸区是助力全省服务贸易发展的重要枢纽和动力,厦门、福州更是在 2018 年进入"中国服务外包示范城市"先进行列。福建自贸区下三个自贸片区在发展服务贸易方面各有所长各有方向。福州自贸片区做为经济技术开发区和保税港区,主攻两岸金融创新发展与两岸服务贸易建设;厦门自贸片区内又划分有贸易中心核心区和海沧港区,做为现代服务业和新兴增长产业的示范区域,主攻航运、金融与专业化服务;平潭片区为促进两岸的社会融合,建设两岸人民家园,主攻社会服务领域。

自贸区挂牌以来,服务贸易发展有了明显的成效。2015 年自贸区成立伊始,福建服务外包新增企业仅 69 家,新增从业人数、合同签约金额等指标基数也都维持较小数值的增长。经自贸区一年的发展,于 2016 年,各指标都呈现大幅上升,随后三年也维持每年喜人的增长。

2020年即使在服务贸易发展极大受挫的环境下,福建国际服务贸易外包的发展也仅是增速放缓,仍维持住了较好的发展势头,并未出现退后现象。这些都得力于自贸区设立后,两岸经济合作不断深化,产业结构不断调整,传统农业工业比重逐步减少,现代化工业比重有所增加,现代化服务业大力发展,不断提升第三产业在经济贡献中的力量。

发展的成效是喜人的,但是目前福建省在诸如仓储运输等传统服务业方面仍存在一些不足之处。由于当前服务贸易还处于发展初步上升阶段,产业结构还不够完善,贸易结构需要转型,有待升级优化,服务贸易逆差明显等。基于此,今后福建自贸区在服务贸易的发展上可从以下方面得到改善。从现代物流、船舶运输、信息建设等生产性角度来看,港口运输、仓储物流等传统服务贸易行业是福建省的优势行业,但是这些产业附加值小,从长远发展贡献上看"瓶颈"日益凸显。因此福建应在充分发挥港口资源优势、人力优势的基础上,加强港口基础设施建设,打造现代信息化仓储物流平台与配套的管理措施,并同台湾强强联合,在服务业专业领域中加强两岸交流学习,增强溢出优势,打造海峡两岸高质量的港口物流并推动区域辐射至东南亚地区,逐步成为国际港口物流重要枢纽。从文旅医疗等生活性角度来看,福建不论是自然风光还是人文风情都有着独特的优势和深厚的底蕴,省内旅游业基础设施建设较为完善,应在文旅服务的标准上提升,努力对标国际高标准,从而加快旅游业的发展提升,也可开发闽台旅游合作路线,还可在此基础上融入两岸既有共通又各表一枝的文化建设。自贸区内更应加强创意园区建设,发展地区高文化特色创意含量、高科技含量、高国际化程度的知识产品,构建多元化文旅产业链,推动高附加值的服务业发展。

(三)福建自贸区金融创新发展

金融创新板块对于自贸区发展建设而言功不可没,不仅可服务于实体经济发展,还是促进自贸片区经济增长的引擎,带动产业结构的优化升级。福建自贸区结合自身优势取长补短,在金融监管体系改革、金融创新实践中不断尝试,取得了较好成绩并吸引一大批国内外优秀企业入驻。从整体发展经历来看,民营制造业在福建一直发展良好,特别是在福厦漳泉四地集聚,对外贸易自明清便闻名遐迩。此外,省内民营小微企业目前所面临的一系列投融资问题也是全国范围内普遍存在的难题,故而自贸区内的金融改革、创新能够为民营企业解决部分难题,也为其他地区做出新的探索尝试和经验参考,从"试点"走向"经验",对我国宏伟自由贸易区的发展战略具有重要实践意义。福建自贸区挂牌成立后,在国家战略布局下结合自身发展条件因地制宜,充分发挥闽台携手优势与"海上丝绸之路"国家地区合作优势,不断促进经贸的发展,不断进行金融业的改革与创新,改善营商环境等,用实际发展成果展现出自贸区设立的优势。

自贸区挂牌成立以来,实体经济有序发展、对外开放不断提升助力金融行业的增长,各项发展举措的稳步推进促使福建省自2015年至2020年全省GDP均保持正增长状态与2019年全省GDP突破4万亿元,2020年福州、泉州更是双双迈入万亿大门。此外,自贸区内企业产业和外商投资的不断发展极大地推动了福建省经济开放程度,截至2020年12月,福建自贸区累计新增10万余户企业、注册资本达2.3亿元人民币。即使新冠肺炎疫情致使全球经济形势持续低迷,福建利用外资依旧实现逆势增长,据福建省商务厅数据公布,全省实际使用外资规模逾

340亿元人民币，同比增长10.3个百分点，增幅更是在低迷的2020年创下了十年来历史新高。福建、厦门自贸片区增幅分别为23.8%、7.3%，发挥了良好的带头示范作用。

福建自贸区的区位优势和政策优势协同助力金融行业的改革创新路径。既有国家经济特区厦门市，又做为中国自由贸易试验区和21世纪海上丝绸之路核心区，再加上与台湾隔海峡相望使得福建成为两岸交流合作、业务往来的重要区域，也获得了一系列国家优惠政策与发展支持。福建自贸区还将金融创新与时下热门的"区块链"相结合，开启"跨境金融区块链服务平台"项目试点运营，通过"区块链"技术整合数据，构建跨境金融、经贸风险可防控、可追溯体系，大大降低信息不对称带来的诸多交易风险及资金损失，有效缩短了企业现金流周转的同时，助力企业提升资金周转率和利用效益。此外，为使闽台贸易往来更为密切，2021年1月，福建外汇管理局更是升级"台资企业资本项目便利化新政"的试点业务，进一步释放台资企业在资本项目结汇及支付、外债专用账户、借用外债模式及外债币种使用等方面的政策红利。

（四）福建自贸区贸易便利化发展

闽台两地由于地域临近，人文相亲，两地在各领域交流频繁合作密切。近年来，福建自贸区积极在经贸领域同台开展合作，出台了诸多促进贸易投资便利化的措施政策，三大自贸片区各表一枝，充分发挥出各自优势，相继探索出因地制宜的发展道路，齐心协力促进两岸融合发展。自贸区成立后，闽台进出口商品贸易额保持增长态势，于2018年突破110亿美元，在疫情的冲击下也实现逆势增长，仅2020年上半年，闽台进出口贸易总额就已达到454亿元。这些进展都离不开贸易便利化措施的推进，最大限度为贸易扫除阻碍障碍，最大限度精简流程，使贸易更简便更透明化。

就具体措施现状来看，首先，福建自贸区实施了开设"单一窗口"的对外经贸往来创新举措，促进贸易便利化水平的提升。自2015年设立自贸区后，福建在福州与厦门片区内开始运行"单一窗口"模式，通过仅对出口货物和船舶运输出入境实行申报、检验和放行的通路完成，来实现简化贸易措施、降低通关烦琐手续与费用的目标。为了保障该举措的顺利高效运作，还成立了专门化出入境口岸管理部门与相关一体化机制，结合贸易大数据，从根源上对货物进出港做到实时分析把控，促使通关查验能力大幅提升。"单一窗口"不仅便利企业操作流程，降费增效，实现收益更大化，还为其他自贸区的发展提供了实用的方法论借鉴。

其次，自贸区优化了通关监管流程模式，促进贸易便利化水平的提升。为了提升通关监管水平，基于长期与中国台湾地区保持友好交流往来，两省海关开展通力合作互取所长进行信息互换，在模式上互相认可，执行中互相帮助。此外，"统一申报、集中查验、分批核放"的监管模式的实施，为闽台两岸医药、保健、快消、农副产品、电商等多个产业落实了通关流程的简化，为闽台企业产业减少了大量的累赘程序。不仅如此，平潭自贸片区还实施了创新的检疫查验监管政策，切实保障动植物产业及相关制成品的防疫安全，负面清单制度的实施，也做到最大化降费增效，增强两岸贸易便利。

再有就是利用分类监管机制，使监管专业化，贸易便利化。为了提高监管的专业化水平、降低监管风险及最大效率利用区域内仓储条件，厦门自贸片区在不断实践中摸索出由保税仓储企业统一监管保税、非保税业务的新型监管模式，并将信息化技术运用到报关至放行的各个环节，将保税、非保税、口岸分类下的出入境货物进行专业有效的监管。

此外，福建自贸区还实行了"同业联合担保海关税款保函"，促进贸易便利化水平的提升。同业联合担保海关税款保函是福建海关与金融部门通力合作下诞生的创新型保函，其目的在于降低中小微企业的资金压力，缓解中小微企业由于"担保难"而产生的"融资难"等问题。与传统先交税后通关不同的是，在此新型保函运作模式下，担保方为资金更厚的大型企业、平台及保税仓，中小微企业获得该保函后可先走通关贸易的流程随后缴纳税款，这样不仅缓解了企业的融资与资金周转问题，也大幅优化了相应流程。

（五）福建自贸区营商环境发展

对比头部发达国家的营商环境，我国目前仍有较大差距，为缩小差距为经贸良好发展提供基础营商保障，福建自贸区在优化营商环境上做出了多项实践，在内外资企业入驻、投资者非法权益保障、跨境贸易便利化等方面取得一定成就，为其他地区营商环境建设提供了经验和借鉴。根据《全球营商环境报告》显示，福建省厦门市在2015年全球排名中位居61名，随着自贸区建立发展一年多时间，其于2016年排名前进了21名，2017年再度升2位，于2019年跃至25；福州营商环境便利度排名进入全球经济体30位大关，较2018年提升了45个位次；平潭自贸片区成立后，虽在2015年省内年度排名靠后，直至2019年综合实验区营商环境位列全省第三。

总体来说，福建自贸区营商环境与国际上的差距主要体现在手续流程、成本费用、制度管理和税负方面。

首先，手续流程较为复杂是影响福建自贸区营商环境的重要原因。尽管国家层面已做出诸多改革，但目前来说自贸区内部门机构设置、手续流程环节仍较为冗余繁杂，企业在经营过程中常需要经过诸多部门监管和环节审批，尤其是大型工程项目甚至需要20余项审批许可，极大拉长项目等待时间，影响企业生产经营效率，甚至出现资金周转问题。其次，烦琐的审批和程序也会造成产生费用与成本，例如在进出口贸易海关查验审批中大额的海关费用。再有就是管理制度不够完善，税负较重。制度的缺失会很大程度地影响公平竞争，无法切实保障企业利益，在产生贸易摩擦时也会影响纠纷的及时解决。税负较高也是企业在经营中无法避免的成本问题，但是近年来国家层面推行了"放管服"改革，福建自贸区内也相应出台了减税降费的措施。

福州、厦门、平潭自贸片区成立以来始终将优化经营软硬环境做为自贸片区工作的主攻板块，福建自贸区用实际成绩展现了在营商环境改善上取得的成就，在全球榜单上排名的不断前进也说明了其发展模式逐渐被国际舞台认可，在之后的历程中不断做出战略调整，势必会使自贸区营商环境不断优化，与国际标准接轨。从2016年至今，福建自贸区内新增企业超9万余户，注册资本超2万亿元人民币，区内市场活力和积极性得到了有效激发，贸易和投资规模也明显增长。福建省GDP分别在2008年、2013年和2017年突破1万亿元、2万亿元和3万亿元大关，仅在两年后的2019年，生产总值跃上4万亿元台阶，同比增长7.6个百分点。

厦门、平潭自贸片区更是把握机遇，在政府职能现代化转变上起到了良好的试点试验示范作用。率先在片区内推行"多规合一"城市治理体系，旨在更合理更高效地规划区域空间，搭建统一的信息管理平台，效率化推进信息共享化发展，减少不合理的规划重叠与浪费；平潭片区做为省内后起之秀，肩负对台开放重点功能区的重任使命，与台商协会合作推出了新模式下创新总担保制度和企业联络登记制度等优惠措施，使台湾企业能更便利地入驻园区，改善台企在内地的营销环境，由台商协会出面做总担保，既能使担保更安全有效，又能为中小企业消除部分后顾之忧，简化流程手续提供便利；福州片区将电子信息技术融入企业登记注册流程，首创零费用的"电子营业执照"，既能树立企业安全诚信经营的形象，又有利于信息的贮存，节约成本。

（六）福建自贸区港口物流建设发展

福州、厦门、泉州三市做为21世纪三大海上丝绸之路的沿海枢纽、起点城市，谈其发展自然不会忽视掉港口物流领域的效用和贡献。近年来福建港口物流效率的提升将成为闽台经贸合作及中国与东盟、日韩、印度洋沿岸等海上丝绸之路沿线国家拓展贸易的关键。截至2019年底，福建全省港口拥有生产用码头泊位超过500个，万吨级及以上泊位占比35%，其中5万至10万吨级泊位50余个，10万吨级以上泊位32个，占比6个百分点；全年全省水运工程完成投资90余亿元，比上年增长15个百分点。其中：港口项目超过70亿元，占比83%，航道项目超15亿元，占比16%，新增货物通过能力788万吨。天然的海运优势和后期不断的基础设施建设促使港口物流业有了较大的发展转变，为自贸区、全省跨境经贸和货物往来提供基本支持，促进经贸发展。

目前，自贸区采取的便利化通关模式带动了国际物流效率的提升，服务贸易更加自由化发展、区域经济一体化进程的演进、闽台经贸往来不断增多，改善了港口物流的发展大环境。"先进区，后报关"的便利化模式大大优化了货物进港速度，为企业在大宗仓储上减费降本；厦门海关更是通过试点免除集装箱查验服务费的方式，贯彻落实监管工作不断优化创新，不仅企业降低了成本，也改善了整体通关查验环境。此外，自贸区设立后进出口贸易迎来发展的春天，港口物流业得到大力发展，同时，港口仓储、物流能力的增强又会反向促进进出口贸易额增长。福建自贸区大力发展服务贸易和服务外包，不断推进跨国贸易的发展模式吸引了许多物流企业入驻区内，配合营商环境的改善和船舶仓储物流基础设施的不断优化，共同推进了福建自贸区与国际现代物流业接轨。

此外，经济贸易的区域经济一体化发展也要求福建自贸区做出创新变革，以适应时代和发展进程。在闽台两地共同发展上，平潭自贸片区在现有港口经济基础上充分发挥对台优势，加快对台港口和航道建设，重点推进台企园区仓储物流业建设，打造数字化、一体化、多元综合化平台，增强竞争力吸引力，吸引更多台湾船只、企业进港进区。目前，三大自贸片区正在加强港口物流上的相互借鉴与联动，只有统筹协调三个片区才能发挥1+1+1＞3的作用，推动自贸区港口物流发展水平从量变向质变转化。

此外，福建自贸区贯彻落实中央各项政策，相继启动了"启运港退税""台资船舶登记"等创新试点，加强闽台两地海关、港口、船运等相关部门的有效沟通。微观企业层面，积极促成自贸区内企业与内陆企业的交流合作，引导内陆从事跨境贸易的企业选择福建港口做为中转枢纽，也为内陆企业、台商企业牵线搭桥。

（七）福建自贸区人才培养发展

人才是各个领域竞相争抢的对象，对注重改革、创新、发展的自贸区而言，人才更是奠定前进中每一小步的基石，因此，人才培养是自贸区重中之重的任务。早在福建自贸区成立之初，各个自贸片区就出台了相应的措施，例如建立创意园区，厦门市出台《关于进一步激励人才创新创业的若干措施》，平潭片区公布《台创园扶植政策实施细则（试行）》等，都正式宣布对人才的重视、对英杰的欢迎、人才培养、创业扶持的优惠，从实际上吸引海峡两岸优秀人才一同参与到福建自贸区的建设工程中。为吸引优秀应届生人才，自贸区加大与省内外高校的项目合作，积极宣讲，给予落户优惠和奖励补贴等；对于挖掘成熟人才，自贸区热情邀请各地公司前来参观考察，邀请企业高层、高校教授前来自贸区挂职任职。在制度层面上，福建自贸区也越来越重视对知识产权、高科技成果的奖励与保护，只有健全相应的管理制度和法律体系才能切实保障各类人才的权益，这也是促进高科技产业发展的基础。

参考文献

[1] 迟福林.加快推进自贸试验区高水平开放形成新的竞争优势[N].中国经济导报,2019-08-02(6).

[2] 王珺鑫."一带一路"倡议下中国—南亚跨境自贸区建设路径[J].对外经贸实务,2019(8):31—34.

[3] 王玮,朱安祺.我国自贸区的税收政策:问题与优化路径[J].湖北社会科学,2019(3):73—79.

[4] 周楠,于志勇.天津自贸试验区管理体制:现状、问题与优化路径[J].经济体制改革,2019(2):39—45.

[5] 卢福永,史薇,王鑫涛.自贸试验区助力双循环新发展格局:形成机制及路径[J].福建论坛(人文社会科学版),2021(12).

[6] 王莉莉.山东自贸试验区知识产权大保护格局的决策依据、实践逻辑与构建路径[J].山东财经大学学报,2021(1).

[7] 冯显茹,王思慧.推进中国(云南)自贸试验区昆明片区党的建设研究[J].党史博采(下),2021(1).

[8] 赵雪松,罗美娟.我国自贸试验区跨境电商与产业集群融合发展模式及路径研究[J].对外经贸实务,2021(7).

[9] 陈佩.高职院校跨境电商人才培养模式研究——面向湖南自贸试验区长沙片区建设[J].农村经济与科技,2021(18).

[10] 王方宏.我国自贸试验区"十三五"发展和"十四五"展望[J].海南金融,2020(9).

[11] 张健,龙云安.自贸试验区与川陕革命老区协同开放及路径研究[J].全国流通经济,2019(25).

[12] 谢丽彬,李民.自贸试验区创新绩效评价指标体系研究[J].广西民族师范学院学报,2016(6).

[13] 王孝松,卢长庚.中国自由贸易试验区的竞争策略探索——基于上海、广东自贸区的比较分析[J].教学与研究,2017(2).

[14] 刘帅帅.中国自贸试验区内发展离岸贸易的政策完善[J].中国商论,2017(11).

[15] 傅士华.上海国际金融中心涉外金融税收制度的需求与供给[J].科学发展,2019(10):22—31.

[16] 贺伟跃,刘芳雄.促进上海自贸区离岸金融业务发展的税收优惠政策刍议[J].税务研究,2015(8):69—74.

[17] 罗国强.离岸金融税收征管法制及其在中国的构建[J].经济与管理,2010(9):14—20.

[18] 王毅，宋光磊.中国金融业税收制度及国际比较研究[M].北京：中国金融出版社，2020.

[19] 中国人民银行上海总部课题组.上海国际金融中心建设框架下的跨境金融税收政策研究[J].上海金融，2019（5）：13—22.

[20] 王方宏.关于我国离岸金融市场发展的思考[J].海南金融，2021（2）.

[21] 叶霖莉.自贸区对出口贸易品技术含量深化的影响研究——基于福建省数据的实证检验[J].吉林工商学院学报，2018（4）：5—11，16.

[22] 黄启才.自贸试验区设立促进外商直接投资增加了吗——基于合成控制法的研究[J].宏观经济研究，2018（4）：85—96.

[23] 余益民，陈韬伟，赵昆.中国与东盟跨境电子商务发展及对策——基于贸易便利化与国际贸易单一窗口的研究[J].经济问题探索，2018（4）：128—136.

[24] 王晓玲.自由贸易试验区视角下城市、区域发展动力机制研究[J].东北财经大学学报，2017（6）：66—71.

[25] 夏烺，杜玉琼.中国自贸区负面清单模式下优化外资营商环境探析[J].法制与社会，2017（31）：123—124.

[26] 杨虎涛.新发展格局的三重逻辑、支撑基础与构建路径[J].福建论坛（人文社会科学版），2022（6）.

[27] 乔榛.马克思经济循环理论及当代意义[J].当代经济研究，2022（1）.

[28] 卢福永，史薇，王鑫涛.自贸试验区助力双循环新发展格局：形成机制及路径[J].福建论坛（人文社会科学版），2021（12）.

[29] 王爱俭，方云龙.双循环新发展格局视域下中国自由贸易试验区发展再定位——兼论中国经济高质量发展的自贸区改革路径[J].现代经济探讨，2021（11）.

[30] 刘晓宁.双循环新发展格局下自贸试验区创新发展的思路与路径选择[J].理论学刊，2021（5）.

[31] 李俊.全面准确理解"双循环"新发展格局的深刻内涵[J].人民论坛，2021（2）.

[32] 张燕生.构建国内国际双循环新发展格局的思考[J].河北经贸大学学报，2021（1）.

[33] 陈彦斌.形成双循环新发展格局关键在于提升居民消费与有效投资[J].经济评论，2020（6）.

[34] 尹晨.双循环新发展格局下的自贸试验区发展[J].新金融，2020（11）.

[35] 董志勇，李成明.国内国际双循环新发展格局：历史溯源、逻辑阐释与政策导向[J].中共中央党校（国家行政学院）学报，2020（5）.

[36] 王智烜，王雪，邓力平.自由贸易试验区税收效应评析——以福建为例[J].税务研究，2017（9）：58—63.

[37] 林秋玲.福建自贸区对泉州经济的影响研究[J].中国国情国力，2017（7）：76—79.

[38] 毛军育.论福建自贸区对台服务贸易开放模式的构建[J].闽南师范大学学报（哲学社会科学版），2017（2）：77—82.

[39] 罗芳."一带一路"与我国自贸区开放[J].东北亚经济研究，2017（1）：57—71.

[40] 葛顺奇，沈玉昊. 贸易便利化措施比较及中国自贸区的实践 [J]. 国际经济合作，2017（4）：4—9.

[41] 张莉."一带一路"战略下中国与东盟营商环境差异与协同构建研究 [J]. 经济与管理，2017（2）：27—32.

[42] 王利辉，刘志红. 上海自贸区对地区经济的影响效应研究——基于"反事实"思维视角 [J]. 国际贸易问题，2017（2）：3—15.

[43] 冯碧梅."一带一路"视角下福建自贸区供给侧改革的契机与对策 [J]. 经济研究参考，2017（8）：41—47.

[44] 吴慧君. 港口物流与福建自贸区建设互动发展研究 [J]. 技术与市场，2016（12）：207—208，210.

[45] 林冬珍，杨紫钦，郑丽仙. 福建自贸区金融改革创新研究 [J]. 现代营销（经营版），2020（8）：251—253.

[46] 朱文娟. 海峡两岸经济融合背景下应用型金融人才培养模式研究 [J]. 山东农业工程学院学报，2020（5）：73—79.

[47] 聂飞. 自贸区建设抑制了地区制造业空心化吗——来自闽粤自贸区的经验证据 [J]. 国际经贸探索，2020（3）：60—78.

[48] 王方宏，杨海龙. 我国自贸区金融创新的特点、主要任务、成效与展望 [J]. 海南金融，2020（2）：12—20，38.

[49] 倪斐，逯鑫赫. 自贸区金融生态的法律营造与再生——以可复制、可推广原则为中心 [J]. 中国矿业大学学报（社会科学版），2020（1）：41—50.

[50] 刘祺，马长俊. 自贸区"放管服"改革的成效、困境及对策——以上海、广东、福建、天津自贸区为分析蓝本 [J]. 新视野，2020（1）：37—42.

[51] 聂飞. 自贸区建设促进了制造业结构升级吗？[J]. 中南财经政法大学学报，2019（5）：145—156.

[52] 盛斌，靳晨鑫."一带一路"沿线国家贸易便利化水平分析及中国的对策 [J]. 国际贸易，2019（4）：4—13.

[53] 杨春娇，李雅宁，王东勇. 福建自贸区税收法律制度的创新 [J]. 福建警察学院学报，2018（6）：67—74.

[54] 张丹. 我国营商环境国际差距及福建自贸区优化营商环境的制度经验 [J]. 特区经济，2018（9）：25—27.

[55] 房超，胡元礼. 中国（陕西）自由贸易试验区推进数字贸易高质量发展研究 [J]. 商业经济，2022（1）.

[56] 黄育华. 我国自贸试验区建设面临的问题与政策建议 [J]. 银行家，2021（10）.

附 录

人民银行发文支持天津自贸区建设的指导意见

为贯彻落实党中央、国务院关于建设中国（天津）自由贸易试验区（以下简称自贸试验区）的战略部署，促进自贸试验区实体经济发展，加大对跨境贸易和投融资的金融支持，根据《国务院关于印发中国（天津）自由贸易试验区总体方案的通知》（国发〔2015〕19号），提出以下意见。

一、总体原则

（一）服务实体经济发展。坚持金融服务实体经济发展、服务产业转型升级，立足天津区位特征和经济特色，围绕金融支持租赁业发展特点，拓展金融服务功能，带动全国租赁业稳健发展。

（二）深化体制机制改革。在总结和借鉴上海自贸试验区成功经验基础上，坚持简政放权的改革方向，逐步实现准入前国民待遇加负面清单管理模式，加强事中事后分析评估和事后备案管理，推动市场要素双向流动。

（三）有效防范金融风险。建立健全系统性风险预警、防范和化解体系，守住风险底线，切实做好各项应急预案，及时化解和处置风险隐患。

（四）稳步有序推进实施。坚持成熟一项、推进一项，突出重点、先易后难，及时总结评估，积极推进金融改革创新开放。

二、扩大人民币跨境使用

（五）支持自贸试验区内金融机构和企业按宏观审慎原则从境外借用人民币资金，用于符合国家宏观调控方向的领域，不得用于投资有价证券、理财产品、衍生产品，不得用于委托贷款。自贸试验区内的银行业金融机构可按规定向境外同业跨境拆出短期人民币资金。

（六）支持自贸试验区内企业和金融机构按规定在境外发行人民币债券，募集资金可调回区内使用。自贸试验区内企业的境外母公司可按规定在境内发行人民币债券。

（七）支持自贸试验区在充分利用全国统一金融基础设施平台的基础上，完善现有的以人民币计价的金融资产、股权、产权、航运等要素交易平台，面向自贸试验区和境外投资者提供人民币计价的交割和结算服务。

（八）支持自贸试验区内符合条件的企业按规定开展人民币境外证券投资和境外衍生品投资业务。支持自贸试验区内银行机构按照银行间市场等相关政策规定和我国金融市场对外开放的整体部署为境外机构办理人民币衍生品业务。支持自贸试验区内设立的股权投资基金按规定开展人民币对外投资业务。

（九）自贸试验区内符合条件的跨国企业集团开展跨境双向人民币资金池业务，可不受经营时间、年度营业收入和净流入额上限的限制。

（十）研究在自贸试验区内就业并符合条件的境内个人按规定开展各类人民币境外投资。在自贸试验区内就业并符合条件的境外个人可按规定开展各类境内投资。

三、深化外汇管理改革

（十一）促进贸易投资便利化。在真实合法交易基础上，进一步简化流程，自贸试验区内货物贸易外汇管理分类等级为A类的企业，货物贸易收入无需开立待核查账户，允许选择不同银行办理经常项目提前购汇和付汇。简化直接投资外汇登记手续，直接投资外汇登记下放银行办理，外商投资企业外汇资本金实行意愿结汇。放宽自贸试验区内机构对外放款管理，进一步提高对外放款比例。

（十二）实行限额内资本项目可兑换。在自贸试验区内注册的、负面清单外的境内机构，按照每个机构每自然年度跨境收入和跨境支出均不超过规定限额（暂定等值1000万美元，视宏观经济和国际收支状况调节），自主开展跨境投融资活动。限额内实行自由结售汇。符合条件的自贸试验区内机构应在天津地区银行机构开立资本项目——投融资账户，办理限额内可兑换相关业务。

（十三）推动外债宏观审慎管理，逐步统一境内机构外债政策。自贸试验区内机构借用外债采取比例自律管理，允许区内机构在净资产的一定倍数（暂定1倍，视宏观经济和国际收支状况调节）内借用外债，企业外债资金实行意愿结汇。

（十四）支持发展总部经济和结算中心。放宽跨国公司外汇资金集中运营管理准入条件。进一步简化资金池管理，允许银行审核真实、合法的电子单证，为企业办理集中收付汇、轧差结算业务。

（十五）支持银行发展人民币与外汇衍生产品服务。注册在自贸试验区内的银行机构，对于境外机构按照规定能够开展即期结售汇交易的业务，可以办理人民币与外汇衍生产品交易，并纳入银行结售汇综合头寸管理。

四、促进租赁业发展

（十六）本指导意见第五条部分条款、第六条、第九条、第十一条、第十二条、第十三条适用于自贸试验区内各类租赁公司，第十四条适用于自贸试验区内金融租赁公司。

（十七）支持自贸试验区内租赁公司利用国家外汇储备，开展飞机、新型船舶、海洋工程结构物和大型成套进口设备等租赁业务。

（十八）允许自贸试验区内符合条件的融资租赁收取外币租金。

（十九）支持租赁公司依托自贸试验区要素交易平台开展以人民币计价结算的跨境租赁资产交易。

（二十）允许自贸试验区内租赁公司在境外开立人民币账户用于跨境人民币租赁业务，允许租赁公司在一定限额内同名账户的人民币资金自由划转。

五、支持京津冀协同发展

（二十一）支持京津冀地区金融机构在自贸试验区开展跨区域金融协同创新与合作，优化金融资源配置。

（二十二）积极争取在自贸试验区内设立京津冀协同发展基金、京津冀产业结构调整基金。允许境外投资者以人民币资金投资自贸试验区内用于京津冀协同发展的基金。

（二十三）支持京津冀地区金融机构为自贸试验区内主体提供支付结算、异地存储、信用担保等业务同城化综合金融服务，降低跨行政区金融交易成本。

六、完善金融服务功能

（二十四）探索建立与自贸试验区相适应的账户管理体系，为符合条件的自贸试验区主体，办理跨境经常项下结算业务、政策允许的资本项下结算业务、经批准的自贸试验区资本项目可兑换先行先试业务，促进跨境贸易、投融资结算便利化。

（二十五）创建金融集成电路（IC）卡"一卡通"示范区。完善自贸试验区金融集成电路卡应用环境，加大销售终端（POS）、自动柜员机（ATM）等机具的非接触受力改造力度。大力拓展金融集成电路卡和移动金融在自贸试验区生活服务、公共交通、社会保障等公共服务领域的应用，通过提升现代金融服务水平改善民生。

七、加强监测与管理

（二十六）自贸试验区内主体办理金融业务，应具有真实合法交易基础，不得使用虚假合同等凭证或虚构交易办理业务。金融机构应遵循"展业三原则"，建立健全内控制度，完善业务真实性、合规性审查机制。加强对自贸试验区内金融机构信息安全管理，明确管理部门和管理职责。

（二十七）办理自贸试验区业务的金融机构和特定非金融机构，应按照法律法规要求切实履行反洗钱、反恐融资、反逃税等义务，全面监测分析跨境、跨区资金流动，按规定及时报送大额和可疑交易报告。

（二十八）中国人民银行天津分行和国家外汇管理局天津市分局要加强跨境资金流动风险监测，做好非现场核查和现场检查，防止跨境资金大进大出。健全和落实单证留存制度，探索主体监管，实施分类管理，采取有效措施防范风险。建立和完善系统性风险预警、防范和化解体系，守住不发生系统性、区域性金融风险底线。加强与相关金融监管部门的沟通协调，建立信息共享机制。

（二十九）加强自贸试验区金融消费权益保护。自贸试验区内金融机构要完善客户权益保护机制，负起保护消费者的主体责任。建立健全区内金融消费权益保护工作体系。加强与金融监管、行业组织和司法部门相互协作，探索构建和解、专业调解、仲裁和诉讼在内的多元化金融纠纷解决机制。加强自贸试验区金融创新产品相关知识普及，重视风险教育，提高消费者的风险防范意识和自我保护能力。

（三十）中国人民银行天津分行和国家外汇管理局天津市分局，加强与有关金融监管部门派出机构的沟通，按照宏观审慎、风险可控、稳步推进的原则，依据本意见制定实施细则和操作规程，报中国人民银行总行备案。

中国人民银行
2015年12月9日